Georg Urban: Theodor Böhmerle —
ein Zeuge Jesu Christi und
Seiner Gemeine

Georg Urban

Theodor Böhmerle

Ein Zeuge Jesu Christi
und Seiner Gemeine

Badische Väter 4. Teil

Verlag des
Evang. Vereins für innere Mission Augsburgischen Bekenntnisses
75 Karlsruhe 1, Amalienstraße 77

ISBN 3 920 149 03 3
Druck: Buch- und Offsetdruckerei Esser, Bretten

Inhalt

Vorwort

Die Zahl der Menschen, die Pfarrer Böhmerle persönlich gehört und gekannt haben oder durch seine Schriften mit ihm verbunden waren, wird immer kleiner. Noch kleiner ist die Zahl derer, die sein Gedächtnis in mündlicher Tradition gepflegt haben.

Dieses Buch mit seinem Lebenslauf und den mancherlei Auszügen aus seinen nachgelassenen Schriften soll jedem Leser die Möglichkeit geben, diesen begnadeten Gotteszeugen kennenzulernen und sich selbst ein Urteil über ihn und seine theologische Zukunftschau zu bilden. Theodor Böhmerle, der schon vor 45 Jahren gestorben ist, möge durch sein reiches Schrifttum auch weiter reden zu Menschen, die die Wahrheit Gottes und das Heil in Christo suchen und das Geheimnis um die Gemeine kennenlernen wollen.

Der Herr selbst aber, dessen treuer Zeuge der frühvollendete Mann Gottes war, schenke seinem reich gefüllten Zeugendienst offene Türen in viele Herzen, auf daß aus ihnen viel Dank, Lob und Preis emporsteige zu Gottes Ehre durch Jesus Christus, unseren Herrn.

Dem Evangelischen Oberkirchenrat in Karlsruhe sei gedankt für die freundliche Überlassung der Personalakten von Th. Böhmerle. Wir fanden darin wichtige Angaben aus seinem Leben, besonders aber den von ihm für seine Zulassung zur zweiten theologischen Hauptprüfung im 21. Lebensjahr geschriebenen und sehr ausführlichen Lebenslauf.

Herzlich danke ich einigen Liebhabern Jesu Christi, die beim Werden dieses Buches treu mitgeholfen haben.

Georg Urban

Bretten, am Erscheinungsfest 1973

Das Elternhaus

Die eigentliche Heimat von Theodor Böhmerle ist das Schwabenland, das der evangelischen Kirche wie auch der Gemeinschaftsbewegung schon manchen gesegneten Gottesmann geschenkt hat. Der Vater Karl Böhmerle stammte aus Wäldenbronn bei Eßlingen und war der Sohn eines Weingärtners. Er hat das Schneiderhandwerk gelernt und sich in Eßlingen am Neckar niedergelassen. In seinem Beruf war er sehr tüchtig. Es war seine Spezialität, Menschen, die einen nicht ganz normalen Wuchs hatten, so zu kleiden, daß man ihnen fast nichts ansah. Da konnte er oft tagelang sinnieren und ausrechnen, wie einem, der einen Buckel hatte, der Anzug zugeschnitten werden mußte. Bis in sein hohes Alter war er ein gesuchter Schneider.

In Eßlingen verheiratete er sich mit Luise Hahn und gründete seinen Hausstand am Hafenmarkt. Dort wurde dem Ehepaar am 25. Juni 1870 das erste Kind geschenkt, das den Namen Theodor — Gottesgabe — empfing. Die Mutter sagte schon früh: „Er muß Pfarrer werden."

Beide Eltern waren gottesfürchtige Leute und hielten in ihrem Hause auf Zucht und Ordnung. Die Mutter lehrte ihre Kinder beten. Es kamen mit den Jahren noch acht Geschwister dazu. Fünf starben im zarten Kindesalter, eine Schwester mit zwölf Jahren. Nur eine Schwester und ein zehn Jahre jüngerer Bruder blieben am Leben. Die Einkünfte des Vaters waren sehr kümmerlich, und somit wuchs Theodor in allereinfachsten Verhältnissen auf. Um noch etwas zu verdienen, bemalte die Mutter für eine Knopffabrik Knöpfe. Er war acht Jahre alt, als die Familie nach Vaihingen an der Enz übersiedelte. Auch da war der Verdienst des Vaters als Zuschneider so klein, daß der Knabe oftmals den achteckigen Schal der Mutter ins Leihhaus tragen mußte. Dort begrüßte ihn der Pfandleiher immer so freundlich mit den Worten: „So, kommst wieder, Büble." Sobald wieder etwas Geld im Hause war, mußte er den Schal wieder holen.

Die Mutter nähte oft Nächte hindurch, um die zahlreiche Familie ehrlich durchzubringen. Ihrer ungeheuren Energie ist es auch zu verdanken, daß die Kinder gute Schulen besuchen konnten. Sie hat sich selbst alles abgespart, um sie so zu kleiden, daß sie nicht auffielen.

Wer sie gekannt hat, hatte den Eindruck eines schwäbischen Originals. Sie hatte eine wahrheitsderbe Art, wie ein Bruder bei ihrer Beerdigung sagte.

Vom Vater hat der Sohn die wohlklingende Stimme geerbt. Karl Böhmerle war mit einer prachtvollen Baßstimme begabt und war von 1882 bis in sein Alter ein geschätztes Mitglied des Pforzheimer Kirchenchors. Wenn man ihn singen hörte: „Das ist der Tag des Herrn", so klang die Stimme wie eine Orgel. Aber auch in weltlichen Gesangvereinen wirkte er mit und half mehrere Preise erringen. Da wurde es dann oft spät am Abend, wenn die Proben stattfanden, und dies war dann nicht zur Freude der Mutter, die es sich sauer werden ließ, tatkräftig mitzuhelfen im Geschäft des Vaters. Doch wenn wieder so ein Wettsingen gehalten wurde, war sie nicht wenig stolz auf ihren Mann. Ein aufgeschlossener Sinn für die Schönheit und Mannigfaltigkeit der Natur war ihm eigen. Er brachte seiner Frau von jedem Sonntagsspaziergang, an dem sie ihrer Kränklichkeit wegen nicht teilnehmen konnte, ganz künstlerisch zusammengestellte Wald- und Wiesensträuße heim.

Die Mutter hätte dem heranwachsenden Knaben gern Klavierstunden geben lassen. Doch der Vater wollte erst probieren, ob er ein musikalisches Gehör habe und sang ihm die Tonleiter vor. Nun sollte er nachsingen, was nicht gleich gelang. Mit einem ärgerlichen: „Ach was, der Kerl kann net singe!" war die Sache erledigt, und aus dem Musikunterricht wurde nichts. Im elterlichen Hause wohnten zwei ältere Leute, Geschwister, beide ledig, die zur Hahnschen Gemeinschaft gehörten. Sie hatten einen kleinen Laden, und ihnen mußte der junge Theodor manchen Dienst tun. Da hörte er auch einmal die Leute zu seiner Mutter sagen — er sollte es natürlich nicht hören —: „Frau Böhmerle, achten Sie auf das Büble, mit dem hat Gott einmal etwas Besonderes vor. Sehen Sie nicht, was für ein zartes Gewissen es hat und wie es gleich erschrickt, wenn es etwas Böses getan hat?"

Oft erzählte Theodor Böhmerle, wie er gern im Keller aus der Himbeersaftflasche geschleckt und gleich die Spuren weggewischt habe. Die Mutter kannte ihren Sohn, schaute ihn an und sagte: „Was hast du getan? Auf deiner Stirn steht es geschrieben." Beim nächsten Mal rieb er die Stirn, und da sah sie es erst recht. Sie lehrte ihn das Sprüchlein:

„Wo ich bin und was ich tu, sieht mir Gott, mein Vater, zu.“ Dies sagte er sich dann immer vor, wenn er im Keller zu schaffen hatte, und das half ihm gegen die Versuchung. Der Mutter sagte er alles, und sie hatte großen Einfluß auf ihn. Eines aber tat er zu gern sogar gegen das Gebot der Eltern: Er ging oft in die Werkstatt zu den Schneidergesellen, um ihre leichtsinnigen Aussprüche zu hören. Die konnte er alle behalten und bekam oft Schläge dafür. Schließlich drohte der Vater: „Wenn ich dich jetzt noch einmal da drin finde, dann sperre ich dich in den Keller.“ Später erzählte er manchmal, wie diese schlechten Sprüche in seiner Phantasie gehaftet seien. Er habe den Heiland gebeten, sie ihm doch wegzunehmen.

Als er einmal als Vierjähriger mit seinem Vater Eisenbahn fahren durfte, war er ganz hingenommen, was es da alles zu sehen gab. Auch die Mitreisenden hatten offenbar ihre helle Freude an dem Bürschlein. Ein Offizier fragte ihn, wie er heiße; da verstummte er ganz. Als er nochmals gefragt wurde, wandte er sich angstvoll an den Vater und sagte: „Gelt, Vater, ich brauche dem Polizeidiener nicht sagen, wie ich heiße.“

Aus der Schulzeit

In Vaihingen ging er in die Lateinschule. Später erzählte er oft von seinen Lehrern, besonders von einem Hilfslehrer, der ihm einmal an seinem Geburtstag eine Tatze geben mußte. Einmal, in einer Turnstunde, kommt seine jüngere Schwester herein und ruft laut: „Theodor, du sollst gleich keimkommen, 's Essen wird kalt!" — zur großen Beschämung des Schülers. Alle lachten, sogar der Lehrer.

Die Schulferien brachte er in Eßlingen und Wäldenbronn bei den Verwandten des Vaters zu. Vom Großvater und vom Onkel hat er tiefe Eindrücke bekommen. Er war zugegen beim Sterben des Großvaters, der seine zwölf erwachsenen Kinder und seine Enkel um sich versammelt hatte. Jedes mußte am Bett niederknien und wurde vom Großvater gesegnet. Mit dem Onkel ging er sonntäglich in den Gottesdienst in das kleine Filialkirchlein, und nachmittags wurde vom Onkel die Predigt nochmals durchgenommen und abgefragt. Das einzige, was ihm aus diesen Kirchgängen geblieben sei und was einen großen Eindruck auf ihn gemacht habe, war, daß der Pfarrer einmal mitten in der Predigt innegehalten habe und gesagt: „Michele, mach sell Fenster zu, es zieht so"!

Bei seinem allerersten Kirchgang mit der Mutter war er über die ganze Predigt mäuschenstill gewesen. Als aber der Pfarrer das Vaterunser sprach, rief er ganz laut: „Gell, Mama, des kann i au!"

In Vaihingen erhielt er so tüchtige Grundlagen in Latein, Rechnen und Religion, daß durch seine ganze spätere Gymnasialzeit der Nutzen davon zu verspüren war. Doch nicht lange sollte er diesen gründlichen Unterricht in einer Klasse mit nur drei Schülern genießen. Schon nach Verlauf von zwei Jahren wurde er wieder herausgerissen. Das kleine Jahresgehalt des Vaters konnte die inzwischen auf sechs Köpfe angewachsene Familie fast nicht mehr ernähren. Obwohl die Mutter Tag und Nacht auch arbeitete, fehlte es doch manchmal am Allernötigsten, besonders weil Krankheit nie das Haus verließ. Dem wollte der Vater abhelfen und nahm eine Stellung in Pforzheim an. Wir sehen darin die Hand des Höchsten, der für Theodor Böhmerle eine Aufgabe im badischen Land bereit hatte.

So verbrachte er seine übrige Schulzeit in Pforzheim. Er besuchte das

Gymnasium und war, da ihn seine Mutter schon mit fünfeinhalb Jahren zur Schule gebracht hatte, immer der kleinste und schwächlichste der Klasse. Er hatte darum auch viel zu leiden von seinen Mitschülern, die ihn oft quälten, so daß er sich auch nicht leicht an sie anschloß. Manchmal erzählte er, wie sie ihm seine Mütze nahmen und in die Luft warfen. Er sei oft weinend nach Hause gekommen.

Da die Mutter oft kränklich war, mußte er ihr viel in der Haushaltung helfen. Geschirr waschen und die Küche in Ordnung bringen war immer seine Aufgabe. Wie hat er oft geseufzt, daß er alle Besorgungen beim Bäcker und Metzger machen mußte, und das Schlimmste war, wenn der energischen Mutter das Fleisch, das er brachte, nicht recht war und er es wieder hintragen mußte. Wie schämte er sich da, wenn der Metzger schalt: „Was Überzwerchs sollst bringen, da legt man's so rum, dann ist's überzwerch!"

Sonntags ging er regelmäßig mit den Eltern zur Kirche, und nachmittags in den Fünf-Uhr-Gottesdienst ging er immer allein. Die Eltern wollten nachmittags einen Spaziergang machen, und da sollte er natürlich mit. Er hatte aber den Glauben, wenn er sonntags nicht zweimal im Gottesdienst gewesen sei, dann habe er die ganze Woche keinen Segen. Der Vater zwang ihn dann einmal mitzugehen, und richtig brachte er schlechte Noten heim. Schließlich gab der Vater nach und ließ ihn nachmittags doch in die Kirche.

Sein Konfirmationsspruch war: „Der Herr spricht zum Hause Israel: Suchet mich, so werdet ihr leben" (Amos 5, 4). Er sagte selbst, daß er ihn lange nicht verstanden habe, erst später sei er ihm aufgegangen.

In jener Zeit hatte er auch einmal einen Traum. Ein Engel stand vor ihm und sagte ihm: „Wenn du weiter so treu bist, darfst du später einmal Briefe schreiben für ein ganzes Land".

Ein Zug zum Besonderen war ihm von frühester Jugend an eigen. Machte die Schule einen Ausflug, dann sagte er es manchmal nicht zu Hause, sondern ging mit einem Buch in den Wald und setzte sich ganze Nachmittage lang unter einen Felsen und las. Am liebsten war er bei der Mutter und machte bei ihr seine Aufgaben. Er spielte wenig mit Gleichaltrigen.

Er brachte immer sehr gute Zeugnisse nach Hause. Kam er dann strahlend mit einem solchen heim, machte die Mutter gar kein so fröhliches Gesicht, wie er erwartet hatte, sondern blieb ernst. Darüber machte er sich oft Gedanken, bis er eines Tages dahinterkam. Ein Onkel kam zu Besuch. Da wurde auch nach den Kindern gefragt, worauf es auf einmal hieß: „Kinder, ihr geht jetzt hinaus.“ Da, erzählte er, habe er am Schlüsselloch gehorcht und gehört, wie der Vater sagte, als sie vom Ältesten sprachen: „Er ist ein Kuckuckskerl, er lernt so leicht und bringt großartige Zeugnisse nach Hause, aber merken darf man's das Bürschlein nicht lassen.“ Da wußte er nun auf einmal, warum die Mutter so ein ernstes, gleichgültiges Gesicht machte, wenn er ein gutes Zeugnis brachte.

Pfarrer Friedrich Stober in Ispringen bei Pforzheim schreibt über die Schulzeit im Pforzheimer Gymnasium: „Theodor Böhmerle trat nach Übersiedlung der Familie von Vaihingen an der Enz nach Pforzheim in das Schuljahr 1882—83 der Obertertia des dortigen Gymnasiums ein. Er war der jüngste und auch wohl der kleinste unter seinen Mitschülern; aber man merkte bald, daß in dem Bürschlein etwas steckte. Sein schmales Kindergesicht mit den hellblickenden Augen, der hohen Stirn und ausgeprägten Nase zeugte von großer Begabung. Wer seine Eltern kannte, gewann den Eindruck, daß der grundgediegene Vater und die phantasievolle, äußerst beredte und schlagfertige Mutter ihr Bestes auf den Sohn vererbt hatten. Sein unausgesetzter vorbildlicher Fleiß ließ eine hohe Strebsamkeit erkennen. In der Untersekunda, wo man bekanntlich mit Sie angeredet wird, sagte einmal ein Professor zu ihm, dem so jungen: ‚Wer noch nicht konfirmiert ist, gehört auch noch nicht in diese Klasse.‘ Er aber ließ sich nicht beirren, sondern rückte leicht und sicher aufwärts von Klasse zu Klasse, in die oberste mit der ausgesprochenen Absicht, der primus omnium (der Erste von allen) zu werden. Und er brachte es wirklich bis zum Zweiten, als welcher er nach wohlbestandenem Abitur zur Universität entlassen wurde.“

Rückblickend auf seine Gymnasialzeit in Pforzheim schreibt Theodor Böhmerle beim Abschluß seines Studiums:

„Für mich war die Übersiedlung nach Pforzheim eine Führung Gottes, für die ich Ihm nie genug danken kann. Diesem Umzug nämlich habe ich es zu verdanken, daß mein Herzenswunsch, den ich schon als kleiner Junge hegte, dereinst Pfarrer zu werden, seiner Erfüllung näher kam. Drüben im kleinen Schwabenstädtchen wäre ich jedenfalls, wie es dort Sitte war, nach der Konfirmation ins Handwerk gesteckt worden. Hier nahm sich meiner von Anfang an in liebevollster Weise der Direktor des Gymnasiums, Herr Professor Dr. Schneider, an. Er war es, durch dessen Vermittlung ich die Bücher von der Anstalt, das Schulgeld und auch ein kleines Stipendium bekam. Er war es auch, der dann zusammen mit dem lieben Herrn Stadtpfarrer Brombacher, meinem Religionslehrer und späteren Beichtvater, die Eltern überredete, mich auch nach der Konfirmation weiter lernen und dann studieren zu lassen. Ich werde es nie vergessen, was die beiden an mir getan, und wenn ich jetzt vor dem großen Abschnitt meines Lebens ein Dankgebet zum Himmel sende, so sind sie mit eingeschlossen. Es ist das Beste, was ich ihnen geben kann.

Schon mit dem zwölften Jahre begann ich, anderen Schülern des Gymnasiums Nachhilfestunden zu geben, und habe dies dann meine ganze Gymnasiumszeit fortgesetzt. Auf dem Gymnasium erwarb ich mir von den so gewonnenen Sparpfennigen meine Bücher, denn längst schon hatte es mich geschmerzt, daß ich die von der Anstalt geliehenen Bücher nach Gebrauch immer wieder hergeben mußte. So ging denn meine Gymnasialzeit Jahr für Jahr näher zum Ende, allerdings nicht, ohne daß ich durch eine Nervenkrankheit, die besonders in tiefer Schwermut sich zeigte, als Unterprimaner auf ein halbjähriges Krankenbett geworfen wurde.

Die Hauptfreude bei meiner Gymnasialzeit machte mir der altsprachliche Unterricht. Latein und Griechisch lernte ich mit großer Freude. Die übrigen Fächer lernte ich, weil ich mußte, nur die Religion, das war und blieb meine Hauptsache. Es mag dies darin seinen besonderen Grund haben, daß zu Hause von Anfang meiner Schulzeit an auf Religion am meisten gegeben wurde. War hie und da auch manchmal eine schlechte Note, wenn nur die Religion, der Fleiß und das Betragen gut waren, dann wußte ich, daß Vater und Mutter auch ‚gut' waren. Sodann mag es darin seinen Grund haben, daß später in den höheren Klassen des Gymnasiums, als meine Eltern von allen meinen Arbeiten nichts mehr verstanden, sie doch die Religion noch kontrollieren konnten. Auch wurden wir zu Hause viel zum Beten angehalten, und da die liebe Mutter in Bibel und Gesangbuchliedern sehr beschlagen war, so hatten wir Kinder viel Anregungen, besonders auf die Festtage hin. Man saß da im Kreis um die Mutter und hörte die biblischen Geschichten und Erzählungen mit großem Interesse und erzählte sie dann nach. Dadurch wurde in uns allen eine herzliche Frömmigkeit gepflanzt, die, mit Mutterliebe gepaart, ihre Blüten trieb.

Vor allem wurde mir dadurch eine heilige Scheu vor dem Worte Gottes eingepflanzt. Das Buch, das seinen Ehrenplatz im Zimmer hatte, war mir so heilig, daß ich mich scheute, es herb anzufassen. Meine Frömmigkeit blieb mir durch meine ganze Gymnasialzeit hindurch erhalten, und eine melancholisch ernste Grundlage half sie noch fördern, ja steigerte sie manchmal so sehr, daß ich wünschte, bald oder gleich zu sterben, um recht bald in den Himmel zu kommen."

Beim Abgang vom Gymnasium wurde ihm noch ein besonderer Preis zuerkannt. Vor versammelten Lehrern und Schülern bekam er ein „Reallexikon des klassischen Altertums" überreicht.

Studienjahre

Heidelberg — mancherlei Nöte

Mit knapp 17 Jahren bezog er im Jahre 1887 die Universität Heidelberg mit Empfehlungsschreiben seiner Lehrer an verschiedene Professoren. Bei der Aufnahme erwähnte der Rektor, daß seit hundert Jahren kein so junger Student zugelassen worden sei. Lesen wir, was er über die erste Zeit dieses einschneidenden Lebensabschnittes in seinem Lebenslauf berichtet: „So gerüstet bezog ich mit 17 Jahren die Universität, um endlich die spezielle Vorbereitung zu dem schon lange gewünschten Beruf anzutreten. Im letzten Jahre meiner Gymnasialzeit waren die Eltern nach Landau in der Pfalz gezogen; ich aber wollte nicht noch einmal wechseln und blieb in Pension in Pforzheim, deren Kosten ich durch Stundengeben bestritt. Auf den Rat des Herrn Stadtpfarrer Brombacher ging ich dann nach Heidelberg, womit meine Eltern um so mehr einverstanden waren, als ich dadurch von zu Hause nicht allzuweit weg war.

Die theologische Richtung der Universität war für mich und die Meinen gar nicht in Betracht gekommen, denn daß es verschiedene Richtungen und Anschauungen in der Kirche gebe, das war eine Erkenntnis, die ich erst während meiner Universitätszeit gewann. Mein Studium stellte ich mir nach den für mich erkennbaren Sphären der Wirksamkeit eines Pfarrers in der Art vor, daß man predigen und unterrichten lernen und dazu dann vor allem die Bibel, das Gesangbuch und den Katechismus auswendig lernen müsse. So waren auch dann beim Übergang zur Universität Bibel, Katechismus, Gesangbuch und Biblische Geschichten meine theologischen Ausrüstungsgegenstände.

Was die äußeren Umstände in dieser Zeit angeht, so wußte ich 14 Tage vor Abgang zur Universität noch nicht, wovon ich dort leben sollte. Zwar hatte ich Empfehlungen in Händen, die mir dort Nachhilfestunden verschaffen sollten, aber ob es fruchten würde, war noch ungewiß. Da gab es dann heimlich manche Träne, besonders da der Vater der Ansicht war, daß es mit dem Studieren nichts sei, da wir es doch nicht durchführen könnten. Da plötzlich kam in den letzten Tagen die Nachricht, daß wir von einem ziemlich unbekannten Vetter

70 Mark geerbt hätten, und als nun auch kurz darnach Geld eintraf, mußte es mir zu Beginn meiner Studien dienen. Wir alle sahen darin Gottes Finger, und ich selbst habe von da an, einzelne trübe Stunden, die immer wieder kamen, abgerechnet, das felsenfeste Vertrauen gehabt, daß Gott mir sicher durchhelfen werde. Und mein Vertrauen ist Wahrheit geworden.

In Heidelberg fand ich durch Vermittlung wider Erwarten schnell Unterrichtsstunden, so daß ich mit geringem häuslichem Zuschuß gut auskommen konnte, zumal ich noch Kolleggeldbefreiung und das Staatsstipendium erhielt. War ich so äußerlich sicher gestellt, so traten alsbald innere Kämpfe ein, die mich so tief erschütterten, daß ich oft schon fest entschlossen war, das Studium der Theologie aufzugeben. Nur die energischen Briefe vom Elternhaus brachten mich wieder ins rechte Geleise, zusammen mit den tröstlichen Gesprächen älterer Studiengenossen, denen ich mich angeschlossen hatte. Nach längeren Irrsalen hatte ich mich nämlich dem Heidelberger ‚Wingolf' angeschlossen als der einzigen Verbindung, die strengste Sittlichkeit auf Grund christlicher Lebensanschauung pflegte. Bei allen anderen Verbindungen wurden Trunkenheit und wüstes Gerede und sogar Unsittlichkeit im engsten Sinne nicht gerügt oder höchstens dann, wenn die ganze Verbindung dadurch kompromittiert wurde. Diese Erfahrung erschütterte mich zuerst mächtig, denn daß selbst Theologen in größerem und geringerem Grade unsittlich lebten, das hätte ich mir nie träumen lassen.

Zu dieser einen schmerzlichen Erfahrung, die mich lange im Innersten beschäftigte, kam noch ein Aufgehen der zweiten: Was ich da von den Kathedern zu hören bekam, stürzte mich aus allen meinen Himmeln. In der Bibel gibt es ein unechtes Buch? Nein, dann hat sie gar keinen Wert für mich, dann will ich sie gar nicht mehr lesen. Jesus ist nicht Gottes Sohn, ist nicht vom Himmel zur Erde gekommen? Dann bin ich angelogen worden. In dieser jugendlich-heißspornigen Weise, die sofort in ihren Schüssen weit über das Ziel hinausschießt, quälte ich mich, rieb meine Kräfte auf, bis ich fast fortwährend kränkelte. Je mehr ich die exegetischen und einleitenden Vorlesungen hörte, um so unglücklicher wurde ich. Und meine große Jugend war gerade 17 Jahre. Ich habe es später oft noch bemerkt, wie hemmend zu große Jugend ist. Was mir am meisten fehlte, war die religiöse Anregung.

Nie während der ganzen zwei Jahre erscholl irgendein Zeugnis von eigenem, persönlichem, lebendigem Christentum vom Katheder; nie hörte man eine Anregung zum Gebet oder zu frommem, sittlichem Leben. Und je mehr ich nun meine Kolleghefte ausarbeitete und durcharbeitete, um so weniger wunderte ich mich, daß es so war. Wo war denn da der starke, lebendige und mächtige Gott hingekommen, von dem der Psalmist sagt: ‚Du erhörst Gebet, darum kommt alles Fleisch zu Dir!‘ Mit der philosophisch-abstrakten ‚Lebensmacht‘ wußte ich nichts anzufangen. In diesem Wirrwarr und Kämpfen griff ich zum Gebet, das ich vor lauter Hin- und-wieder-Kämpfen ganz vergessen und in den Freuden des Studentenlebens, die ich aus Überdruß an den inneren Martern oft geflissentlich aufsuchte, unterlassen hatte. Je mehr ich dies tat, um so mehr wurde ich gewiß, nur der Gott, der mächtig, sichtbar eingreift ins Leben des einzelnen und der Gesamtheit, nur der Gott der Wunder, kann dein Gott sein, und der steht auch in der Bibel. Es sind ja das, theologisch betrachtet, noch recht rauhe Anschauungen; doch so hatte ich sie damals. Ihre Wirkung war zunächst die, daß ich fortan höchst kritisch vor dem Katheder saß und im tiefsten Innern wünschte, doch einmal auch von Heidelberg fort zu dürfen, um einen recht gläubigen Professor zu hören. Meine Blicke fielen dabei auf Greifswald, und doch schienen mich meine äußeren Verhältnisse nach Heidelberg zu bannen.“

Theodor Böhmerle durchschaute nun auch den feinen Geist des Professors Holsten, von dem er sich längere Zeit hatte führen lassen. Dieser Professor lehrte, daß es gar nicht erwiesen sei, ob die Apostel überhaupt gelebt hätten. Als er eines Tages freudestrahlend ins Kolleg kam und seinen Studenten verkündigte, nun habe er gefunden, die Apostel hätten nie gelebt, machte dies unseren Studenten stutzig; hauptsächlich, weil der Professor sich so freute. Auf ihn hatte diese „Erkenntnis“ seines Lehrers eine andere Wirkung. Sie drohte alles umzuwerfen, was er von Jugend auf in sich aufgenommen hatte.

In jener Zeit wurde er mit einem jungen Studenten bekannt, der aus einem gläubigen Kreis stammte. Der hatte ganz andere Bücher auf die Universität mitgebracht. Diesem sagte die Lehre von Professor Holsten zu. Deshalb beschlossen sie, ihre Bücher auszutauschen. Diese Bücher halfen ihm in manchem Stück weiter.

Sein nun wenigstens etwas zur Ruhe gekommenes Interesse trieb ihn wieder zur Arbeit, die unter den Kämpfen und unter den vielen Unterrichtsstunden, die er gab, sehr gelitten hatte. Er sollte ein hebräisches Examen machen bei Professor Marx, einem ganz außerordentlichen Kenner der hebräischen Sprache. Sprachen fielen ihm nicht schwer; aber im Hebräischen fühlte er sich nicht sicher und hatte eine namenlose Angst vor diesem Examen. In seiner Not nahm er am Morgen des Examenstages noch seine Zuflucht zum Gebet; wie er selbst erzählte, war es sein erstes Herzensgebet. Er wurde etwas ruhiger. Weil es noch Zeit war, schlug er seine Bibel auf, um noch etwas durchzugehen. Sein Auge fiel auf 2. Samuel 12: Nathans Bußpredigt. Er arbeitete dieses Kapitel schriftlich durch. Unter Seufzen und Angst ging's ins Examen. Der Professor stellte die schriftliche Aufgabe: „Die Bußrede des Propheten Nathan an David." Er traute seinen Ohren kaum. Im Nu hatte er seine Arbeit fertig und wartete. Der Professor sagte: „Was, Sie sind doch noch nicht fertig? Das kann nicht sein, zeigen Sie her!" Während er las, wurde sein Gesicht immer heller, und er sagte zu ihm: „Sie sind ja ein ausgezeichneter Hebräer! Ich schenke Ihnen das Mündliche. Sie können gehen!" Wie im Traum ging er nach Hause mit einem großen Glücksgefühl im Herzen über ein solches Erlebnis.

Über seine Heidelberger Lehrer schrieb er: „Vor allem habe ich sehr viel gelernt, zunächst in Kirchengeschichte, in der ich Herrn Professor Dr. Hausrath stets mit dem größten Interesse folgte, indem ich mich zugleich durch seine herrliche Sprache bilden ließ. Dann in Exegese, wo die tiefen Gedanken des Herrn Professors Dr. Holsten nicht ohne nachhaltigen Eindruck auf mich waren und wo Herr Professor Dr. Wendt durch seine machtvolle Kritik mich anzog. Persönlich nahe trat ich Herrn Professor Dr. Kneucker, der mich als den stärksten Abc-Schützen im Hebräischen alle Sonnabend in sein Pfarrhaus einlud, wo er mir dann von zwei bis vier Uhr jeweils die Anfangsgründe des Hebräischen gründlich beibrachte. Ihm danke ich für diese Stunden herzlich, besonders da ich in denselben auch noch sonst mannigfache Anregung erfuhr. Was ich aber sodann als den Hauptgewinn betrachte, ist, daß ich gezwungen wurde, meine altererbte religiöse Ansicht mir neu zu erkämpfen. Dann aber lernte ich erkennen, daß im Christentum verschiedene Ansichten nebeneinander Raum haben; ich lernte, wie man es zu nennen pflegt, Toleranz gegen die Personen, die eine andere Anschauung und Überzeugung haben als ich, wenn ich auch die Sache selbst als falsch erkannte."

Tübingen — mancherlei Begegnungen

Nachdem Theodor Böhmerle vier Semester in Heidelberg zugebracht hatte, beschloß er im Jahre 1889, die Universität zu wechseln und nach Tübingen zu gehen. Die dazu nötigen Mittel gab ihm ein freundlicher Gönner. Dort hörte er fast ausschließlich den Nachfolger von Johann Tobias Beck, Professor Robert Kübel (1838—1894), einen Vertreter des Biblizismus. Er berichtet über ihn:

„Er war Exeget und Dogmatiker und trotzdem daneben ein gottbegeisterter Prediger, der hier und da vom Katheder herab ein kräftiges, von seiner inneren Persönlichkeit getrages Zeugnis für seinen Heiland ablegte. Die Freude nun, auf dem Katheder begrifflich klar dargestellt zu hören — besonders in der Dogmatik — was ich selbst bisher, wenn auch vielfach noch unklar, geahnt und gefühlt hatte, gab mir zugleich einen mächtigen Hebel in den Arbeiten für mein nun nahe bevorstehendes Examen. In den alle 14 Tage stattfindenden Stunden des Herrn Professors lernte ich zum ersten Male einen solch großen Mann in seinem eigenen Haus kennen, was ich längst schon gewünscht hatte, was mir aber noch nie beschieden gewesen war. Die Unterhaltung über christliche Tages- und Zeitfragen, über religiöse Fragen des Herzens und des Lebens haben einen tiefen Eindruck auf mich gemacht und sind mir unvergeßlich. Ich gehörte deshalb auch zu den ständigen Gästen dieser Abende."

Theodor Böhmerle war ein fröhlicher Student und sehr beliebt wegen seines sprudelnden Humors. In Tübingen lernten die meisten Studenten reiten und hielten sich ein Pferd. Da dies seine bescheidenen Mittel nicht erlaubten, lernte er kutschieren. Da zogen sie oft aus mit Pferd und Wagen. An einem Sonntagmorgen während des Gottesdienstes fuhren sie schreiend und singend durch Hagelloch bei Tübingen. Von seinem hohen Kutschersitz sah er durchs Fenster, wie ein altes Mütterlein, vor einer großen Bibel sitzend, bei dem Lärm die gefalteten

Hände zum Himmel erhob, als wollte es sagen: „Gott, erbarm Dich der gottlosen Jugend!" Dieses Bild prägte sich ihm tief ein. Manchmal sagte er: „Ich will einmal in der Ewigkeit dieses Mütterlein aufsuchen und ihr erzählen, was aus dem auf jenem Wagen Sitzenden geworden ist." Einer der Mitfahrenden war der Sohn von Fritz Fliedner in Madrid; ein anderer wurde Direktor der Goßnerschen Mission in Berlin.

Als er in den Ferien nach Hause kam, empfing ihn der Vater mit den Worten: „Mit dem Studium ist's aus, ich kann dir nichts mehr geben; du kannst jetzt in mein Geschäft eintreten!" Es war ihm, als hätte der Blitz vor ihm eingeschlagen; er konnte es nicht fassen. Er bat den Vater, doch wenigstens die Ferien noch abzuwarten, ob sich nicht doch noch ein Weg fände. Nun ging ein Kampf in seinem Innern los. Warum hat Gott ihn überhaupt ins Studium geführt? Von seiner frühesten Jugend an stand es doch fest, er solle Pfarrer werden — und nun? Er konnte es sich nicht vorstellen und bat den Herrn um Hilfe; aber es zeigte sich nichts. Die Ferien gingen ihrem Ende zu, und es war noch kein Weg gefunden. Täglich machte er einen Spaziergang mit einem Freund von der Universität, erwähnte aber nichts von seiner inneren Not. Eines Tages blieb der Freund vor ihm stehen und fragte: „Du, wann reist du denn ab? Die Ferien sind doch bald zu Ende, und du sprichst kein Wort davon." Nun mußte es heraus. „Ich kann gar nicht mehr, so und so steht es mit meinem Vater." Da sagte ihm der Freund, der sehr begütert war: „Warum hast du mir denn das nicht schon längst gesagt? Ich gebe dir einfach das Geld, und wenn du später kannst, bezahlst du es mir zurück, und wenn du's nicht kannst, macht's auch nichts. Also fort nach Tübingen!" Nun hatte ihm Gott wieder geholfen. Er mußte ja sehr sparsam leben; aber gerade das war gut für ihn.

Er wohnte in Tübingen bei zwei alten Fräulein, die sehr auf ihn aufpaßten und mehr als einmal, wenn's nötig war, sagen konnten: „Sollen wir der Mutter schreiben?" Das half immer. Er fand selbst an den Trinkereien der Studenten immer weniger Gefallen, und oft, wenn's am lustigsten gewesen war, kamen ihm zu Hause die Tränen vor innerem Elend. Einmal fand ihn ein Freund in diesem Zustand, und das war ihm nicht recht. Doch fragte er den Freund: „Geht es denn dir nicht auch so?" Da sagte ihm dieser: „Ach freilich, aber das ist halt der „Moralische'". Von diesem Augenblick an stand es bei ihm fest: Wenn dem so ist, will ich von dieser Art von Fröhlichkeit nichts mehr wissen.

Es wurde ihm immer klarer, daß er sich von der Verbindung lösen müsse; aber das war ein schwerer Kampf. Er schrieb seinen Austritt und konnte den Brief doch nicht abschicken. Erst als er im Pfarramt war, trat er aus der Verbindung aus.

Nach einer zu Hause verlebten Ferienzeit ging er zu Fuß über die Wälder nach Tübingen und besuchte unterwegs bekannte Wingolfbrüder. „Ausschinden" hieß man das. Sein erstes Ziel war Mühlhausen, wo Pfarrer Meerwein, sein väterlicher Freund, wohnte. Der sagte gleich: „So, das ist recht, daß du kommst, du kannst morgen für mich in Tiefenbronn predigen." Das war ein großer Schrecken für den jungen Studenten. Er erklärte, er könne es gewiß nicht. Da nahm ihn der Pfarrer auf seine Studierstube und sagte ihm, er müsse unter allen Umständen in seinem Filial für ihn predigen. Schließlich kam's heraus, daß er noch nicht an das volle Heil glauben könne. Da war es ihm von tiefem Eindruck, wie Pfarrer Meerwein zu ihm sagte: „Ja, weißt du, du mußt deines Heils gewiß werden". Er hat dann über ein Sendschreiben gepredigt. Auf der ganzen weiteren Reise hat ihn das Wort verfolgt: des Heils gewiß werden. Da hat er innerlich zum Herrn geseufzt: „Wenn man das werden kann, dann gib es auch mir!"

Nun führte ihn sein Weg über Eßlingen und er beschloß, den Onkel aufzusuchen. Mit Mütze und Band angetan, kam er dort an und fand den Onkel beim Keltern. Wie der ihn sieht, zieht er ihn hinter eine Bütte und sagt zu ihm: „Bua, wenn du nichts glauben willst, dann werd mer kein Pfarrer!"

In seiner Tübinger Studienzeit liegen drei Ereignisse, über die er folgendes berichtet: „Noch aber muß ich dreierlei erwähnen, was von entscheidendem Einfluß auf meinen Bildungsgang war. Einmal mußte ich als Mitglied des homiletischen Proseminars in Tübingen zum ersten Mal predigen. Bei der Ausarbeitung dieser Predigt nun wurde ich auf zweierlei aufmerksam, auf meine gar zu geringe Kenntnis der Bibel und auf meine Verschwommenheit und Unklarheit in meinen religiösen Anschauungen. Ich lernte mich dadurch auf mich selbst besinnen und habe dadurch gemerkt, wie ein sparsames, gehorsames, aber doch regelmäßiges Ausgeben, neben dem vielen Einernten, wie es auf der Universität vorherrscht, sowohl in wissenschaftlicher wie in praktischer Hinsicht sehr förderlich ist.

Eine zweite bedeutende Erkenntnis sollte ich durch Herrn D. Fliedner aus Spanien erfahren. Dieser Mann kam nämlich während meines Aufenthaltes nach Tübingen. Nun, ich sah ihn und hörte ihn sprechen und liebte ihn. Und diese Liebe ging in die größte Ehrerbietung über, als ich noch eineinhalb Tage mit ihm eng verkehren durfte. Dieser geisterfüllte und doch so jugendlich frohe Mann übte eine so unwiderstehliche Anziehungskraft auf uns aus. Noch nie hatte ich einen seines Heilands so frohen Menschen gesehen und zugleich einen so deutlichen Zeugen für die Erhörung gottinnigen Gebets. Als er zum großen Leid für mich schied, hatte ich einen mächtigen Impuls in mir, vorwärts in der innigen Liebe zum Heiland zu dringen durchs Gebet.

Endlich lernte ich noch in Tübingen durch einen Freund Herrn Pfarrer Reinmuth aus Knielingen bei Karlsruhe kennen, an dem ich von nun an einen liebevollen Freund und väterlichen Berater haben sollte."
Als D. Johannes Reinmuth im Jahr 1907 heimgegangen war, schrieb Theodor Böhmerle im „Reich-Gottes-Boten" einen Nachruf. Darin kommt er ausführlich auf jene Begegnung in Tübingen zu sprechen:

Zweimal im Jahre pflegte Pfarrer Reinmuth viele Wochen lang ein gut Teil seiner schon so beschränkten Zeit jungen Theologen zu widmen. Was er uns da war und tat, kann ich aus eigener Erfahrung bezeugen und will an meinem Beispiel zeigen, was in ähnlicher Weise viele erlebten.

Es war im Jahre 1890, da ging durch Tübingens enge, winklige Straßen ein junger Bruder Studio in Band und Mütze; neben ihm schritt, es hätte just sein Vater sein können, ein ehrwürdiger Pfarrherr. Er war vorher mit einem andern hinter mir gegangen und kam eben, mir auf die Schulter klopfend, an meine Seite mit der Frage: „Wie heißt du?" „Böhmerle". „Wo bist du her?" „Von Pforzheim". „Im wievielten Semester?" „Im sechsten!" „Gehst du im Spätjahr ins Examen?" „Ich weiß nicht bestimmt." „Warum nicht?" Ja — das war nun eine Gewissensfrage! Er wußte wohl warum, ich war nicht der erste, den er so fragte. „Wie steht's denn mit dir?" O — das war eine noch schrecklichere Gewissensfrage! Da innen im jungen Herzen wogte gar vielerlei durcheinander, aber Klarheit und Wahrheit fehlten noch. „Weißt du was, du kommst in den großen Ferien ein paar Wochen zu mir nach Knielingen vor dem Examen. Hast du gehört? — Abgemacht." Damit gab er mir die Hand und ging zu einem andern von uns Jungen, die er zu besuchen gekommen war. Diese Begegnung und kurze Unterredung war vielleicht eine der wichtigsten meines Lebens. Die Ferien kamen; ich ging nach Knielingen, und dort im stillen, lieben Pfarrhaus, da bin ich unter der treuen Führung des Pfarrherrn zu Klarheit gekommen über mich und über Gott, über Theologie und Philosophie, über Wahres und Falsches in beiden. Das Vorexamen kam; es ging gut. Und nun leitete er meine Schritte nach Greifswald. Dann ging's noch einmal einige Zeit ins stille Knielinger Pfarrhaus, dann ins Examen, dann zum heiligen Altar bei der Ordination und dann auf die Kanzel. Die badische Landeskirche hatte einen positiven Theologen mehr, und der ihn aus dem Wirrwarr gerissen, war der Pfarrer von Knielingen.

Greifswald — mancherlei geistliche Förderung

Über seine Greifswalder Zeit berichtet Theodor Böhmerle: „Als das Vorexamen mit seinen für meinen immer sehr schwachen Körper fast übergroßen Anstrengungen dahinten lag, zog neue Kraft und Lust in mich ein, besonders als ich erfuhr, daß ich nicht in das Heidelberger Seminar mußte, sondern nach Greifswald gehen durfte. Die äußeren Hindernisse, die dem Plan diesmal mehr denn je entgegenstanden, wurden durch liebe Freunde behoben, und nun konnte das schönste Jahr meiner Studienzeit beginnen. Das war ein freudiges Nehmen und Ernten, das ich halten konnte, von den Professoren Cremer, Nathusius und Schlatter. Das Schönste aber war, daß dieses Einnehmen unterbrochen war vom regelmäßigen Ausgeben, das immer wieder zu ernster Einkehr in sich selbst ermahnte.

Zwei Katechesen, drei Predigten, dann eine alle Sonnabende während des Winters abgehaltene Bibelstunde im Seemannsheim des nahen Fischerdorfes Wiek waren Gelegenheiten des Ausgebens, wozu dann noch die Predigten und zwei Katechesen in der Heimat kamen.

Was Herr Professor Cremer mit seinem heiligen Ernst und seinem innigen Zeugnis von Christo an mir wirkte, ist mehr, als daß es gesagt werden könnte. Wirkte er durch seine in die tiefsten Winkel des Herzens seiner Zuhörer greifenden Ansprachen im homiletischen Seminar besonders auf unseren geistlichen Menschen, so vertieften seine Vorlesungen über Dogmatik und Ethik dem Verstande all die Anschauungen, die er sich im Laufe der Jahre gebildet, und legten für sie einen festen, biblischen Grund. Zugleich machte er mir die Bibel selbst immer teurer und lehrte mich erkennen, warum die Bibel so hoch zu schätzen, ja als Gotteswort nicht hoch genug zu schätzen sei. Er lehrte mich, wie ich sie mir selbst zum Nutzen recht lesen und der Gemeinde zum Nutzen brauchen sollte.

Mehr durch persönlichen, liebenswürdigen Verkehr machten besonders die Professoren Zöckler und Nathusius nachhaltigen Eindruck auf mich. Ließ ich mich von dem ersteren mit großem Interesse in Tertullians Schriften und ihren Geist einweisen, so zog mich der letztere besonders an durch seinen — man möchte fast sagen — seelsorgerlichen Verkehr mit den Studenten. Was ich hier fand, war, was ich längst gesucht, aber weder in Heidelberg noch in Tübingen gefunden hatte, daß nämlich der Professor der Theologie nicht nur durch seine Persönlichkeit, durch seine Lehre und Wahrhaftigkeit auf seine jungen Zuhörer wirke, sondern daß er ihnen zugleich ein Seelsorger sein soll, dem sie ihre inneren Gänge und Kämpfe mit ihren Verirrungen und Abwegen klarlegen können. Da hatte man dann an Professor D. von Nathusius einen nimmermüden geistlichen Vater. In liebevollster Weise ging er auf alle unsere Nöte und inneren Anliegen ein, und ich danke Gott, an ihm nicht nur einen lieben Lehrer, sondern auch einen solchen Berater gehabt zu haben.

Was endlich noch Herrn Professor D. Schlatter betrifft, so denke ich heute noch mit Freuden der Stunden, in denen er aus dem tiefen Brunnquell des Johannes-Evangeliums in einzigartiger Weise lebendiges Wasser schöpfte."

In jener Zeit wurde er auch mit der Gräfin Schimmelmann bekannt, die unter den Fischern der Ostsee mit viel Segen gearbeitet hat. Von Professor v. Nathusius ließ sie sich ältere Studenten der Theologie vorschlagen, die bereit waren, ihren Fischern in den einsamen Dörfern

Bibelstunden zu halten. Darunter war auch unser Kandidat Böhmerle. Er erzählte manchmal, wie er einst mit einem Freund abends in tiefem Schnee von Greifswald nach Wiek gewandert sei, um dort Bibelstunde zu halten. Unterwegs unterhielten sie sich so lebhaft über göttliche und ewige Dinge, daß sie gar nicht merkten, wie sie vom Weg abkamen. Auf einmal sahen sie auf die Uhr und wurden inne, daß sie eigentlich der Zeit nach schon längst in Wiek sein sollten. Aber wo waren sie nur? Eine unermeßliche Ebene breitete sich vor ihnen aus; auf einmal bemerkten sie ein dunkles Etwas vor sich. Sie gehen darauf zu und finden zu ihrem Schrecken ein eingefrorenes Kohlenschiff. Also sind sie auf der Ostsee. Nun aber, wie zurück? Sie wußten, daß auf der zugefrorenen Ostsee die Fischer viereckige Löcher gemacht hatten zum Fischfang; — wie leicht könnten sie da versinken. Eine große Angst überfiel sie, und sie baten den Herrn ernstlich um Hilfe. Bald fanden sie ihre Fußstapfen wieder im Schnee und stapften zurück. Mit zweistündiger Verspätung kamen sie in Wiek an und hielten ihre Bibelstunde. Von nun an wurden sie immer von den Fischern abgeholt und heimgeleitet. Dieses Erlebnis war beiden aber unvergeßlich.

Ebenso tiefen Eindruck machte ihm in Greifswald einmal der Besuch eines Berliner Missionsdirektors. Dieser ließ durch Professor Cremer, der damals Rektor der Universität war, alle Theologiestudenten einladen zu einem Vortrag. In demselben schilderte er den jungen Theologen in verlockenden Farben die Mission mit ihrem vielen Interessanten und Herrlichen. Sie brauchten sich nur auf zehn Jahre verpflichten. Diese Zeit würde ihnen von der Heimatkirche angerechnet.

Nachdem er geendet, bestieg Professor Cremer in großer innerer Bewegung das Podium und rief in die Versammlung hinein: „Meine Herren, wenn Ihnen der Heiland und Sein Dienst nicht das ganze Leben wert ist, dann bleiben Sie zu Hause!“ Mit dem Missionsdirektor gab es dann natürlich noch eine Auseinandersetzung.

Der Einfluß, den Professor Cremer auf den jungen Studenten ausübte, war gewaltig. Er kam in immer größere innere Nöte und wurde auch krank. Schließlich konnte er gar nicht mehr anders, als zu ihm zu gehen und ihm alles zu sagen. Der Professor hörte ihn freundlich an und sagte ihm nur, indem er seine Hand mit beiden Händen umschloß: „Ich verstehe das, gehen Sie nur nach Hause." So reiste er noch vor Semesterschluß heim, gleich nach Pfingsten 1891.

Sein theologisches Hauptexamen

Heimat und Sonne halfen mit, daß seine Nervenkrankheit, die ihn so vorzeitig nach Hause geführt hatte, bald überwunden war.

Freude und Dank gegen Gott erfüllten den Kandidaten, der am 25. Juni 1891 sein einundzwanzigstes Lebensjahr vollendete und sich auf das theologische Hauptexamen vorbereitete, das im Spätjahr in Karlsruhe stattfinden sollte. Er nennt es selbst eine der angenehmsten Aufgaben, wenn er für die Zulassung zur Hauptprüfung in kurzen Zügen ein Bild seines bisherigen Lebens zu entwerfen habe. Dabei stellt er sich am Anfang seines Lebenslaufes die zwei Fragen: „Wie hat Gott dich bisher im äußeren und inneren Leben geführt?" und „Wie bist du Ihm gefolgt?"

Aus dem beabsichtigten „Bild in kurzen Zügen" ist ein großes, viele, viele Seiten umfassendes Lebensbild geworden.

Er besteht die Prüfung mit der Note „gut" und wird als vierter unter 16 Kandidaten am 3. November 1891 unter die Pfarrkandidaten seiner Landeskirche aufgenommen.

Seine Prüfungspredigt durfte er über Kolosser 1, Vers 12—14 halten. Das Thema seiner Predigt war: Von den drei Quellen, aus denen Kinder des himmlischen Vaters Dankbarkeit schöpfen sollen für ihre himmlischen Güter:

1. Der erste Quell ist der Glaubensquell, der auf Golgatha entspringt.
2. Der zweite Quell ist der Liebesquell, der die Christenheit durchsprudelt.
3. Der dritte Quell ist der Hoffnungsquell, der in die Ewigkeit mündet.

Im Rückblick auf seine Studienzeit schreibt Theodor Böhmerle aufs Ende seines Lebenslaufes:

„Blicke ich zurück auf diesen ganzen Gang, so kann ich mit Gerok sagen: ‚Mich reut kein Weg, drein sich mein Geist vertiefte, im ernsten Dienst gestrenger Wissenschaft ... Und war's ein Umweg, der nach heißen Stunden zurück erst führte zu dem ewgen Licht: wer recht gesucht, nur der hat recht gefunden; es reut mich nicht.‘ Freilich das mit der großen Einschränkung, daß ich immer noch ein Suchender bin. Und mit Gottes Hilfe will ich auch weiter suchen, ja erst recht und wieder einsetzen zu suchen, bis ich dereinst Ihn selbst und Seinen Sohn, Jesum Christum, werde gefunden haben im ewigen Leben.“

Vikariatszeit

Grenzach — erste Schritte im Amt

Theodor Böhmerle wurde am 8. November 1891 zusammen mit zwei Freunden in der Schloßkirche zu Pforzheim ordiniert und bekam den Spruch: „Ihr seid es nicht, die da reden, sondern eures Vaters Geist ist es, der durch euch redet“ (Matthäus 10, 20).

Sein erstes Vikariat war Grenzach bei Lörrach, das er am 24. November 1891 antrat. Mit einem wahren Feuereifer ging er, erst 21jährig, in sein Amt. Bei seiner Ankunft hörte er ein kleines Mädchen rufen: „Mutterli, sieh nur einmal des klein’ Vikärli.“

Er wurde einem sehr alten Pfarrer zur Seite gestellt und hatte ein so kleines Gehalt, daß nach unseren heutigen Begriffen kaum damit auszukommen war. Die Mutter hatte ihm beim Abschied gesagt, daß sie samstags ganz besonders für ihn beten werde, wenn er seine Predigt mache. Das war ihm manchmal ein Trost. So einmal, als er mit einem Text gar nicht zurechtkommen konnte und stundenlang in den Weinbergen umherging. Auf einmal fiel es ihm ein: Die Mutter hat ja versprochen, an diesem Tag für mich zu beten. Da ging er heim in sein Zimmer und schrieb seine Predigt ohne Mühe nieder.

Mit der schmalen Besoldung war er oft schon in der Mitte des Monats am Ende und mußte sich dann arg behelfen. Einmal machte er einen Krankenbesuch bei einer armen Frau, wo er ein solches Elend antraf, daß ihm klar wurde: Da muß man zuerst äußerlich helfen, wenn man mit dem Wort Eingang finden will. Er hatte den letzten Rest seines Geldes in der Tasche, und zwar ungewechselt in einem Fünfmarkstück. Da begann ein innerer Kampf; er wollte ja gerne helfen, aber gleich fünf Mark, und es war erst Mitte des Monats! Inzwischen ließ er sich von der Kranken erzählen und konnte selbst nichts anbringen. Schließlich gab er sich einen Ruck, und heraus kam das Geld. Da war auf einmal die Tür offen. Unter einem Strom von Tränen dankte ihm die Frau. Er konnte ihr nun vom Heiland sagen, und es wurde angenommen. Als er auf dem Weg seine Lage überdachte, wurde ihm doch angst: wie nun durchkommen? Schließlich konnte er diese Sorge auf den Herrn legen und kam in die Nähe des Pfarrhauses. Da rief ihm schon die

Frau Pfarrer entgegen: „Herr Vikar, es war Besuch für Sie da". Die Jungfer de Bary, eine reiche Basler Dame, die in Grenzach ein Sommerhaus hatte, wollte sich verabschieden. Weil der Herr Vikar nicht da war, hatte sie ein Brieflein für ihn hinterlassen. Wie er nun öffnete, fiel ein Zwanzigmarkschein heraus mit dem Vermerk, er solle sich etwas zum Andenken kaufen. Wie ihn da die Fürsorge seines Gottes beschämte!

Mit einem katholischen Nachbargeistlichen in Wyhlen verstand er sich besonders gut, so daß dieser ihn einmal bat, für ihn an einem entfernten Ort ein katholisches Kind zu beerdigen, was dort von niemand bemerkt wurde. Später traf er in Basel mit dem alten katholischen Pfarrer zusammen, der ihm zurief: „Herr Kaplan, halten Sie, ich bin Ihnen noch ein Viertele Wein schuldig für das ‚Leichl'!"

In Grenzach war es eine besonders gereifte Person, Jungfer Schlup genannt, die einen großen Einfluß auf den jungen Vikar ausübte. Sie war die Tochter des Grenzacher Kronenwirts und wurde bereits mit 13 Jahren Halbwaise. Ihre Mutter war eine aufrichtige Christin. Sie legte jeden Sonntag auf den Tisch des Gasthauses ein christliches Sonntagsblatt. Die „Krone" in Grenzach war der Sammelpunkt der Basler Intelligenz. Große Gelehrte der dortigen Universität, zum Beispiel der Kunsthistoriker Jakob Burckhardt, kamen zur „Krone" nach Grenzach. In ihrem 31. Lebensjahr verstarb auch ihre Mutter. So wurde sie die Wirtin der „Krone" zu Grenzach. Aber das Treiben in der „Krone" wurde ihr mehr und mehr zu einer großen Last. Als an einem Abend wieder einmal die Gäste sehr ausgelassen waren, schloß sie kurzerhand die „Krone", ließ das bekannte Gasthausschild entfernen und stellte fortan das Haus Pensionären zur Verfügung.

Jungfer Schlup hatte einen großen Bekanntenkreis. Zu ihm gehörte Dora Rappard von St. Chrischona und Fräulein de Bary. Ein gefestigter Charakter und eine tiefe Frömmigkeit zeichneten sie aus. Durch ein schweres Rheumaleiden prägte der Herr ihr Leben.

Der junge Vikar Böhmerle traf im Jahre 1892 in Grenzach mit dieser Jungfer Schlup zusammen. Sie führte ihn in ein kindlich-einfältiges Glaubensleben hinein und hatte großen Einfluß auf sein Innenleben. Viele Jahre hindurch ist sie ihm eine mütterliche Freundin geblieben, die ihn in geistlichen Dingen wie eine Mutter geleitet hat. Vieles durfte sie ihm sagen, was sonst niemand gewagt hätte. Er aber schloß sich ihr immer mehr auf. Ihrem Einfluß ist es zu verdanken, daß er von da an mehr und mehr in ein persönliches Verhältnis zu seinem Heiland kam, dem er sich nun ganz übergab. Jungfer Schlup erblindete später und wurde ganz gelähmt, blieb aber bis zu ihrem Tode im Jahre 1928 geistesfrisch. Theodor Böhmerle hat bis an sein Lebensende mit der größten Hochachtung und Dankbarkeit von ihr gesprochen. Noch im letzten Jahr seines Lebens bekannte er bewegten Herzens beim Hardthausfest, wie er dieser alten Jungfrau schuldverhaftet sei.

Während der Grenzacher Vikariatszeit kam er zum ersten Mal in Berührung mit der Pilgermission St. Chrischona. Bei der Beerdigung eines jungen Mannes, die er zu halten hatte, sangen vier Chrischonabrüder am Grab das Lied: „Wo findet die Seele die Heimat, die Ruh'?" Das ergriff den jungen Vikar sehr. Daraufhin zog es ihn, St. Chrischona und seinen Leiter, Inspektor Rappard, kennenzulernen. Von ihm hat er immer mit großer Hochachtung gesprochen. Für die geistige Ausprägung des jungen Vikars ist bedeutsam, daß er zu jener Zeit die Lebensbeschreibungen von Martin Luther, Henri Arnaud, August Hermann Francke, Karl Gerok und Jung-Stilling gelesen hat. Er hat sich damals anhand von Bengels Gnomon auch ein Stück ins griechische Neue Testament eingelesen. Im Alten Testament wurde der Prophet Maleachi übersetzt. Während seines Aufenthaltes in Grenzach hielt er etwa 40 Predigten, ebenso eine große Reihe Schulstunden.

Sein alter Pfarrer sagte ihm einmal, nachdem er längere Zeit in Grenzach war: „Herr Vikar, Sie werden einmal nicht in der Landeskirche bleiben!" Er war sehr erschrocken und meinte, das könne nicht sein, er sei doch ganz treu dabei. Aber der alte Pfarrer sagte ihm: „Sie werden sehen, daß ich recht habe."

Mannheim — Vikar und Rekrut

Anfang 1893 kam Vikar Böhmerle nach Mannheim. Es war sein zweites Vikariat. Nur knapp zehn Monate diente er dort. In jener Zeit schloß er besonders Freundschaft mit der dortigen Hahnschen Gemeinschaft. Er kam aber auch mit der Stadtmission in K 2, 10 zusammen. Besonders widmete er sich in seiner freien Zeit der Jünglingsarbeit der Gemeinschaften. Von jener Zeit sagte er: „Sehr erschwerend wirkte bei dieser Arbeit ein Unterleibsleiden, das mich manchmal ernstlich niederwarf."

Sein Bericht über seinen Dienst unter Arbeiterfamilien und in Krankenhäusern ist sehr anschaulich. Weil die Arbeiter meist ein sozialdemokratisches Blatt lasen, habe er in seinen Schulklassen gesammelt, um diesen Menschen gratis ein kirchliches Blatt geben zu können. Mit den Stadtmissionaren traf er manchesmal auf ungetraute Ehepaare. Er bewog sie, sich trauen und ihre Kinder taufen zu lassen. Er nahm sich auch der Handwerksgesellen an. In Militärgottesdiensten bezeugte er den Grenadieren das Wort Gottes.

Ein solches vielseitiges Geben verlangte natürlich auch ein um so reichhaltigeres Schöpfen aus dem Brunnen des lebendigen Wassers. Deshalb war auch in Mannheim das Bibellesen seine Hauptbeschäftigung. Daneben wurde er besonders geistlich angeregt durch die Lebensbilder von Ludwig Hofacker und Michael Hahn.

In seinen Gesichtskreis traten damals auch die sozialen Fragen. Der Verkehr mit Männern, die schon lange auf diesem Gebiet tätig waren, weitete seinen Blick. Seine Grundwahrnehmung war die, daß die stille Reich-Gottes-Arbeit, die Seelenarbeit unter hoch und nieder, auch die beste Sozialarbeit ist. Wenn aber durch das öffentliche Heraustreten eines Geistlichen dieser auf einen sozialen Kampfplatz gestellt wird, ist er fast immer genötigt, sich in einen politischen Kampf hineinreißen zu lassen. Man darf nie vergessen, daß der Pfarrer bei aller Anerkennung seiner Pflicht, auch an der sozialen Hebung der einzelnen Stände mitzuwirken, doch kein Volkswirtschaftler ist, sondern ein Diener des Wortes Gottes. Der Geistliche hat den Auftrag, vor allem die Erlösung von der Sünde, dann erst die Erlösung von der irdischen Not zu predigen.

In Mannheim nahm ihm einmal Prälat Schmidt anläßlich einer Visitation besonders und sagte zu ihm: „Herr Vikar, viel mit der Feder arbeiten!"

Im Oktober 1893 kam er als Einjährig-Freiwilliger zum Militär und wurde in Mannheim, wo er bisher Stadtvikar war, eingezogen. Bei dem knappen Zuschuß, den ihm die Eltern geben konnten, war es für ihn nicht leicht, durchzukommen, da er sich doch einen Putzer halten mußte. Er mußte sich selbst sehr einschränken. Sein Hauptmann gewährte ihm gleich Nachturlaub mit der Begründung, er setze in ihn das Vertrauen, daß er das nicht mißbrauche. Dem Feldwebel schien das zuviel des Guten und er kommandierte ihn, soviel er konnte, auf Wache. Aber trotzdem war es immer wieder möglich, mit Gläubigen in Versammlungen zusammenzukommen. Die Arbeiten, denen er sich unterziehen mußte, machten ihm keine Mühe, da er vieles schon im Elternhaus gelernt hatte und bei der Kränklichkeit der Mutter auch hatte ausüben müssen. Aber der Aufenthalt in der Kaserne war ihm immer ein Leiden.

Der Geist, der unter den Kameraden herrschte, bedrückte ihn. Er bemühte sich, einen anderen Geist hineinzubringen. Es fehlte auch anfangs nicht an Proben und Hänseleien. Das ging sogar bis zu einem tätlichen Angriff. Aber da kam ihm seine große Körperkraft zustatten. Er nahm zwei zusammen und schüttelte sie so, daß von da an niemand mehr wagte, an ihn zu gehen. Nun verschaffte er sich für seine Kameraden andere Liederbücher mit guten Volksliedern. Es war ein richtiger Kampf mit den schlechten Soldatenliedern. Oftmals auf dem Marsch, wenn einige ein solch schmutziges Lied anstimmten, sang er sie mit seiner gewaltigen Stimme nieder. Seinen Kameraden brachte er gute Bücher und gewöhnte sie wirklich, wenigstens auf seiner Stube, ans Lesen, so daß nach und nach doch ein guter Einfluß bemerkbar wurde. Auch durfte er einige Male den Garnisonsgottesdienst halten. Im Anfang seiner Militärzeit trug er noch einen Vollbart, den er aber nach einiger Zeit entfernen ließ, weil beim Exerzieren der Leutnant die ganze Kompanie nach ihm ausrichtete: „Der zweite Mann unter dem mit dem Bart; der vierte Mann über dem mit dem Bart!“ Der Hauptmann fuhr ihn deshalb einmal an: „Sie fallen beständig auf, ich höre Sie immer nennen.“

Beim Fechten hatte er großen Vorteil, weil er links war. Beim Schießen auf dem Schießstand gab's einen unliebsamen Zwischenfall. Er wußte selbst nicht, daß er mit dem linken Auge schlecht sah, und schoß immer daneben, bis es durch ärztliche Untersuchung festgestellt wurde.

Da nahm er das Gewehr auf die rechte Seite und zielte mit dem rechten Auge.

Unter seinen Vorgesetzten war ein junger Leutnant, der ein sehr leichtsinniges Leben führte. Dieser fragte ihn nach einiger Zeit: „Was halten Sie eigentlich von mir?“ Der Einjährige erwiderte, das dürfe er nicht sagen, da würde er eingesperrt. Der Leutnant bestand aber auf seiner Frage und versicherte ihm, es werde ihm nichts geschehen. Darauf erklärte er ihm ganz freimütig, wenn er nicht umkehre, werde er in kurzer Zeit sein Leben ruinieren. „Sie haben recht“, war die Antwort, aber er konnte sich nicht mehr ändern und starb noch in demselben Jahr. Ein Unteroffizier ließ einmal einen Kameraden, der nicht recht exerzieren konnte und öfter Fehler machte, so lange auf hartgefrorenem Boden niederknien und aufstehen, bis das Blut am Knie zu sehen war. Da schaute Theodor Böhmerle den Unteroffizier so durchdringend an und ließ kein Auge mehr von ihm, daß dieser ganz unsicher wurde und den Soldaten entließ. Darnach ließ er ihn rufen und fragte ihn: „Warum haben Sie mich so angesehen?“ „Ich hätte Sie gemeldet!“ war die mutige Antwort. „Dann wären Sie eingesperrt worden.“ „Das mag sein. Aber ich will Ihnen sagen, ich wäre deshalb doch noch Pfarrer geworden, Sie aber nicht mehr Unteroffizier geblieben.“

Einmal hat er bei einem sehr ermüdenden Marsch an einem glühend heißen Tag, als viele „schlapp“ machten, wie es bei den Soldaten heißt, den Tornister seines Nebenmannes sich vorn auf die Brust geschnallt und erklärt: „So, jetzt wird mit dem Willen gelaufen!“

Ein Erlebnis mit einem Kameraden, der sehr leichtsinnig war, aber eine gläubige Mutter hatte, war ihm unvergeßlich. Während eines Manövers hatten sie eines Sonntagsnachmittags frei und beschlossen, in Ulm an der Donau schwimmen zu gehen. Theodor Böhmerle selbst war ein ausgezeichneter Schwimmer und hat sich 1894 einen Preis geholt. Beide blieben lange im Wasser. Auf einmal verschwand sein Kamerad. Er hatte einen Krampf bekommen und war schon mehrere Minuten unter Wasser, konnte aber doch gerettet werden. Auf dem Heimweg fragte er seinen Kameraden: „Du, wie war es denn da unter dem Wasser, konntest du noch etwas denken?“ Da sagte ihm der andere, mit einem Schlag sei sein ganzes verlorenes Leben vor ihm gestanden und seine Mutter. Er war sehr erschüttert. Leider hat es nicht lange angehalten.

Bei seinem Abgang vom Militär ließ ihn der Major kommen, um ihm zu danken, daß er einen so guten Geist in die Kompanie gebracht habe.

Der 23jährige Rekrut und Theologe hat seine vielfältigen Eindrücke auch innerlich verarbeitet. So schrieb er:

Freistunde in der Kaserne.

Es war in einer freien Stunde, daß ich in der Kaserne so durch die Stuben der Mannschaften wanderte, meinen Gedanken nachhängend. Ich tat das gerne, weil man, wenn irgendwo, in der Kaserne den Menschen und die verschiedenen Menschenindividualitäten studieren kann. Da finden wir die Soldaten in diesen Freistunden in den allerverschiedensten Gruppierungen. Dort inmitten der Stube an einer langen Tafel sitzt eine Gruppe Unzufriedener. Sie waren irgendwie nachlässig und müssen nun, anstatt frei zu haben wie andere, sofort daran gehen, ihre Sachen fein säuberlich zu putzen, um sie entweder dann frisch gereinigt vorzuzeigen oder um gleich darauf zum Nachexerzieren drin anzutreten. Natürlich schimpfen sie fürchterlich und schieben Himmel und Hölle die Schuld an ihrem Ungemach zu, nur — sich selbst nicht. So machen wir's ja gerne. Zu gründlicher Selbsterkenntnis, die besonders in unangenehmen Stunden sofort die eigene Schuld erkennt und sie sich zur Besserung dienen läßt, gehört schon ein gut Stück göttlicher Gnade. Nur ein betender, geistlicher Mensch kann dazu gelangen.

Da waren mir die dort hinten in der Ecke doch liebere Gesellen: die wußten doch auch, warum sie frei hatten. Die lehnenlosen Schemel hart an die Wand gerückt, hielten sie auf unsanftem Lager ein sanftes Freistundenschläfchen. Vor ihnen aber hatten sich ein paar Plaudertaschen bereits wieder ihre unvermeidlichen Pfeifchen angesteckt, und im Kreise sitzend, die Köpfe zusammengesteckt, zwischen denen heraus dann, wie aus einem gewaltigen Schornstein, der Rauch ihrer Pfeifen qualmte, hielten sie gewaltige Kriegsberatung über die eben gemachte Felddienstübung. Dabei glaubte ein Gefreiter das große Wort führen zu müssen, bis ihm einer, der anderer Meinung war, dieselbe dadurch klarmachte, daß er ihn mit einem kräftigen Rippenstoß und einem begleitenden „Rindvieh!“ vom Stuhl herab auf den Boden setzte, worauf nach diesem mit Lachen aufgenommenen Intermezzo die Beratung ungestört weiterging. Ab und zu machte sich auch einer den Spaß, so einem schnarchenden Kameraden einen rechten Mund voll Rauch in die Nasenflügel zu blasen, was diesen bewog, unter einem erstickungsartigen Husten aufzufahren, aber nur, um nach einigen freundschaftlichen Bemerkungen, in „soldatischer Grobheit“ abgegeben, wieder einzunicken. Solche äußerlich oft etwas grob geratene und darum scheinbar rauhe Naturen sind gar oft von sehr gutem Schrot und Korn, begeisterungsfähig und lieb, aufopferungsfähig und vor allem treu. Ich habe solche Menschen immer gern gehabt, besonders auch, wenn sie einem so schlank weg die Fehler ins Gesicht sagen, wie der, welcher den andern, drastisch genug, vom Stuhle stieß. Gibt nicht Gott, der Herr, selbst in der Natur uns einen Wink, auf solche Rauhen zu achten, wenn Er oft in der härtesten Schale den süßesten Kern verbirgt?

Doch nicht minder lieb war mir eine andere Gruppe. Das war die Gruppe der Fleißigen. Sie hatten schon wieder das Putzzeug zur Hand, um für den nächsten Dienst zu schaffen. Zwar haben sie sich etwas abseits in eine verborgene Ecke gesetzt, weil eben die obigen treu-gemütlichen Faulenzer sie gerne hie und da einmal zur Zielscheibe ihres Humors nahmen. Ich konnte sie nie auslachen. Im Gegenteil, ich bewunderte sie. Denn während wir andern, sei es infolge eines starken Hanges zum gemütlichen Nichtstun, uns mehr und mehr zu jenen faulenzenden Plaudertaschen hingezogen fühlten, so zwang mir diese Energie doch immer eine geheime Achtung ab. Denn das mußte ich mir sagen: mit mehr Energie könntest du auch viel mehr tun.

Aber sieh! da saß einer so abseits in der Ecke hinter den Betten. Was war mit dem? Ich schaute hin und traute meinen Augen kaum. Der las eine Predigt vom Sonntag, die ich ihm gebracht hatte. Alle anderen Gruppen weckten nur Hoffnungen in mir. Ich sah schöne Vorhöfe, an welche sich wohl noch ein Heiliges und ein Allerheiligstes anbauen ließ. Aber da saß einer, der baute schon am Allerheiligsten. Es war mir wunderbar zumute, als bald darauf das strenge Kommando zum neuen Dienst rief. In der letzten Gruppe war mir's doch am wohlsten geworden, obwohl sie eine einsame war. Da hab auch ich mich am besten erholt . . .

Konstanz, Nußbaum, Niefern — kurze Stationen

Nach Ablauf seiner Militärzeit wurde Theodor Böhmerle im Jahre 1894 als Stadtvikar nach Konstanz versetzt. Sein Aufenthalt in dieser Stadt war aber nur von kurzer Dauer. Er hatte am Gymnasium den Religionsunterricht in den Oberklassen zu geben. Auch auf der Insel Mainau hatte er den Gottesdienst zu halten, wenn die Frau Großherzogin anwesend war. Viele, die ihn damals kannten, bezeugten, daß sie einen großen Segen von seiner Wirksamkeit hatten.

Er schrieb über diese Zeit, daß seine geistigen Fähigkeiten durch den Militärdienst etwas zurückgegangen seien. Jene Zeit habe in seinem Wissen große Lücken gerissen. Dazu kamen vielfach Anfälle von Schwermut, die die Arbeitskraft des Vikars stark beeinträchtigten. Auch bekam er einmal einen Anfall, wo er fast zwölf Stunden bewußtlos war. Die dadurch zutage getretene empfindsame Art blieb bis zum Lebensende ein „Pfahl" in seinem Fleisch.

Der Verkehr mit den Konstanzer gebildeten Ständen fiel ihm schwer. Seine Gabe war eben mehr für die einfacheren Leute gegeben. Er war zu jenen einfachen Menschen freundlich und verstand es, ihnen in origineller Weise seelsorgerlich und als Prediger zu begegnen.

1895 wurde er nach Nußbaum bei Bretten versetzt. Als er dort ankam, erklärte ihm der alte Pfarrer unter der Haustüre: „Ich brauche keinen Vikar!" Er war aber vom Oberkirchenrat geschickt und mußte sehen, wie er mit dem alten Herrn fertig wurde. Und richtig, nach etwa 6 Wochen war es soweit, daß der Pfarrer sich einen Vikar gefallen ließ. Nun war seine Aufgabe erfüllt. Dann folgte eine kurze Dienstzeit in Niefern bei Pforzheim.

In Durlach werden ihm Brüder und seine Ehefrau geschenkt

Mit dem 4. Juli 1895 begann für Theodor Böhmerle ein neuer Lebensabschnitt. Er kam nach Durlach. Dort sollte er an der Stadtkirche als

Vikar Dienst tun. Sein Weg verflocht sich in Durlach auf merkwürdige Weise mit der Familie Steinmetz. Er bekam ein Zimmer beim Bürgermeister Steinmetz. Diesen fragte er bald nach seinem Einzug, ob in Durlach Leute seien, die in besonderen Bibelstunden zusammenkommen würden. Erstaunt über diese Frage gab der Bürgermeister zur Antwort, daß sein Vetter Karl ihr Anführer sei. Der Stadtvikar besuchte diesen „Vetter Karl" und die Bibelstunden. Er mußte aber eine längere Zeit unter den Hörern sitzen bleiben und wurde nicht zum Sprechen aufgefordert. Da hörte er von Gebetsstunden der Durlacher Gemeinschaft und besuchte auch diese. Als Bruder Steinmetz sah, daß er sich mit solchem Ernst zur Stundensache stellte, forderte er den Vikar zum Sprechen auf. Die Brüder freuten sich, daß sie an ihm eine solche Stütze bekamen. „Vetter Karl" hatte schon lange zuvor Gott um eine Hilfe gebeten, da ihm die Arbeit über den Kopf gewachsen war. Die Versetzung des Vikars Böhmerle nach Durlach war ihm eine göttliche Fügung.

Von Durlach aus besuchte er gern die Stunden in dem nahegelegenen Aue, wo die Brüder, besonders der Stundenhälter, sich freuten und ihn oft auch aufforderten, zum Text etwas zu sagen. Wie er nun, wie gewohnt, wieder hinkommt, wundert er sich sehr, wie der liebe Bruder Schneider gar keine Rücksicht nimmt auf den Herrn Vikar und die ganze Stunde selbst hält. Auch das nächste Mal ist Bruder Schneider wieder so zurückhaltend. Da hielt er es nicht mehr länger aus und fragte den Bruder, was denn das sei. Dieser kam in großer Not und wußte sich nicht zu helfen. Schließlich sagte er ihm die ganze Wahrheit. Es seien von Karlsruhe Brüder gekommen und hätten ihn gewarnt vor dem jungen Vikar. Man wisse noch gar nicht, wo es mit ihm hinauswolle, man solle vorsichtig sein. Dies hat den Herrn Vikar mächtig gewurmt, und ziemlich verstimmt kam er nach Hause. In ihm rumorte es: „Da gehst du nicht mehr hin". Und er hatte es doch so gut und so redlich gemeint. Aber beim weiteren Darübernachsinnen verstand er auf einmal die alten Brüder und ihre Vorsicht, und nun hieß es in ihm: „Jetzt erst recht gehe ich hin, und wenn sie mich gar nichts mehr sagen lassen!"

Mit der Zeit gestaltete sich das Verhältnis mit den Brüdern dort gar herzlich. Er durfte zuerst wieder beten und dann auch an der Aussprache sich beteiligen. Er erzählte dies Erlebnis manchmal. Der alte Bruder Schneider kam später auch zu den Bibelkursen ins Heim.

Durch die enge Verbindung mit Bruder Steinmetz lernte Theodor Böhmerle dessen Nichte Emma Sidler kennen, die treu die Versammlungen besuchte. Sie wurde seine Lebensgefährtin. Am 3. September 1896 fand eine schlichte Hochzeitsfeier statt, die sein väterlicher Freund, der Knielinger Pfarrer Reinmuth, hielt. An dieser Feier nahmen die Brüder und der Chor der Durlacher Gemeinschaft teil. Am 16. 7. 1897 wurde dem jungen Ehepaar das erste Kind geschenkt, ein Sohn. Er bekam den Namen Theodor.

„Vetter" Steinmetz war ein origineller Mann. Auch er prägte ein Stück des Lebens und des Charakters Theodor Böhmerles. Tag und Nacht hatte der schlichte Sattler Zeit für die Anliegen der Geschwister. Er hatte ein offenes Ohr und ein Auge für die Ereignisse der Gegenwart und konnte den Geschwistern auch etwas für ihre Zukunft mitgeben. „Vetter" Steinmetz hatte klare Geisteslinien. Er mahnte darum, daß das, was daheim passiert und daheim geschwätzt wird, draußen niemand zu erfahren habe. So vertrauten sich viele dem lieben Bruder an.

Die Nachmittagsgottesdienste des Vikars in der Durlacher Stadtkirche waren immer sehr besucht. Bei den sich anschließenden Spaziergängen zum nahen Turmberg oder zu Monatsstunden in der Umgebung, in Aue, in Hohen- und Grünwettersbach, ging man zu Fuß. „Vetter" Steinmetz führte die Schar an. Auf diesen Wegen gab es manches vertraute Gespräch zwischen dem Sattler und dem jungen Stadtvikar. Man stimmte dabei oft Lob- und Danklieder an.

Weil seine Gottesdienste in Durlach so gedrängt voll waren und seine Arbeit eine so ausgedehnte war, wurde ihm sogar eine außerordentliche Visitation von seiten der Oberkirchenbehörde geschickt. Da durfte er aber in ganz besonderem Maße seines Heilandes Hilfe erfahren. In den Schulen, in denen er Religionsunterricht zu geben hatte, wurde auch visitiert, und er sagte darüber, wie er erstaunt gewesen sei, was die Kinder für Antworten gegeben hätten; gerade, als ob sie vom Geist inspiriert gewesen wären. Und so ging es fort, wo sie hinkamen. Statt eines Tadels konnte ihm nur ein Lob zuteil werden; so hat ihn der Heiland legitimiert.

Theodor Böhmerle kam auch in der Umgebung von Durlach mit den Brüdern in ihren Versammlungen zusammen und diente öfter mit dem Wort. Je länger, je mehr bekam er eine solche Liebe zu den Brüdern, daß er im Einverständnis mit seiner Frau beschloß, ganz in den Dienst des Evangelischen Vereins für innere Mission Augsburgischen Bekenntnisses zu treten.

Den damaligen leitenden Brüdern bot er seine Dienste und Gaben an und — wurde abgewiesen. Das heißt, nicht direkt; aber es wurde ihm die Antwort, es wäre gut, wenn er erst noch fünf Jahre Pfarrer einer Gemeinde wäre. Falls er dann noch Freudigkeit hätte, würde er gerne angenommen werden. Das war eine arge Demütigung für ihn in damaliger Zeit; aber er hat's vom Herrn angenommen und sich darunter gebeugt.

Als Theodor Böhmerle im Jahre 1903 wieder, diesmal als Inspektor des AB-Vereins, nach Durlach kam, durfte die Tante Sophie Steinmetz eine große Freude erleben, die eine Krönung ihres schweren Lebens war. Unter der Leitung von Inspektor Böhmerle wurde der Lagerschuppen ihres Hauses, Zehntstraße 4, zu Gemeinschaftssälen um- und ausgebaut. Viele Geschwister aus Durlach und der Umgebung, die sich schon 1895 um den jungen Stadtvikar geschart hatten, waren willig, ihre Kräfte und Gaben einzusetzen, um der Gemeinschaft in Durlach eine Heimstätte zu schaffen.

Im Pfarramt von Langensteinbach

Gesegnet und bereichert durch Bruder Augenstein und Lehrer Schüßler

Im Jahre 1898 wurde die Pfarrstelle in Langensteinbach frei. Theodor Böhmerle wurde von seiner Behörde als Pfarrverweser dorthin versetzt. Als er mit seiner Frau zum ersten Mal zur Besichtigung des Pfarrhauses ins Dorf kam und mit dem Wagen den Berg herunterfuhr und das Dorf vor sich liegen sah, sagte er: „Du, Mama, das wird unsere Heimat".

Mit zwei Kindern zog er in Langensteinbach auf und wurde am 27. Mai 1899 einstimmig als Pfarrer gewählt. Zur Pfarrei gehörten noch Auerbach, Spielberg, Untermutschelbach und das Albtal bis Marxzell. Ganze Sonntage war er da oft unterwegs, um all die Orte zu bedienen.

Seine ganze Liebe brachte er seinen Langensteinbachern und hat sie ihnen bewahrt bis zu seinem Heimgang. Sein Langensteinbach wurde ihm wirklich zur Heimat, und er lebte sich immer mehr ein.

Wer ihn sah, hatte den Eindruck von einem ausgeprägten Charakter. Sein großer Hut paßte ganz besonders zu ihm. Manchmal mußte man ihn darauf aufmerksam machen, daß nun ein neuer nötig wäre. „Ach was", konnte er dann sagen, „der hat Charakter".

Hier müssen wir eines Vorfalls gedenken, der in die Zeit vor seiner Wahl fiel. An Großherzogs Geburtstag war es Sitte im Dorf, daß am Abend im „Grünen Baum", dem größten Wirtshaus, der Militärverein seinen Ball veranstaltete nach einem gemeinsamen Festessen, an welchem der Ortspfarrer eine Rede zu halten hatte. Dies wurde nun dem Pfarrverweser vom Vorstand mitgeteilt. Der erklärte aber ganz entschieden, daß er das nicht mitmache und nicht im Wirtshaus erscheine. Da war das Erstaunen groß. In der Aufregung fiel sogar das Wort: „Herr Pfarrer, Sie sind noch nicht gewählt!" Da aber fuhr er auf: „Glaubt ihr denn, ich würde um der Wahl willen etwas gegen mein Gewissen tun?" Nun kam noch ein Trumpf: „Dann verklagen wir Sie beim Großherzog!" — „So, das wäre mir gerade recht, dann könnte ich doch dem Großherzog sagen, was er für Militärvereinler hat."

Manche Langensteinbacher nahmen Anstoß an den biblisch klaren Predigten ihres neuen Seelsorgers. Einmal führte ein junger Mann Beschwerde über ihn. Er habe seiner Braut abgeraten, ihn zu heiraten, weil er „ungläubig“ sei. Pfarrer Böhmerle nahm zu dieser Beschwerde Stellung. Es stellte sich heraus, daß das besagte Mädchen kürzlich noch christenlehrpflichtig war und übrigens gar kein Verhältnis zu jenem Mann hatte. Der junge Mann hatte auf ein Geschwätz gehört. Pfarrer Böhmerle bemerkte: „Wenn ich von diesem Mädchen etwas gewußt hätte, was nicht der Fall ist, dann hätte ich ihr weder liberale noch orthodoxe Heiratstheorien vorgetragen. Ich hätte ihr gesagt: ‚Liebes Kind, lerne erst kochen!‘“

Auch in Langensteinbach lagen ihm die Gläubigen ganz besonders am Herzen und es zog ihn sonntagsabends, auch wenn er erst spät nach Hause kam, doch noch zu ihnen, und er freute sich der Gemeinschaft. Einmal war der Text 2. Timotheus 2, 4: „Kein Kriegsmann flicht sich in Händel der Nahrung.“ Bruder Knab hatte es nicht richtig gelesen und redet kräftig darüber, daß kein Kriegsmann flieht. Was tat Pfarrer Böhmerle? Er unterstrich, daß kein Streiter Jesu Christi flieht. Dafür konnte er sich auf Jesaja 28, 16 berufen: „Wer glaubt, der flieht nicht.“ Erst am Schluß, als die Gemeinschaftsgeschwister gegangen waren, wies er Bruder Knab darauf hin, daß es richtig heißt: „Kein Kriegsmann flicht sich . . .“

Mit den Brüdern in Langensteinbach und den anderen Orten seiner Pfarrei war er aufs herzlichste verbunden. Zwei von ihnen sind ihm besonders zum Segen geworden: der Landwirt Christoph Augenstein in Auerbach und der Hauptlehrer Friedrich Schüßler in Spielberg.

Christoph Augenstein war ein Original. Man nannte ihn das Gewissen von Auerbach. Schon früh pilgerte er zu Pfarrer Henhöfer nach Spöck. Nachdem er zum Glauben gekommen war, richtete er in seinem Haus in Auerbach einen Versammlungsraum und eine Kinderschule ein. Christoph Augenstein hat alt und jung zu den Versammlungen eingeladen. Zu den kleinen Buben konnte er sagen: „Geht no mit in d'Stund; wenn'r no de Männer ihr' Knöpf zählt!“ Er meinte damit, wenn sie auch vieles nicht verstehen könnten, so stellten sie doch während dieser Zeit nichts Dummes an, und hoffte, daß etwas von dem Gehörten bei dem einen oder anderen hängen bleiben werde. In den Monatsstunden hatte er oft das Schlußwort. Manchmal war es nur das eine Wort: „So, jetzt egget's nei!"

Wenn Th. Böhmerle sonntags auf die Kanzel kam, schaute er zuerst auf die rechte Empore, wo die Auerbacher Männer saßen, ob sein Bruder Augenstein da sei. Und dann schaute er auf die linke Seite, ob sein Bruder Philipp Knab, der Leiter der Langensteinbacher Gemeinschaft, nicht fehle. Waren beide da, dann kam er sich ganz geborgen und gestützt vor, wie Mose zwischen Aaron und Hur.

Einmal traf Böhmerle den Bruder Augenstein auf dem Acker beim Pflügen. Augenstein meinte: „I hab mein Acker einteilt; des isch Kamerun, des d'Goldküschte usw.; bis i für jedes Land gebet' hab, hab i mei Acker gepflügt." Es kam auch vor, daß Christoph Augenstein tief in Gedanken versunken durchs Dorf ging. Niemand sah er; deshalb grüßte er auch keinen, der an ihm vorüberging. Das wurde ihm oft sehr übel genommen. Es hieß dann: „Der Stoffel sieht einen halt wieder nicht." Da er Christoph hieß, bleibt dahingestellt, wie das Wort „Stoffel" zu verstehen war. Andere meinten aber: „Jetzt macht er seine Predigt."

Christoph Augenstein hatte eine große Bibliothek. Unermüdlich sammelte er Bücher. Er sagte aber einmal: „G'lese hab i viel, i hätt aber mehr bete solle". Gegen Ende seines Lebens wurde er bettlägerig. Pfarrer Böhmerle besuchte ihn. Da sagte der Bruder: „Den Winter hat mer Gott mei ganz bisherigs Christentum über 'en Haufe g'schmisse, aber i hab zum Heiland g'sagt: ‚Wenn D'me in d' Höll' schmeischt, dann häng i mi an Dich, dann muscht Du mit, dann ist's au in der Höll schön!" Der wackere Bruder war bis zu seinem Heimgang am 21. Juni 1923 ein getreuer Mitbruder Pfarrer Böhmerles.

Das Lebensbild von Hauptlehrer Friedrich Schüßler in Spielberg hat Pfarrer Böhmerle im „Reich-Gottes-Boten" 1913 selber geschrieben:
„Es drängt uns, als Bereicherte und Gesegnete durch ihn, auf seinem Grabe einen Kranz der Erinnerung niederzulegen.

Es war hergebracht, daß die Pfarrer des Kirchspiels Langensteinbach, zu welchem Spielberg als Filial gehörte, im Schulhaus an ihren Amtstagen zu Tische waren. Mit Freuden folgte ich der Sitte, hatte ich doch nicht nur äußerlich ein Heim, sondern auch reich gesegnete Gemeinschaft im Geiste. Was waren das für Tischgespräche — in die Tiefe des Rates Gottes führten sie hinein — und gar manchmal vergaßen die beiden Männer so sehr alles um sie herum, daß die besorgte Frau Lehrerin, ernst und freundlich, an Schul- und Gemeinschaftspflichten ermahnen mußte. Was waren das für unvergeßliche Spaziergänge! Da wurden die herrlichen Wälder in Wahrheit zum Dome, denn die Ewigkeiten senkten sich herab zu den beiden Wanderern, welche die Geheimnisse des Reiches Gottes miteinander behandelten. Das waren in der Wirklichkeit Emmausjünger, da Jesus die Schrift eröffnete, als Dritter im Bunde. Ja, da konnte ein jüngerer Pfarrer lernen, viel lernen. Er ist es gewesen, der mich vom Gesetz ins Evangelium führte und mich durch innerliche Bindung an Jesus allein frei machte. Ich danke es ihm in die Ewigkeit!"

An dieser Stelle sei eingefügt, wie das zugegangen ist. Pfarrer Böhmerle war es aufgefallen, daß Lehrer Schüßler nie ein Wort über seine Predigten sagte. Deshalb fragte er ihn direkt: „Warum sagen Sie nie etwas über meine Predigten?" Zuerst war ein Ausweichen, aber als er in ihn drang, kam's heraus: „Herr Pfarrer, nehmen Sie mir es nicht übel, aber Sie predigen immer Gesetz, nicht Evangelium". Da war's ihm nun, wie wenn der Blitz vor ihm einschlüge. Was? Gesetz? Er war doch so überzeugt gewesen, daß er Evangelium predige. Konnte das sein? Da gab's nun ein inneres Fragen, Ringen und Flehen bis es der Herr ihm offenbarte. Als er Bruder Schüßler nach einigen Monaten wieder fragte, hieß die Antwort: „'s ischt a bißle besser." Theodor Böhmerle sagte selbst von dieser Zeit: „Ich war damals orthodox bis unter die Haarspitzen. Ich war ein Lospolterer und habe meinen Mann gestellt — bis der Mann gestellt wurde und mein Ich zusammenbrach. Ich kam unter das Gesetz des Geistes, der lebendig macht."

Im Nachruf fährt Pfarrer Böhmerle fort: „Hauptlehrer Schüßler war kein Pietist von gewöhnlichem Schlag, er mußte mit besonderem Maßstab gemessen werden. Aber, wiewohl er in vielen Stücken ein Sonderlicher war vor den anderen, so war er doch ein Bruder und Gemeinschaftsmann durch und durch, schlicht und einfach, den Geringsten ein Freund, wiewohl fast alle überragend in seiner Eigenart.

Worin bestand diese Eigenart? Wir wollen sie kurz kennzeichnen. Seine besondere Gabe war die Erkenntnis. Er hatte einen Durchblick durch den ganzen Rat Gottes von einer Tiefe und Weite, wie er selten gefunden wird. Er war ein Schriftgelehrter von solch umfassender Bildung, daß seine Bibelkenntnis und Auslegung der Bibel wohl manchen gelehrten Theologen hätten überraschen können. Er lag ununterbrochen dem Schriftstudium ob. Er las und las fast einseitig und beharrlich. Drum war er auch, nicht nur auf dem Gebiete der Bibelauslegung, sondern auch auf manchem anderen Gebiet, ein Mann von frappierender Belesenheit. Seine Lieblingsschriftsteller waren Prälat Oetinger und der tiefsinnige württembergische Pfarrer Philipp Matthäus Hahn. Die württembergischen Väter kannte er durch und durch. Die selbst manchen Theologen zu schwere Theosophie Oetingers war ihm in Fleisch und Blut übergegangen.

Er selbst war Theosoph und auch in seiner Einzelauslegung immer aufs Ganze und auf die großen Zusammenhänge der Gottesgedanken in der Bibel gerichtet. Er war von diesem Denken in großen Zusammenhängen so sehr beherrscht, daß er auch in der Schule seine Kinder zu kleinen Theosophen machen wollte. Daher kam es, daß er, wiewohl er mit ganzem Herzen seinen Religionsunterricht gab, doch in der praktischen Prüfung oft schlecht bestand. Er hatte das nüchterne Eintrichtern von Geschichten und Sprüchen über seinem Einführen in den Zusammenhang der Gottesgedanken oft ganz vergessen. Sein vorwiegend aufs Sinnen und Denken gerichtetes Wesen machte ihn gerade als Schulmann oft unpraktisch; wie er denn überhaupt als einer, der fast in anderen Welten und tiefen Gedanken lebte, äußerlich mit der Zeit fast etwas Ängstliches und Linkisches bekommen hatte. In der Bibelstunde der Gemeinschaft, in der Monatsstunde unter den Geschwistern, in den Bibelkursen im Heim — da war er im Element. Er wußte immer zu spannen, immer anzuregen, immer wieder neue Seiten und neue Tiefen am Worte zu eröffnen. Es folgt ihm in dieser Hinsicht viel Dank in die Ewigkeit nach. Im Einzelgespräch und an Kranken- und Sterbebetten machte er ebenso seine Kenntnis fruchtbar.

Was für eine erlesene Bibliothek hatte der schlichte Dorflehrer in seinem Zimmer stehen! Und diese Bibliothek hatte einen großen Vorzug: sie war gelesen, studiert und gekannt. Gar manchmal mußten wir denken, wenn er hätte studieren dürfen, und er wäre dieselben Wege innerlich gegangen — was hätte das für einen Theologie-Professor gegeben! Nun — gottlob, daß wir wissen, daß für die eigentliche Vollentfaltung unserer Gaben erst drüben der Ort ist.

Neben dieser Gabe für das Erkenntnismäßige am Christentum ging eine andere Gabe her, doch im Zusammenhang mit ihr stehend: die Gabe des stillen Leidens und Duldens und Nachgebens im Namen Christi. Wohl weil er infolge seines Lesens und Nachdenkens vielfach in einer anderen Welt weilte, war ihm alle unsanfte Berührung mit dieser Welt unangenehm. Von Kämpfen und Streiten war er kein Freund. Er war immer fürs Nachgeben und Drangeben — wenn es irgend ohne Anstoß des Gewissens geschehen konnte. Sind schon alle weitdenkenden Menschen solche, die auch andern weiten Raum geben können, so war an ihm noch insonderheit die passive — die leidende Seite des Christentums ausgeprägt. Es kann ja diese Seite leicht auch aus der Leidensscheu und aus einer gewissen Weichlichkeit geboren sein — und energische Brüder konnten nicht immer mit ihm gehen —; aber doch war es oft groß, wie still er sein konnte in manchen Stürmen; wie er alles Gott anheimstellen konnte in Nöten und schweren Wegen.

Größer noch als diese Seite war die Gabe des Dienens, die ihm der Herr verliehen hatte. Sein Haus war ein für die Geschwister offenes Haus. Herberge für die reisenden Brüder war es stets. Bei allen Konferenzen und Monatsstunden war die Mutter die Wirtin, und er freute sich darüber. So kam der Dienst mit dem Worte und der Dienst mit den irdischen Gaben aus demselben Hause. Die regelmäßigen Bibelstunden, Gebetsstunden und Gesangsstunden der Gemeinschaft leitete er mit ganzer Treue, was für einen Lehrer, der, wie er, lange Jahre die Schule ganz allein hatte, kein Kleines war. Fast alle seine Sonntage schenkte er der Gemeinde und der Gemeinschaft. Einen Sonntag war er Organist in zwei Gottesdiensten, am andern Sonntag hielt er den Lesegottesdienst der Gemeinde und an beiden Sonntagen noch die Versammlung. Und wie spielte er — er war Musiker — feiner, taktvoller Musiker! Und was für Predigten las er — das war immer besonders ausgesucht und zuvor durchgelesen. Dabei war er ein Kenner der Predigtliteratur und ein Beurteiler. So trug er dies echte Merkmal des Gotteskinder an sich: ‚Ich diene'.

Du wirst sagen: Was war das für ein Mann! Hatte er lauter Lichtseiten? Nein, mein Lieber, der hatte auch Schattenseiten, wie du auch. Aber heute, wo die Liebe ein Bild des heimgegangenen Bruders zeichnet, da zeichnet sie mit dem Lichtstifte. Sie zeichnet nicht nach Art falscher Liebe ohne Wahrheit — sondern in der Wahrheit. Was wir von ihm schreiben, das haben wir an ihm gesehen und sagen es aus sen, daß die Erkenntnis noch nicht den ganzen Christen macht. Sie Dankbarkeit und zur Ehre des, der es, der ihn gegeben. Wir alle wis- muß Leben und Tat werden. Wir wissen aber auch alle, daß wir mehr wissen, als wir tun. Da ist drum nur zu begreiflich, daß bei einem Mann von so großem geistlichen Wissen es auch manchmal zwischen Wissen und Tat eine Kluft gab. Hier lag sein Bußweg, den er gehen mußte und den er auch gegangen ist. Aus dem Schatten unseres von Gott gegebenen Lichtes wird die Demut, die Gebeugtheit, die immer neue Gnadenbedürftigkeit unseres Wesens geboren. Damit er sich nicht überhebe seiner hohen Erkenntnis, hat Gott ihm Demütigungen verschiedenster Art nicht erspart. Er konnte sich aber beugen, und darum war Gnade mit ihm auf seiner Reise.

Es hat sich in seinem Leben gezeigt, daß ein Lehrer, der im Glauben steht und im Glauben dient in der Schule und darüber hinaus in der ganzen Gemeinde, mit dem Leben der Gemeinde so innig verwurzelt ist und solche Spuren hinterläßt, die leuchtend nachglänzen und in die Ewigkeiten bleiben. Solche Spuren von unserem heimgegangenen Bruder wird es in Spielberg noch lange geben; sie sind auch in unserem Herzen — und der Tag des Herrn wird's offenbaren.

Er war ein Mann der Hoffnung. Den Reichtum unseres Erbes in Christus Jesus konnte er manchmal ergreifend darstellen. Möge er nun selbst ruhen in solcher Hoffnung und selig entgegenwarten der Volendung derselben, wenn der Herr kommt! —"

Diese beiden Lebensbeschreibungen wurden mit Bedacht so ausführlich gebracht. Theodor Böhmerle wurde — wie er selbst bezeugte — durch diese beiden Männer in seinem Glaubensleben gesegnet und gefördert. Er war ihnen deshalb in seinem Leben von Herzen dankbar.

Der Inspektor

Die Berufung

In der Gemeinschaft mit solchen geistesmächtigen Brüdern schenkte der Herr dem jungen Langensteinbacher Pfarrer ein kräftiges inneres Wachstum. Deshalb wurde er schon im Dezember 1899, also mit 29 Jahren, in den Verwaltungsrat des Gemeinschaftsverbandes berufen. Im Juni 1900 sprach er bei einem Jahresfest der Gemeinschaft in Heidelsheim. Am 10. Juni 1901 wurde er zum Präses des Bundes der Männer- und Jünglingsvereine der Gemeinschaften gewählt.

Im Sommer 1901 machte Theodor Böhmerle nach zweieinhalb Jahren ununterbrochenen Dienstes erstmals Urlaub. Damals hat ihn gewiß die Frage seines weiteren Lebensweges stark bewegt. Der Evangelische Verein für innere Mission A. B. brauchte dringend einen neuen Inspektor, weil Hausvater Mayer vom Hardthaus, der bisherige Inspektor, schon 78 Jahre alt war. Am 20. November 1901 beschloß der Verwaltungsrat: „Herr Pfarrer Böhmerle von Langensteinbach soll nächstes Frühjahr als Inspektor des Vereins angestellt werden." Am 12. Dezember 1901 reichte er seiner Oberkirchenbehörde ein Urlaubsgesuch ein zur Arbeit an den Gemeinschaften. Doch ging es noch zwei Jahre, bis er seinen neuen Dienst antreten konnte.

Er sah ganz klar, daß der Ruf der Brüder eine Berufung durch Gott war. In seiner Begründung gegenüber der kirchlichen Behörde schreibt er: „So weist die ganze Lebensführung des Unterzeichneten immer und immer wieder auf die ‚innere Mission' hin." Er sei je länger, je mehr in die Gemeinschaftsbewegung hineingezogen worden. So sei es ihm zur inneren Gewißheit geworden, als dieser Ruf an ihn erging, daß er ihm folgen müsse.

Da gab es allerlei Lösungen und Kämpfe. Besonders seine alte Mutter konnte diesen Schritt gar nicht verstehen und billigen, zumal ein einflußreicher Vertreter des Oberkirchenrats zu ihr kam und sagte: „Mit diesem Schritt hat sich Ihr Sohn seine ganze Karriere verdorben." Sie warf ihm vor: „Habe ich dich darum studieren lassen, daß du jetzt ein ‚Bruder' wirst?" Als der Sohn ihr darauf entgegnete: „Der Apostel Paulus ist ja auch ein Bruder gewesen", meinte sie: „Ach was, du bist kein Apostel Paulus!“ Sie war ihm ernstlich böse und konnte sich erst später mit diesem Schritt versöhnen. Er aber mußte eben seinen ihm vom Herrn gewiesenen Weg gehen und nahm alles auf sich.

Der Verwaltungsrat richtete am 1. November 1903 folgendes Schreiben an die Gemeinschaften:

„Unser langjähriger bisheriger Inspektor, Herr Hausvater Mayer vom Hardthaus, hat altershalber seine Stelle auf 1. Oktober niedergelegt, die er in langbewährter Treue und Weisheit zu reichem Segen für die Sache unseres Vereins innegehabt hat. Wir freuen uns, daß er dem Verwaltungsrat, will's Gott, noch lange mit seinem milden Geist und seiner reichen Erfahrung dienen wird.

An seine Stelle wurde unser mehrjähriges Mitglied, Herr Pfarrer Theodor Böhmerle von Langensteinbach, einstimmig gewählt. Unser neuer Inspektor hat mit Übernahme des Inspektorats unseres Vereins ein persönliches Opfer gebracht, das wir hoch anschlagen. Wir wissen, daß ihn nichts anderes bewogen hat, die Vereinsarbeit mit ihren Schwierigkeiten auf sich zu nehmen, als die Liebe zum Herrn und zur Gemeinschaftssache. Indem wir nun unseren teuren Bruder in das Arbeitsfeld unseres Vereins senden, bitten wir den Herrn, daß Er ihn in reichstem Maß ausrüste mit dem Geist des Glaubens und der Weisheit, der Liebe und Geduld, damit es ihm geschenkt werde, die Arbeit der Gemeinschaftspflege und der christlichen Vereine im Liebesgeist Jesu und getreu der Heilandsweisung zu tun: ‚Weide meine Lämmer! Weide meine Schafe!‘

Euch aber, geliebte Brüder und Geschwister in Christo, bitten wir, unsern teuren Bruder, den wir im Namen Jesu zu euch senden, in der Liebe des Herrn aufzunehmen und seiner Arbeit unter euch in den Bezirken, Gemeinschaften und Vereinen des Landes jegliche Unterstützung und Förderung durch treue Fürbitte und Mitarbeit zu gewähren, gemäß dem apostolischen Wort: ‚Wir bitten aber euch, liebe Brüder, daß ihr erkennet, die an euch arbeiten und euch vorstehen im Herrn und euch ermahnen; habt sie desto lieber um ihres Werkes willen und seid friedsam mit ihnen.‘“

Die erste Reise

Seine erste Reise führte ihn nach Nordbaden. Darüber berichtet er im „Reich-Gottes-Boten“:

„So ist denn die erste Reise angetreten. Mannheim und Weinheim ist ihr Ziel. Und überall heißt's: ‚Der neue Inspektor kommt!‘ Aber was ist wohl neuer, der Inspektor den Brüdern, die er besucht, oder dem Inspektor all das, was er nun sieht, hört und erlebt?

Noch ist es kaum eine Spanne Zeit, da saß ich samstags im traulichen Stüblein des eigenen Pfarrhauses in Langensteinbach, überblickte den herrlichen Garten, die Wiesen und den lauschigen Wald. Alles atmete Stille, Gottesfrieden. Und heute sitze ich im fremden Stüblein in Mannheim. Vor mir beim Blick durchs Fenster rauscht der majestätische Neckar mit eilenden Wogen, bereit, sich dem Rhein in die Arme zu werfen. Und links und rechts im Neckarvorland Schienen und wieder Schienen, Verkehr und wieder Verkehr, zu Wasser und zu Land, rauchende Schornsteine, emsig tätige Menschen. Große Stapel Holz, große Stapel Steine, große Stapel Kohlen, eines reiht sich ans andere, und alles, alles schreit nach Gewinn, nach Geld. Alles Unruhe, alles Hast!

Dort die stille Gemeinde mit ihren Bauernhäuslein, und darinnen Hunderte, die sich mit mir freuten auf den Tag des Herrn, auf Sein Wort, auf die Gemeinschaft in Ihm, die sich freuten auf die Sammlung im großen Gotteshause, welches das ganze Dorf überragt. Und hier die gewaltigen Steinmassen der himmelanstrebenden Häuser, welche das kleine Lutherkirchlein in der Neckarvorstadt fast erdrücken, ein treffendes Bild für den inneren Stand dieser Großstadtgemeinden. Und in den Häusern die Tausende und Abertausende, und nur ganz hie und da Seelen, die sich freuen auf den Tag des Herrn, freuen auf den Herrn des Tages.

Und doch, darf ich Heimweh haben nach diesen stillen Bergen mit ihrer Gottesfurcht? Der Missionar muß sein Heimweh ablenken nach jenen Tausenden von heimatlosen Seelen. Wenn irgendwo, so ist es hier nötig zu arbeiten, zu beten, zu suchen. Einstweilen habe ich der kleinen, aber lebendigen Gemeinschaft in der Schwetzinger Vorstadt einige Tage gedient. Wohl wollte das alle die Gottfernen in Liebe umfassende Herz manchmal unruhig pochen ob der kleinen Schar, die sich sammelte. Aber der Glaube und die Hoffnung sprachen zur drängenden Liebe: ‚Habe Geduld! Das Senfkorn, arm und klein, wächst endlich ohne Schein doch zum Baume.'

Der Glaube und die Hoffnung ließen uns im Geist den Baum schauen, Schatten spendend für viele, und der sah so aus: In jedem Stadtteil solch einer Großstadt ein Gemeinschaftssaal mit einer Gemeinschaft, mit Gemeinschaftsstunden im Gebet und Wort für jung und alt, und ausgehend von diesen Brennpunkten allerlei suchende Liebe. Und im Zentrum der Stadt ein großer Saal, der je und je alles zusammenfaßt zu gegenseitiger Ermunterung, der je und je auch als Missionsmittelpunkt dient, und das alles zum Segen und Mitaufbau nicht nur des Reiches Gottes, sondern auch unserer lieben evangelischen Heimatkirche.

Brüder und Schwestern landauf, landab, hier haben wir viel versäumt. Wohl fordert solche Arbeit große Opfer, aber sind wir nicht auch ein großes Volk hin und her? Sind nicht die Großstädte in geistiger Hinsicht die Giftquellen, die mehr und mehr alles zu durchseuchen drohen? Und sind wir nicht aus den verschiedensten Ursachen genötigt, unsere Kinder, viele unserer Lieben dahin zu schicken? O möge die Liebe Christi uns die Augen öffnen für die großen Aufgaben, welche wir badischen Gemeinschaftsleute hier hätten! Mögen sie uns dann die Herzen öffnen, die Hände falten und die Hände öffnen! Sollte es sich nicht bewahrheiten: ‚Suchet der großen Städte Bestes, die unter euch sind; denn geht es ihnen wohl, so geht es auch euch wohl!'"

Theodor Böhmerle durfte es erleben, wie diese Schau weithin sich erfüllte. Im Jahr 1924 dienten fünf Stadtmissionare, drei Missionsschwestern und drei Kinderschwestern in der Stadt und in den Vororten Jungen und Alten. Und im Zentrum der Neckarstadt stand der große Saal in der Stamitzstraße.

Ein vierfaches Bild des Gemeinschaftslebens
(Zweiter Reisebrief des Inspektors)

Die weitere Reise brachte ein vierfaches Bild des Gemeinschaftslebens, wie es wohl auch sonst zu finden sein wird.

1. Da begegneten mir zunächst alte Gemeinschaften, die auf einen über achtzigjährigen oder doch fünfzigjährigen Bestand zurückblicken und an denen sich das Psalmwort erfüllt: „Wenn sie gleich alt werden, werden sie dennoch blühen, fruchtbar und frisch sein.“ Sie erweisen sich damit als wahrhaftig gepflanzt im Hause des Herrn und grünend in den Vorhöfen Gottes.

Eine lebendige Gemeinschaft, wo die Brüder und Schwestern lebensvoll mit dem Herrn verbunden sind, wo ein heiliges Verlangen alle durchdringt, auch andere Seelen in die Friedensgemeinschaft Jesu zu bringen, wo es darum nicht fehlt an Opfern des Gebets, des Glaubens und der Liebe, kann nicht aussterben. Es wird sich an ihr der Pfingstsegen stets erneuern: „Und der Herr tat hinzu.“

2. Und doch gibt es auch alte, sterbende Gemeinschaften. Das ist etwas vom Betrübtesten, was man sehen kann. Zwar ist wohl zu unterscheiden zwischen sterbenden Gemeinschaften und solchen, die eine Sichtungs- und Läuterungszeit durchmachen. Diese letzteren zeigen äußerlich auch nicht das Bild des blühenden Baumes, sondern manchmal eher das eines sturmzerrissenen. Aber ist der Stock gesund, dann wird bei solchen, und wenn sie bis zum Wurzelstock zerrissen sind, die Adventsverheißung sich erfüllen: „Es wird ein Zweig aus ihrer Wurzel wieder Frucht bringen.“

Aber es gibt auch sterbende Gemeinschaften, wo das Mark krank ist, wo vom schläfrigen, lauen Wesen der Glieder keine Kraft mehr ausgeht, wo man dann wohl allen möglichen äußeren Umständen die Schuld beimißt, wo aber einzig und allein eine Einzelschuld und Gesamtschuld der Glieder vorliegt. Da gilt Offenbarung 3, 1—6.

3. Daneben stehen dann, wie zum Zeugnis, daß auch heute der Herr noch auf dem Plan ist, junge, ganz neu entstandene Gemeinschaften. Das ist eine Lust, die erste Liebe zu sehen, die sich hier entfaltet. Das ist eine tiefe Herzenserquickung, da, wo vor zwei bis drei Jahren noch

nichts sich regte, munteres, fröhliches Gottesleben sich entfalten zu sehen. Möchten nur die jungen Gemeinschaften den alten und die alten den jungen immer mehr in rechter Weise dienen lernen. Möchten die jungen Gemeinschaften mit ihrem gärenden Leben das Mildere und Ruhigere der alten nicht als Mangel an Leben ansehen, aber auch die in festen, durch Erfahrung gewiesenen Bahnen sich bewegenden alten Gemeinschaften nicht zu sorgenvoll Verwirrungen befürchten, wenn das junge Leben nicht gleich dieselben Bahnen geht. Die Jungen sollen den Alten durch ihr jugendfrisches Leben, die Alten den Jungen durch ihre Geschichte und Erfahrung dienen.

Hier möchte ich den Brüdern im Lande eine Bitte vorlegen: Schreibt doch die Geschichte der Entstehung und des Wachstums der alten Gemeinschaften überall auf. Wie viele Väter in Christo haben wir noch hin und her, die erzählen können. Der Herr hat doch schon in der Schrift die Geschichte Seiner Wege aufschreiben lassen. Sollten wir dies heilige Geschäft nicht weiter üben? Wie viele Gottestaten würden da offenbar werden, wieviel Glaube, Liebe, Geduld und Erfahrung würde da zu uns sprechen! Es mag viel mangelnder Sinn für die Gemeinschaftssache darauf zurückzuführen sein, daß man ihre herrliche, reiche Geschichte zu wenig kennt. Wer weiß, ob die Darlegung der Wege Gottes im Gemeinschaftsleben unseres Heimatlandes nicht manche junge Gemeinschaft, die uns jetzt noch ferne steht, zum festen Anschluß an den alten, gottgesegneten Verband bewegen könnte, ob nicht manche neue Gemeinschaftsbildung angeregt werden könnte?

4. Dieses letztere aber wäre sehr nötig, denn es ist noch viel gemeinschaftsloses Land da. Wie kommt einem doch eine Gegend ohne Gemeinschaften so trostlos leer vor, so arm, besonders wenn man weiß, daß die Gemeinschaft im Herrn reich macht.

Ja, mancher möchte vielleicht versucht sein, zu sagen: In einer Gegend ohne Gemeinschaften muß alles tot sein. Ich habe in eine solche Gegend hineingeschaut, sie liebgewonnen im Herrn und kann aus der Liebe heraus solch hartes Urteil nicht sprechen. Sollten da wirklich keine Seelen sein, aufgeschlossen für den Herrn, verlangend nach brüderlicher Stärkung? Es arbeitet doch das Wort Gottes in allen diesen Gemeinden. Ich glaube bestimmt, es hat überall solche Seelen. Aber es gehört hier geweckt und aufgeklärt über den Segen der Gemeinschaft. Da hat unser Verein noch eine große evangelistische Aufgabe. Brüder und Schwestern, betet, daß die gemeinschaftslosen Gegenden unseres Heimatlandes noch ein blühender Garten werden. Betet, daß sich Türen offnen und wir die geöffneten in rechter Weisheit benützen.

Wie steht es nun bei uns, haben wir alte blühende oder alte sterbende, junge lebendige Gemeinschaften oder gemeinschaftsloses Land? Erkenne ein jedes seine Lage und dann seine Aufgabe, die der Herr durch die Lage stellt und zu der Er uns stärkt, wenn wir sie im Glauben anfassen.

Auf dem Heimweg von der Versammlung

Wenn nach der allgemeinen Versammlung die Brüder im trauten Kreise noch beisammen sind, wenn des Herrn Wege mit Seinem inneren Missionswerke oder des Herrn Wege mit dem einzelnen oder biblische Fragen zu immer regerem Gedankenaustausch führen, da weicht die Zeit vor der Ewigkeit so zurück, daß erst der laute Schlag der Mitternachtsglocke einen mahnt: Auf, es ist Zeit!

So war's auch jüngst. Schleunigst brachen wir auf. Aber, o weh! Draußen war es so finster, daß weder Straßen noch Häuser, weder Weg noch Steg, ja vor lauter Nebel selbst der Himmel nicht zu sehen war. Und der Boden voll Morast, fast zum Versinken. Allein wäre ich verloren gewesen. Da ruft mir ein Bruder zu, mein Hauswirt, er kannte ja den Weg auch mitten in Morast und Finsternis: „Geben Sie mir die Hand!" Nach einigem Tappen ergreife ich sie und gehe nun willenlos wie ein unmündiges Kind hinter ihm drein, gezogen von seiner Hand. Nach kurzem Marsch durch Morast und Finsternis kamen wir heim. Welch ein herrliches, lebendiges Bild der inneren Mission. Wenn wir den Weg wissen durch Morast und Finsternis der Welt zur Heimat, weil wir schon innerlich daheim sind, so rufen wir doch allen zu, die nicht wegeskundig sind: „Gib mir die Hand!" Wem hast du schon die Hand gereicht, wem reichst du sie zur Zeit? Ein rechter Missionsfreund muß immer einen an der Hand haben, und wäre es nur in treuer Fürbitte. Haben wir auch unsere Eigenen an der Hand?

Im Nachbarort war es geradeso, nämlich Morast und Finsternis, nur nicht so spät. Wir gingen gleich nach der Versammlung heim. Doch da gab es ein anderes, fast noch köstlicheres Bild. Die Großeltern des Hauses, die im Hause wohnenden „Jungen", deren Kinder, also die Enkel, was abkommen konnte, war mitgepilgert zur Versammlung. Zur Vorsorge, weil man die Finsternis kommen sah, hatten wir eine Laterne mitgenommen. Da marschierte nun auf dem Heimweg der alte Großvater mit der Laterne in der Hand voraus, und in seinem Lichte, das von ihm her zurückstrahlte, wandelten wir, die greise Gefährtin seines Lebens, die Kinder und Kindeskinder. Es war zu lieblich; man vergaß allen Schmutz und allen Erdenkot, der reichlich vom Boden in die Höhe spritzte.

Das ist innere Mission, wenn vom Haupt des Hauses Licht ausgeht auf Kinder und Kindeskinder, wenn das Haupt wacker vorangeht mit der Leuchte des Wortes, mit Jesus, dem Licht, im Herzen, mit dem Wandel im Licht. Und das besonders, wenn die Nachkommen im gleichen Licht pilgern. Lasset euer Licht leuchten, daß sie eure guten Werke sehen, dann werden auch andere euren Vater im Himmel preisen!

Unterwegs im Oberland und im Hinterland

Am Mittwoch, den 10. Februar 1904, begann die Oberlandreise mit einer Brüderkonferenz in Dinglingen. Vom Donnerstag an bis zum Sonntag waren abends um acht Uhr Vorträge im Vereinshaus in Lahr. Am Donnerstag und Freitag fanden nachmittags Versammlungen in Allmannsweier statt; am Sonntag war Monatsstunde in Ichenheim. Montags besuchte Pfarrer Böhmerle die Gemeinschaft in Emmendingen, am Mittwoch die Geschwister in Lörrach. Am Donnerstag war er in Haagen, tags darauf in Kandern. Am Sonntag, den 21. Februar, fand die Monatsstunde in Steinen statt. Ein Vortrag im Vereinshaus in Lörrach bildete am Abend den Abschluß der Oberlandreise.

Für die Reise ins Hinterland wurde im „Reich-Gottes-Boten" folgender Plan veröffentlicht:

Himmelfahrtstag,	12. Mai, Adelsheim;
Freitag,	13. Mai, Rosenberg;
Samstag,	14. Mai, Bödigheim;
Sonntag,	15. Mai, Möckmühl,

und zwar 1 Uhr Brüderkonferenz, 3 Uhr Versammlung;

Sonntag,	15. Mai, 8 Uhr, Sennfeld;	
Montag,	16. Mai, 8 Uhr, Uiffingen;	
Dienstag,	17. Mai, 8 Uhr, Unterschüpf;	

Wertheimer Bezirk:

Mittwoch,	18. Mai, Eichel;
Donnerstag,	19. Mai, Sachsenhausen;
Freitag,	20. Mai, Lindelbach;
Pfingstsonntag,	22. Mai, nachmittags, Nassig für den ganzen Bezirk;
Pfingstsonntag,	22. Mai, abends, Wertheim.

In drei Tagen auf fünf verschiedenen Kanzeln

„'S ist lange her, daß kein Reisebericht mehr kam, und mancher Leser hat vielleicht gedacht, da ist das Wort wieder wahr: „Neue Besen kehren gut". Erst hat er Woche für Woche berichtet, jetzt ist er schon ganz still. Aber, ihr Lieben, es ist nicht gut, zuviel zu gackern. Vieles darf man nicht berichten, manches mag man nicht schreiben. Das Beste, was auf einer solchen Missionsreise herauskommen soll, das kann man nicht veröffentlichen, weil's nicht an die Öffentlichkeit tritt, sondern tief im Innern zwischen der Seele und dem ewigen Gott sich abspielt. Was nach Abzug von all dem oft noch übrig bleibt, ist nicht so wichtig, daß man Setzer und Drucker, Papier und Leser damit quälen mag. Doch letzthin eine kleine Tour von drei Tagen, die hatte so viel Merkwürdiges, daß ich davon etwas erzählen muß. Da war ich nämlich in kaum drei Tagen auf fünf grundverschiedenen Kanzeln.

Die erste Kanzel, das war an einem heißen Sonntagnachmittag, ist eine gewöhnliche, hübsche Kanzel einer Stadtkirche gewesen. In Speyer war's, in der alten Kaiserstadt, wo die Pfälzer Gemeinschaftsleute ihr Jahresfest feierten. Große Scharen füllten die weiten Hallen der Kirche zum Heiligen Geist, und ich hatte die Freude und große Verantwortung zugleich, ihnen das Wort zu teilen. Ich mußte denken, wenn nur jede Seele, die dasaß und hörte, eine Kirche zum Heiligen Geist wäre, mit einem Altar drinnen für den lebendigen Gott und mit einer Kanzel für Sein Wort, von der es täglich und stündlich ins Gewissen tönte.

Es war ein köstliches Fest, das dadurch noch verschönt wurde, daß der liebe Herr Dekan Hoffmann, der väterliche Freund der Pfälzer Gemeinschaftsleute, die ganze Festgemeinde zur Nachfeier in die neue, noch nicht einmal eingeweihte, aber sonst ganz fertiggestellte Protestationskirche einlud. Es war ein herrlicher Gedanke, daß gerade Gemeinschaftsleute, welche, das darf man doch wohl sagen, in ihrer Mitte eine große Schar aufrichtiger Priester Gottes haben, die erste Festgemeinde in diesem neuen Wahrzeichen der evangelischen Kirche bildeten. Und da durfte ich nun als einer der allerersten auf einer der kostbarsten Kanzeln der Welt — ein berühmter amerikanischer Milliardär hat 20 000 Mark gestiftet — und auf einer der eigenartigsten Kanzeln der Welt zu einer ebenso eigenartigen Versammlung sprechen. Mit den feiernden Gemeinschaftsleuten waren auch fremde und einheimische Sonntagsausflügler wohl aller Konfessionen mit hereingekommen, und so wurde die Protestationskanzel gleich am ersten Sonntag, da sie benützt wurde, zur Evangelisationskanzel, und damit wurde sie wohl richtig eingeweiht. Evangelisation, Predigt des Evangeliums, des hellen, klaren, lauteren, an alle, die es noch nicht kennen, das ist die beste Protestation gegen allen Geist des Irrglaubens und Aberglaubens.

Bedeutend einfacher war meine dritte Kanzel am Abend desselben Tages. Ein schlichter Tisch in einem freundlichen Saal, den mitten im Sonntagstrubel der Großstadt eine stille Schar füllte, das war die Kanzel. Und doch auch eine Protestationskanzel wie nur eine in der Welt! Das wurde mir klar, als wir unsere Stunde unterbrechen mußten wegen eines von Musik begleiteten Festzuges, der mit lautem Getöse durch die Straße sich bewegte. Ja, die Stundentische, sie sind Protestationskanzeln gegen ein verweltlichtes und halbes Christentum, gegen ein neues Heidentum.

Noch einfacher als im Saale der Großstadtgemeinschaft war in der trauten Bauernstube eines Bruders am andern Abend die vierte Kanzel. Auf einer schlichten, an der Wand befestigten Holzbank saß ich zwischen lieben Brüdern, die mitbeteten, und das war die Kanzel. Und ich muß offen sagen, mehr wert als die Marmorkanzel in Speyer, welche der reiche Milliardär um 20 000 Mark gestiftet hat, war mir die stille Bauernstube mit der Holzbank, welche der Glaubensmut und die Jesusliebe eines betenden Hausvaters seinen Geschwistern im Herrn zur Verfügung stellte. Wenn einst in schweren Zeiten, die noch kommen werden, die öffentlichen Kanzeln dem Evangelium vielleicht verschlossen sein werden, dann werden, wie schon so manches Mal in der Geschichte des Reiches Gottes, die verborgenen Stuben die Brunnenstuben sein, wo die Wasser Gottes sich sammeln, bis sie wieder sich ergießen dürfen über weites Land.

War meine vierte Kanzel, auf der neben mir die betenden Brüder saßen, zugleich Altar, von dem Räucherwerk Gottes aufstieg, so war die fünfte Kanzel ein wirklicher Altar im schmucken Dorfkirchlein. Ein lieber Freund, der in seiner Gemeinde die sehr nachahmenswerte Einrichtung hat, weil er im Sommer die Wochen-Bibelstunden abends nicht halten kann, sie morgens von 6 bis 7 Uhr zu halten, hatte mich eingeladen. Ich wollte ursprünglich abends eine Stunde halten — da bat er mich, doch morgens um 6 Uhr in seinem Kirchlein zu sprechen. Alsbald fuhr ich zu. Aber allerdings, ich fuhr auch auf, als morgens im Halbschlaf mir plötzlich Glockengeläute ans Ohr schlägt — es war 5 Uhr. Das war das Erstläuten zu unserem Gottesdienst. Und siehe, um 6 Uhr, als ich am Altar stand, da war die Gemeinde zahlreich versammelt, ja selbst Freunde aus dem benachbarten Filial waren herbeigeeilt in der Morgenfrühe — und durch ein großes Opfer statteten die Freunde den äußeren Dank für den Frühbesuch ab. „Die mich frühe suchen, finden mich" — es ist wahr. Es ist, als ob eine größere Lebenskraft im Worte läge etwa um die Stunden, da der Heiland lebendig dem Grabe entstieg. Und wenn dann am hellen Werktagmorgen die Gemeinde, gesammelt durch Gebet und Wort, hineintritt ins Tageswerk, so ruht ein Gottesglanz auf solchem Werktag — Ewigkeit auf der Zeit und Arbeit. Die letzte Kanzel ein Altar — das ist sinnig schön. Alle Predigt, soll sie nicht zur Anbetung treiben? Und wenn du nimmer hören und lesen kannst, was bleibt dir noch zuletzt? Der Altar, das Gebet. Und die ganze Entwicklung des durch die Predigt verbreiteten Reiches Gottes — sie endet am Altar, in der Anbetung Gottes, des Allerhöchsten (August 1904).

Jahresfest in Eppingen am 14. September 1904

Es war das erste Jahresfest, das Theodor Böhmerle als Inspektor miterlebte. Er berichtet darüber:

Es ist doch etwas Herrliches, wenn um eine Sache viel gebetet wird und wenn man dann hintennach die Spuren Gottes in der Gebetserhörung erleben darf. Um unser Jahresfest und sein äußeres wie sein inneres Gelingen ist viel gebetet worden. War das nicht Erhörung, als in der Nacht bis an den Morgen sich die Schleusen des Himmels öffneten und manch einen von seiner Scholle wegregneten? Und war das nicht Erhörung, als mit dem wachsenden Tag die Sonne hervorbrach und den Werktag zum Sonntag machte? Ja, das war Antwort Gottes, als der Sonderzug sich mit einer fast doppelt so großen Schar füllte, als wir gehofft hatten. Beinahe 600 Freunde fuhren voll Freude und Singen dem Festorte zu. Und welch ein Regen und Bewegen war dort erst. Überall sah man Scharen fröhlicher Festpilger. Kein Wunder, daß einer meinte: „Wo komme numme all die fromme Leut her?" Es war auch zum Verwundern, daß — an einem Mittwoch! — 1600 Festgäste, und darunter eine gar stattliche Schar Männer, das weite Gotteshaus überfüllte. Jener Freund hatte ganz recht, wenn er sagte: „Das sollte man der Generalsynode zeigen!" Das darf eine Generalsynode nicht vergessen, wenn sie für das Wohl der Kirche wahrhaft sorgen will, daß das ein gutes und in dieser Zeit des Abfalls nicht hoch genug einzuschätzendes Stück Kirche ist, was da in die Erscheinung tritt, Menschen, die sich alle voll Freude zu den großen apostolischen und reformatorischen Bekenntnissen und zu einem vollen, unbeschnittenen Religionsunterricht in der Schule bekennen.

Im Jahresbericht nennt Pfarrer Böhmerle zunächst Väter und Brüder, Mütter und Schwestern aus der Erstlingsschar, die im Herrn heimgegangen sind. Dann fährt er fort:

Dieses Dahingehen der Alten bedeutet einen wichtigen, tief eingreifenden Abschnitt unseres Werkes. Er mahnt uns, das Erbe der Väter zu bewahren, das nach verschiedenen Seiten hin uns verlorenzugehen droht. Da wird zunächst hin und her das Fehlen jener herzlichen brüderlichen und schwesterlichen Liebe, wie sie der ersten Zeit eigen war, schmerzlich empfunden. Jene Alten waren in der Wahrheit Geschwister. Wir müssen mit allem Ernste darnach ringen, daß wir Jungen innerlich in wahrer Liebe ebenso verbunden werden.

Dann aber schwindet mit diesen Alten vielfach auch das gottgesalbte Stundenhältertum dahin. Gott sei's geklagt, das ist geradezu ein Krebsschaden in unserem Werk. Wir drohen, wenn die Entwicklung so weitergeht, eine Kirche innerhalb der Kirche zu werden mit den reisenden Brüdern als Pfarrern. Das ist aber in keiner Weise in dem Sinn der Väter unseres Vereins, welchen es vor allem um eine wahrhaftige Betätigung des allgemeinen Priestertums zu tun war.

Wir legen es heute am Fest allen Brüdern aufs Gewissen, sich zu prüfen, ob nicht ihrer viele ihre Pfunde vergraben sich zum Gericht, indem sie nicht mehr heraustreten und dienen. Wach auf, du Geist der ersten Zeugen! Aber wir legen es auch allen Hörern und Hörerinnen aufs Gewissen, sich zu fragen, ob sie nicht das wahre Gemeinschaftsverständnis verloren haben, welches den Segen eben von der Gemeinschaft hat, auch beim schlichtesten Wort, ob sie nicht viele abschrecken, weil sie zuviel verlangen. Der Herr schenke uns wieder mehr wirkliche Gemeinschaften, wo schlichte Brüder einander und die Geschwister erbauen. Wir wollen darum beten und dahin wirken, daß sie entstehen.

Ein weiteres Gut der alten Zeit droht auch zu verschwinden: die anspruchslose, stille Schlichtheit ihrer Frömmigkeit. Gegründet in Buße und Glauben auf Christi Versöhnungsopfer, freuten sie sich der aus Gnaden geschenkten Gotteskindschaft und suchten im Glaubenskampf zu wachsen in dieser Gnade hinan zum Mannesalter Christi. Ihre Frömmigkeit hatte die beiden großen reformatorischen Angelpunkte: Wort Gottes und freie Gnade, und gedieh unter Glauben und Gebet.

Das moderne gläubige Wesen hat dagegen oft und viel etwas Gemachtes. Es hat nicht mehr jene Solidität der Bibelfestigkeit und stillen Innerlichkeit. Etwas Geräuschvolles, Vieltuendes, Zerstreutes, Unstetes ist ihm eigen. Es ruht auf zuviel Menschenwort, gelesenem und gehörtem, und zu wenig auf Gotteswort. Es legt großen Wert auf einzelne besondere Seiten des Christentums — und hat das Kreuz Christi nicht mehr so zum Kern- und Angelpunkt. Zurück zur Einfalt, zur

Stille, zur Schlichtheit, zurück zum Wort, zur freien Gnade, zum Gebet! So müssen wir rufen.

Laßt uns diese Grundlagen der alten Zeit festhalten als ein teures, großes Erbe einer großen Gotteszeit, als ein Erbe, das auch heute seinen Wert noch nicht verloren hat, sondern im Gegenteil ihn erst recht gewinnt. Wir wollen heute als Junge den Alten, die noch unter uns sind, die Versicherung geben, daß wir im Herrn bemüht sein wollen, das Erbe der Väter uns innerlich zu erwerben und es zu bewahren.

Der Verein hat zum ersten Mal einen Pfarrer als Inspektor angestellt, der diese Aufgabe nicht, wie es bisher geschah, im Nebenamt, sondern als seinen eigentlichen Beruf erfüllt. Diese Tatsache weist zunächst auf die große Ausdehnung und die gewaltige Bedeutung hin, welche das Werk genommen hat. Wir haben jetzt 22 Missionare in 20 Reisepredigerbezirken und zwei größeren Stadtmissionen, welche etwa 400 Orte regelmäßig besuchen. Die Arbeit der Brüder ist eine sehr reiche: Versammlungen, Monatsstunden, Konferenzen, Jünglingsvereine, Jungfrauenvereine, Sonntagsschulen bedienen, Betstunden und Gesangsstunden halten, Hausbesuche und Krankenbesuche machen, Blätter und Schriften verbreiten, das alles gehört zu ihrer Aufgabe. Und das fleißige Arbeiten soll nur eine einzige Zahl beweisen: Unsere Brüder haben im vergangenen Jahr landauf, landab allein über 25 000 Hausbesuche und Krankenbesuche gemacht.

Immer dringender stellte sich in den letzten Jahren das Bedürfnis einer festen, als Hauptberuf ausgeübten Leitung des Werkes heraus und besonders die Notwendigkeit, daß dieser Leiter alle Bezirke persönlich kennenlerne und so auch der Verwaltungsrat besser instandgesetzt sei, auf Grund genauer Kenntnis seine Beschlüsse zu fassen. Ich habe nun dieses Amt im November vorigen Jahres übernommen.

Der Eindruck vom Werk war ein überraschender und gewaltiger. So groß und reich hatte ich es mir doch nicht vorgestellt. So viele wirklich markige christliche Persönlichkeiten durfte ich kennenlernen, so viel Liebe zum Verein trat mir entgegen, aber auch so viel Zug zum reinen Gotteswort in unserem Volk durfte ich schauen, daß es eine helle Freude war. Überall fast waren die Lokale, und zwar nicht bloß die kleinen, sondern auch die großen, ja selbst Kirchen, dicht gefüllt. Und wenn es auch nicht immer so ist, so zeigt sich doch darin, daß unsere Sache in weiteren Kreisen des Volkes, über die eigentlichen Gemeinschaftskreise hinaus, Wurzeln geschlagen hat. Es ist in der Tat ein Gotteswerk, groß und schön, das in der badischen Kirche durch unseren Verein getan wird.

Daneben aber bekam ich den Eindruck, daß, wie fast alles in unserer Zeit auf politischem und religiösem Gebiet sich in einer Umbildung befindet, so auch unser Verein. Er kann sich der Einwirkung der völlig veränderten Zeitverhältnisse nicht entziehen. Täte er das, so würde er zerrieben. Es gilt auf den alten Grundlagen, die wir oben als Erbe der Väter bezeichnet haben, das aufzubauen, was die neue Zeit verlangt. Da ist es zunächst eines, was gebieterisch gefordert wird: ein mehr evangelistischer Zug für die ganze Arbeit. Wenn wir uns heutzutage in der Zeit der Propaganda für alle möglichen Ideen auf dem Gebiet des Geistes und der Religion und noch dazu in der Zeit gewaltigster Abwendung vom Glauben damit begnügen wollten, unser Gemeinschaftsstündchen zu halten, oder gar mit dem vierwöchentlichen Besuch des Bruders, so würden wir unserer inneren Missionspflicht nicht genügen. Wir müssen da und dort in aller Nüchternheit und Schlichtheit, wo wir sehen, daß der Herr eine Tür gibt, in außerordentlicher Weise durch fortgesetzte Versammlungen das Evangelium verkündigen. Dazu müssen sich unsere örtlichen Brüder und unsere reisenden Brüder recht den Blick schärfen lassen, wo es Zeit ist zu solcher Arbeit, und dann sich den Mut schenken lassen, auch anzugreifen.

Nicht großartige Veranstaltungen und Machereien denken wir uns, sondern ein schlichtes, aber entschiedenes Verkündigen des Worts; nicht außerordentliche Werkzeuge berufen, sondern unsere Brüder und wir selbst einander helfend und dienend, reden mehrere Tage an einem Ort. Dabei ist das wichtigste die enge Verbindung der Evangelisation mit der Gemeinschaft des Ortes, damit Seelen, die heraustreten wollen, gleich Anschluß finden. Am besten denken wir uns die Wirkung, wenn die größeren Versammlungen in der Kirche und die Bibelstunden im Versammlungslokal gehalten werden. Wir haben damit im vergangenen Jahr mehrfach gute Erfahrungen gemacht. Das Ganze muß im Glauben und Gebet, allein im Vertrauen auf das Wort und seine Kraft mit dem Seufzer getan werden: „O Herr, hilf; o Herr, laß wohl gelingen!“

Auf den Konferenzen der Jünglinge und Jungfrauen wurden wir mehrfach gebeten, besondere Jugendblätter herauszugeben. Wir wollten aber die Zahl der Blättlein nicht noch vermehren und beschlossen darum, lieber das alte Blatt zu erweitern, welches jetzt schon hie und da nicht genug Raum bot. So soll denn um der Bedürfnisse der Arbeit willen der „Reich-Gottes-Bote" von Neujahr an vergrößert werden und achtseitig erscheinen mit Spalten: „Für unsere Jünglinge" — „Für unsere Jungfrauen".

Wir möchten, weil wir gerade am Blatt sind, einiges sagen. Liebe Geschwister, sorgt doch mit, daß nicht durch allerlei auswärtige Blätter und Blättchen unser heimisches Blatt verdrängt werde. Der „Reich-Gottes-Bote" dient mit seinem ganzen Überschuß der inneren Mission und hilft mit, daß wir Brüder anstellen können. Wer ihn verbreiten hilft, dient direkt der inneren Mission. Wer es vermag, sende auch hie und da einen Beitrag, wenn irgendwo etwas Bemerkenswertes geschehen ist. Schreibt nur, wie ihr's könnt; wir werden es dann schon hobeln und polieren und, wenn's nichts ist, auch in den Papierkorb werfen.

Es ist ein harter Kampf für den einzelnen gläubigen Menschen und für einen ganzen Verein, in dem Vielerlei unserer Tage klaren Grund zu behalten. Aber der hilft uns siegen, zu dem wir rufen: „O Herr, hilf; o Herr, laß wohl gelingen!"

Im Dienst an der Jugend

Dem neuen Inspektor lag die Jugend sehr am Herzen. Vom 8. bis 10. April 1904 veranstaltete er in Durlach den ersten Bibelkurs für Jungfrauen. Frau Inspektor Rappard sprach über die Treue im Kleinen. So wurde er zum Begründer der Bibelfreizeiten für die Jugend im Gemeinschaftsverband. Im Juli 1904 hat er für die Jungfrauenvereine die erste Jungfrauenpflegerin berufen, Schwester Sofie Kiefer. Im Laufe der nächsten Jahre kamen weitere Missionsschwestern dazu.

Am 19. Juni 1904 fand in Durlach das erste Landesjahresfest der Männer- und Jünglingsvereine statt. Schon in der Morgengebetsstunde waren es zweihundert, die miteinander ihre Knie beugten. In der

Stadtkirche versammelten sich gegen tausend Männer und Jünglinge. Sie erhielten auf die Frage: Wie erhalten wir geistlich klare Vereine? die Antwort: durch Erweckung und Erweisung der Gaben des Heiligen Geistes.

Inspektor Böhmerle war davon überzeugt, daß nur im engsten Zusammenhang mit der Gemeinschaft rechte Jugendarbeit getan werden kann und daß wir als Gläubige die Pflicht haben, uns besonders auch der Jugend anzunehmen.

Schon 1904 wurde das Verbandsabzeichen eingeführt, über das Pfarrer Böhmerle schreibt: „Es stellt einen Leuchtturm im wogenden Meer dar, der seine Strahlen weit hinaussendet übers Meer. Die doppelte Seite unserer Arbeit, die Gründung unserer Persönlichkeit auf den ewigen Felsen Christus durch den Glauben, das Himmelanstreben von diesem Grunde aus und dann das Lichtverbreiten übers Meer dieser Welt, nachdem wir selbst erleuchtet sind, wird gar fein durch dieses Sinnbild dargestellt."

Um den Turm stehen die Worte: „Verband badischer Jünglingsvereine" und „Psalm 119,9."

Schon 1904 wurde ins Auge gefaßt, einen Verbandssekretär für die Männer- und Jünglingsvereine zu berufen, der bald darauf auch in Bruder Hodel gefunden wurde. Außerdem bekam die Gemeinschaft Pforzheim einen eigenen Jünglingssekretär. Es lag ein sichtlicher Segen auf der Arbeit. Im Jahr 1903 hatten die Jünglingsvereine 600 Mitglieder; zu Beginn des ersten Weltkrieges waren es 3000.

Es lag Pfarrer Böhmerle am Herzen, daß die Männer- und Jünglingsvereine eine gute Leitung hatten. Im alphabetischen Verzeichnis steht am Anfang Adelsheim. Der Leiter war Kaufmann Friederich. In Spielberg leitete Hauptlehrer Schüßler den Verein, in Weil am Rhein Landwirt Ludwig Bertsch.

Aus dem Jahresbericht 1905

Das Jahresfest 1905 fand in Wiesloch statt. Pfarrer Böhmerle legte es im Jahresbericht den Geschwistern sehr ans Herz, alle Versammlungen und Konferenzen treu zu besuchen:

In unseren aus dem Geist Gottes herausgeborenen Gemeinschaftsformen baut sich das Gemeinschaftsleben immer noch am besten. Die engste Gemeinschaft: mein Heiland und ich; der nächste Kreis: mein Haus; der dritte Kreis: meine Ortsgeschwister; der vierte Kreis: meine Bezirksgeschwister; der fünfte Kreis: die Geschwister des ganzen Landes; der sechste Kreis: alle Gotteskinder in der Welt; der siebte Kreis: alle Heiligen Gottes diesseits und jenseits. Das ist der Grundgedanke der alten Ordnungen, und das ist ein göttlicher Gedankengang. Darum sind die alten Gefäße immer noch gut und halten auch neuen Most. Der Herr fülle sie damit.

Wir aber müssen wachen, daß uns diese Gefäße nicht zerbrochen werden. Der eine Feind ist die Lauheit und Trägheit, welche oft herstammt von einem Mangel an brüderlicher Liebe und im letzten Grunde von einem Mangel an Heilandsliebe.

Liebe Geschwister, jung und alt, es sollte ein brennendes Verlangen in unseren Herzen sein, daß wir uns doch allmonatlich einmal aus dem ganzen Bezirk von Angesicht zu Angesicht sehen und einander bauen durch gegenseitigen Zuspruch aus dem Wort. Die Monatsstunden und Konferenzen sollten langerwartete Erquickungstage für uns sein. Der Herr mache die Bruderliebe brennend! Das ist doch Zeit und Mühe wert, Geschwister zu sehen und mit Geschwistern sich wieder zu freuen. In unseren Monatsstunden und Konferenzen sollte es heraustreten: Sehet, wie haben sie einander so lieb!

Ein anderer Feind unserer gesegneten Gemeinschaftsordnungen sind die vielen Feste. Ist es nicht ein Stück schlechten Zeitgeistes, der da in unsere Reihen eingedrungen ist? Es muß doch nicht jeder Jünglingsverein und Jungfrauenverein, fast jedes Vereinshaus und so viele Kinderschulen meinen, sie müßten ihre eigenen Feste haben. Dieses Zuviel der Feste droht unsere Gemeinschaftssache zu schädigen. Denn einmal wird der ruhige Gang der Arbeit immer unterbrochen, und sie gedeiht doch am besten in der Stille. Dann aber, weil an den Festen und in manchen Gegenden sogar in den Monatsstunden immer besondere Redner sprechen, verlieren die schlichten Brüder den Mut zu reden, und die reden lernen sollten, die Gelegenheiten, es zu lernen, und der schlichte Gemeinschaftscharakter geht verloren. Gegenseitiges Aussprechen müssen unsere Monatsstunden und Konferenzen bringen, dann gedeiht unser Werk. Ich lasse mir ein Bezirksmissionsfest für jeden Bezirk und alle Zweige seiner Arbeit gefallen, und dann noch das Landesjahresfest, aber damit in der Regel genug.

Im letzten Winter ist viel evangelisiert worden. Prediger Kaiser, Missionar Autenrieth, Prediger Schrenk und Pastor Keller haben an manchen Orten gedient. Der Inspektor hat in Weinheim, Königsbach und Lahr evangelistische Vorträge gehalten. Einige sind im „Reich-Gottes-Boten" allen zugänglich gemacht worden.

Prüfet alles! Ja die rechten Männer zu dieser Arbeit berufen! Es gibt Geister, die im Namen einer falsch verstandenen Freiheit hoch herfahren, welche alles Bestehende und seither Gewordene in Kirche und Gemeinschaft oft mit dem einen Wort abtun: Da ist alles tot!

Liebe Geschwister, nicht alles, was von Geist redet und geistlich tut, ist Geist. Das scheinbar Geistlichste ist oft dem Fleischlichen am nächsten. Vor allem nie einen Mann sprechen lassen, den man nicht durch und durch kennt, und zwar allgemein kennt. Das gibt nur Verwirrung. Und wiederum: miteinander in Verbindung treten, wenn irgendwo evangelisiert werden soll, und besonders mit dem Verwaltungsrat in Verbindung treten. Nicht meinen, wir können in unsere Gemeinschaft berufen, wen wir wollen, wir brauchen nach niemand zu fragen. Ein solcher Geist ist gewiß nicht von oben. Und wenn der Verwaltungsrat die Verantwortung für den Gang des Werkes vor der Öffentlichkeit tragen soll, dann muß er auch wissen, was im Werk geschieht. Für Glieder, die in allem auf ihren Kopf hin handeln, kann ein Verwaltungsrat die Verantwortung nicht übernehmen.

Als die gesegnetste Evangelisation haben wir die erkannt, wo Kirche und Gemeinschaft Hand in Hand gingen. Wohl wird ja die Evangelisation, wenn es irgend angeht, am besten an neutralen Orten gehalten, also weder in der Kirche noch im Versammlungssaal. Die mit der Evangelisation verbundenen Bibelstunden sollten aber, wenn irgend möglich, in der Kirche oder im Stundensaal gehalten werden. Alle erweckten und ermunterten Seelen sind auf die Gemeinschaft der Gläubigen hinzuweisen und in die bestehende Gemeinschaft einzuführen. So haben wir da und dort viel Freude und Segen erlebt.

Die Evangelisation darf nicht überschätzt werden. Sie will in erster

Linie erwecken, bekehren. Aber Bekehrung und noch viel mehr Erweckung sind erst Anfänge des Christenlebens. Die Propheten, Hirten und Lehrer, welche in stiller Arbeit Pflegedienste tun, tun mindestens ebenso Großes wie die Evangelisten. Also ein gewisser Vergötterungskult mit ihnen ist gar nicht am Platze.

Stellung zu neuen Bewegungen im Reich Gottes

„Wir müssen neuen Werken und Bewegungen mit heiligem Ernst zurufen: Achtet das Alte, Bewährte, in ruhigen, gemessenen Bahnen Gehende und mit einer reichen Segensgeschichte Ausgestattete und noch im Segen Wirkende doch ja nicht gering. Glaubt doch nicht, ihr wäret jetzt das Rechte, Lebendige, und das andere, weil's grad nimmer so springt und hüpft wie der aus dem Fels entspringende Quell, sei das Tote. Solche Versündigung am Alten erleben wir oft, und das ist unrecht. Gestattet doch dem Bewährten und Sturmerprobten ein ruhiges Prüfen und Abwarten. Verlangt doch nicht, daß wir mit allem mitspringen, sondern laßt uns etwas zusehen, wie etwa erfahrene Väter dem Treiben der Jugend mit Freude im Herzen, aber auch mit Zittern, was wohl Kernhaftes herauskommen werde. Dieses Recht hat das Alte, Bewährte, und läßt sich's nicht nehmen. Ja, wir glauben, daß die alten, bewährten Bewegungen, die aus dem echt reformatorischen Geist geboren sind, jetzt erst recht eine gewaltige Bedeutung haben.

Die neuen Bewegungen tragen durchweg methodistisches Gepräge; das heißt, es ist ein sehr starkes Treiben und Drängen, ein unruhevolles Machen und Schaffen drin. Wir begreifen das ganz gut, wie dieser stark methodistische, treibende Zug jetzt die Geister so faßt. Der Abgrund der Nöte, die Liebe und Lust zum Herrn und der Tatendrang, angesichts des kolossalen Verderbens etwas, ja viel zu tun, haben ihn geboren werden lassen. Wir kämpfen nicht gegen diesen Zug und schelten ihn nicht, denn wir wollen nichts aufhalten. Er hat jetzt offenbar seine Zeit und soll seine Früchte tragen.

Doch erlauben wir uns, der Meinung zu sein, daß diese Arbeit nicht durch und durch biblisch ist. Wir erlauben uns, jetzt erst recht die Art unserer Väter und das überkommene Gepräge beizubehalten. Wir predigen Gottes Wort energisch, entschieden, aber still und ruhig. Wir beten über dem gepredigten Wort, daß der Herr es segne. Wir warten dann ruhig ab, wie der eingelegte lebendige Gottessame unter Gottes und des Heiligen Geistes Leitung treibt und wächst. Wir gehen an die Seelen erst dann wieder heran, wenn Gott an ihnen gewirkt hat und Er sie uns zum Weiterschaffen zuführt. Wir freuen uns über alles, was zu des Herrn Ehre geschieht, und wir achten jeden, der hier aufrichtig arbeitet. Aber alles schickt sich nicht für jeden. Ein jeder hat zu dienen, wie es ihm der Herr gegeben hat. Wir sind nun einmal nicht methodistisch und nicht neumodisch im modernen Gemeinschaftssinn. Wir haben unsere Eigenart, und die müssen wir behalten und in ihr wirken, und zwar einheitlich, oder wir sind nicht mehr. Wir sind Diener im Reiche Gottes und bleiben es, so wie es der Herr uns gegeben und vertraut hat. Neumodisch und modern sind wir nur insofern, als wir frisch bleiben wollen im Glauben und in der Liebe, in der Hoffnung und in der Heiligung" (aus dem Jahresbericht 1907).

Unsere Stellung zur Allianz

Festgestellt in einer Verwaltungsratssitzung im Juni 1907:

Der Allianzgedanke erfüllt in unseren Tagen immer mehr die Herzen der Gläubigen. Der dritte Artikel unseres Glaubenbekenntnisses sagt: „Ich glaube an eine heilige, allgemeine, christliche Kirche." Das ist der rechte, wahre Allianzartikel unseres Glaubens. Die eine Kirche ist die Gemeinschaft aller durch lebendigen Glauben mit dem Haupt Jesus Christus gliedlich verbundenen, geretteten Seelen. Ihre Einheit besteht in ihrem Haupt Jesus Christus. An ihm hängen sie alle als Glieder eines Leibes. Diese Kirche und ihr wirklicher, wahrhaftiger Bestand auf Erden ist eine Glaubenssache, denn sie ist unsichtbar und bleibt unsichtbar, bis der Herr die eine Herde bei Seiner Wiederkunft unter sich, dem einigen Hirten sichtbar darstellt. Alle Versuche, die Einheit der Kinder Gottes, also die wahre Kirche Christi, sichtbar darzustellen, sind geistliche Verirrungen; denn wir können ja niemals alle Kinder Gottes und vor allen Dingen niemals lauter echte Kinder Gottes hienieden sichtbar vereinigen. Hier in diesem Äon geht alles gemischt, und oft gerade da, wo man den krampfhaften Versuch macht, nur Kinder Gottes zu sammeln, geht es am allermenschlichsten zu, nicht immer in gutem Sinne. Hier haben viele liebe Kinder Gottes, auch in unseren Gemeinschaften, durch und durch falsche Begriffe, ungeklärte Anschauungen, und die bereiten uns viel Not.

Wer auf dem Boden des Wortes Gottes mit dem gekreuzigten und auferstandenen Heiland Jesus Christus im Mittelpunkt zur Rettung unsterblicher Seelen arbeitet, dem werden wir nicht unfreundlich oder gar gehässig oder neidisch gegenüberstehen, sondern, wenn ihm Gott Gnade gibt, uns neidlos freuen. Der Welt gegenüber werden wir von solchen Reich-Gottes-Werken, soweit es in der Wahrheit möglich ist, nur Gutes reden. Das verstehen wir unter der Einigkeit des Geistes durch das Band des Friedens und sind entschlossen, dieses Einigkeitsband festzuhalten als wahre Allianzleute, welchen das Reich Gottes das Höchste ist.

Nur den einen Allianzschritt, zu dem heute viele auffordern, nämlich zu einem äußerlichen Zusammengehen der verschiedenen Kirchen, den machen wir nicht mit in unserem Verein. Wir betonen, daß es sich um ein Zusammengehen von verschiedenen Kirchen handelt, nicht um ein Zusammengehen von Gotteskindern. Das wird oft verwechselt. Methodisten, Baptisten, innerkirchliche Gemeinschaftsleute, das sind nicht die Kinder Gottes. Das sind Kinder Gottes drin, wie überall. Wir wollen sie achten und Frieden mit ihnen halten, aber im übrigen bleiben wir für uns. Getrennt marschieren, aber in einem Geiste schlagen!

Wenn wir aber so allein unsere Wege gehen, so dürfen wir sie doch nicht in dem Sinn allein gehen, daß wir uns gegen das Gute, das wir da und dort sehen, verschließen. Wir müssen uns umsehen in den verschiedenen Erscheinungen des Reiches Gottes, alles prüfen und das Gute behalten. Wir dürfen nicht vergessen, unsere innerkirchlichen Gemeinschaften sind zum Teil schon recht alt geworden. Wir haben laue und träge Gemeinschaften, wo es seit Jahr und Tag keinen rechten Ruck mehr gegeben hat, weder bei denen, die drinnen sind, noch an denen, die draußen sind. Lassen wir uns das doch zu einem ernsten Selbstgericht und zu neuem Erwachen dienen. Neue Allianz mit dem Haupt tut not in wahrhaftigem Glauben, in ehrlicher Hinkehr, in ernster Heiligung, in Gemeinschaftszucht, in ungefärbter brüderlicher und allgemeiner Liebe.

In ernster Zeit haben wir diese Richtlinien aufgestellt zur Klärung unserer wichtigen Arbeit. In solch ernster Zeit heißt es aber, nicht nur nach außen regeln, sondern vor allem nach innen regeln:

Dringe ein, dringe ein! Zion, dringe ein in Gott!

Brich herfür, brich herfür; Zion, brich herfür in Kraft!

Wach auf, du Geist der ersten Zeugen!

Der Baukollektensonntag

Schon beim Jahresfest 1905 hat Pfarrer Böhmerle gesagt: „Wir sollten an vielen Orten unbedingt Versammlungsstätten haben. Unser Verein als solcher hat bisher nicht gebaut. Aber ich glaube, wir müssen hier neue Wege beschreiten."

Am 4. November 1906 ist im „Reich-Gottes-Boten" zu lesen: „Wir haben landauf, landab viel Freudigkeit und Willigkeit gefunden, die Baunot zu lindern. Besonders hat der Gedanke Anklang gefunden, in allen unseren Gemeinschaften an einem bestimmten Sonntag im Jahr eine bestimmte Kollekte für Neubauten für Vereinshäuser zu erheben. Wir haben nun so gedacht, dazu sei kein Sonntag geschickter als das Ernte- und Dankfest am 18. November. Wir möchten herzlich bitten, in allen Gemeinschaften und Versammlungen diese Baukollekte zusammenzulegen und dabei daran zu denken, daß Bauen in unseren Tagen viel erfordert. Der Verwaltungsrat wird die eingegangene Summe am nötigsten Ort zur Verwendung bringen. Welche Freude, wenn dann durch solchen Dienst der Bruderliebe im Laufe des nächsten Jahres das erste Heim der Geschwisterliebe eingeweiht werden darf. Welch ein Gemeinschaftsband werden solche Denkmäler der helfenden Liebe sein."

So hat Pfarrer Böhmerle im Jahre 1906 das heute noch bestehende Bauopfer eingeführt. Wie vielen Gemeinschaften wurde dadurch für den Bau und zur Instandhaltung ihrer Häuser entscheidend geholfen.

Ein warmes Herz bei Nöten

Theodor Böhmerle hatte auch einen Blick für Notlagen, auf die er unterwegs stieß. Im Jahre 1906 schreibt er im „Reich-Gottes-Boten“: „Wenn man als Vertreter des Vereins für innere Mission hin und her im Lande reist, hört man viel von Nöten und Anliegen. Wie geht einem das manchmal durchs Herz. Da habe ich schon oft gedacht: Wenn nur der Inspektor auf seinen Reisen eine Nothilfskasse, natürlich immer gut gefüllt, mit sich führen könnte. Dann könnte er da und dort sagen: ‚So, da habt ihr eine Hilfe von den Brüdern und Schwestern der Gemeinschaften.‘ Wäre das nicht köstlich? So hörte ich jüngst, daß in einem Zweiglein der Inneren Mission unbedingt noch eine Kuh nötig wäre. Aber es ist nicht nur kein Geld, sondern es sind viele unbezahlte Rechnungen da. Man kann sie also nicht kaufen. Die Not wird größer; die Kuh wird im Glauben gekauft, ist aber bis heute noch nicht bezahlt. Da habe ich nun gedacht: wenn euch der obige Gedanke gefällt, könnten wir jetzt zunächst einmal miteinander die Kuh bezahlen. Schickt ihr mir mehr, als die Kuh kostet, so wollen wir an ein neues Freudemachen gehen.“ Vierzehn Tage später schreibt Theodor Böhmerle im „Reich-Gottes-Boten“ die kurze Mitteilung: „Das Geld für eine halbe Kuh ist eingegangen. Allen Gebern herzlichen Dank!“ Vier Wochen später kann er melden: „Die Kuh ist bezahlt!“

In eigenen Krankheitsnöten

Während seiner Reisezeit als Inspektor des Vereins wurde er krank und lag über ein halbes Jahr darnieder. Seine Füße waren wie gelähmt, und er konnte sich nur mühsam an zwei Stöcken fortbewegen. Der Arzt hatte wenig Hoffnung auf Heilung, da die Krankheit, wie er meinte, vom Rückenmark ausging. Er empfand dieses Untätigseinmüssen als einen schweren Druck und allmählich wie eine Schwermut, die auf ihm lastete. Da, in einer besonderen Dunkelheit, hat ihn ein Gruß, ein Sträußchen und Brief des treuen Bruders Bertsch aus dem Oberland wieder ganz aufgerichtet und seinen Glaubensmut gestärkt.
Auf Anraten des Arztes sollte er einige Zeit in das Sanatorium Glotterbad bei Freiburg. Schließlich willigte er um der Familie willen ein

und reiste dorthin. Der dortige Arzt gab ihm nach der Untersuchung einen Zettel mit allen Vorschriften mit. Darnach war der ganze Tag ausgefüllt mit Behandlung des Leibes, und das ging ihm schon sehr schwer ein. Gleich morgens sollte begonnen werden mit Massage. Dabei sah er sich einem Menschen in die Hände gegeben, gegen den sich sein Inneres sträubte. Es war ihm ungemein schwer, so an sich massieren und kneten zu lassen, und es schien ihm auch für ein Gotteskind nicht würdig.

In großer Not und Anfechtung bewegte er sich an seinen beiden Stöcken den Berg hinauf, innerlich fast in Verzweiflung den Herrn anrufend: „Herr, das kann nicht Dein Wille sein, daß ich so in Menschenhände komme. Ich will lieber lahm bleiben, aber in Deiner Hand. Wenn Du willst, kannst Du mich selbst gesund machen." Unter solchem Ringen merkte er gar nicht, wie weit er schon den Berg hinaufgestiegen war. Vor Anstrengung und Aufregung war ihm ein starker Schweiß ausgebrochen, und auf einmal merkte er, daß er ganz gut ohne den zweiten Stock gehen könne. Ja, es ging sogar ohne den einen Stock. Nun legte er den Weg unter Loben und Danken zurück und war auch zu einer inneren Ruhe gekommen. Im Hause angelangt, bat er um seine Rechnung und reiste ab unter dem Kopfschütteln des Arztes, dem so etwas noch nie vorgekommen war. Seitdem hat sich das Leiden in dem Maße nicht mehr gezeigt. Wohl fühlte er bei besonderen körperlichen Anstrengungen noch eine Schwäche im Rücken, aber seinen Dienst konnte er immer tun. Daher rührte auch, daß er meist sitzend gepredigt hat.

Gedichte und Meditationen

Bei Theodor Böhmerle entfalteten sich mehr und mehr die ihm geschenkten Gaben. Manchmal wurde im „Reich-Gottes-Boten“ ein von ihm verfaßtes Gedicht veröffentlicht.

Der stille Waldweg

Ein schmaler Waldweg zieht still entlang,
roterdig der Pfad, die Seiten grün;
in den Gräsern rechts und links am Hang
bescheidene Erdbeerpflänzchen blühn.

Gewaltige Buchen säumen den Rand,
ihre Zweige wölben ein Kuppeldach,
dazwischen schließt Buschwerk sich zur Wand
und schafft ein lauschig Waldgemach.

In der Mitte steht ein einsam Reh,
das schaut verwundert all die Pracht,
es lauscht dem Sängerchor in der Höh' —
und ahnt es wohl seines Gottes Macht?

Und wo er endet ins freie Feld,
ist's wie ein hohes Domportal,
davor liegt wie verklärt die Welt,
vergoldet von der Sonne Strahl.

Und wäre mein Leben ein Waldweg nur,
so waldesdüster, schmal und eng,
und ginge er auch auf stiller Spur
unbeachtet von der rauschenden Meng,

wenn rechts und links nur stets frisches Grün
des Wortes Gottes zur Seite steht,
dazwischen die himmlischen Blumen blühn,
die Liebe, die Freude und stilles Gebet,

wenn nur am Rande wurzelfest
der Gottestaten Bäume stehn,
und wenn der Geist rauscht durchs Geäst,
mir Gottesfrieden ins Herz zu wehn,

wenn nur am Ende ein hoch Portal
mich führet zur verklärten Welt,
dann war ich gern im Erdental
ein stiller Waldweg, ins Dunkel gestellt.

Die Gaben der Poesie Böhmerles fanden in seinem schon längst vergriffenen illustrierten Gedichtband „Aus Gottes Garten“ einen feinen Ausdruck. Darin finden sich Gedichte über die Primel, den Lorbeer, die Tanne, die Buche, die Eiche, Immergrün und andere Pflanzen.

Besonders wertvoll sind seine Gedichte über Stellen der Bibel:

„Er heißt Wunderbar“
(Auszug)

Wunderbar — in ew'gen Tiefen
war das Wort,
ehe Welten Gott anriefen,
war es dort:
Vater und Sohn — auf einem Thron
in ew'ger Lieb',
sich liebend durch des Geistes Trieb.

Wunderbar — im Vater regten
Welten sich.
Wunderbar — durchs Wort bewegten
Wasser sich.
Es entstand Feste und Land,
Gewächs und Tier,
und endlich ging der Mensch herfür.

Wunderbar — es fielen Welten
ab von Gott.
Sieg gewann in Gotteszelten
Sünd und Tod!
Und der Sohn stieg vom Thron,
ER setzt sich ein,
gefall'ner Welten Retter zu sein.

Wunderbar des Vaters Wille
nimmt es an,
wirket uns, der Zeiten Fülle
voller Plan!
Dann vom Licht — ins Gericht
des Fleisches — der Sünd' —
stieg tief hernieder Gottes Kind.

Weckruf

Wach auf, mein Volk! Schau an der Zeiten Zeichen!
Der Herr geht in Gerichten durch die Welt.
Heiliger Ordnung alte Bande weichen,
daß Staat und Kirche fast in Trümmer fällt.
Die Berge rauchen und die Gründe beben,
in Aufruhr stehen Mensch und Kreatur.
Das Gräßliche, es will sein Haupt erheben.
Wohl selten stand so ernst die Weltenuhr.

Wach auf, mein Volk! Wie furchtbar, wenn du trunken
vom Taumelkelch der Sündenseligkeit
und von der Trunkenheit in Schlaf versunken
verfielest Gottes Richterherrlichkeit!
Du würdest Berge wünschen, Hügel rufen,
daß sie dich deckten vor des Höchsten Grimm.
Hebt sich der Herr erst von des Thrones Stufen,
erbebt das All vor Seiner Donnerstimm!

Wach auf, mein Volk! Erkenne deine Sünde!
O kehre dich zu deines Herrn Gesetz!
Erkenne deines Abgrunds jähe Schlünde,
des alten Feindes eng gestricktes Netz!
Was hat mein Volk noch, wenn's dem einzig Treuen,
dem Gott des Segens, kalt den Abschied gibt?
O kehre um, o laß es dich gereuen!
Wen hast du denn, der so wie Er dich liebt?

Ob zuckend schon Gerichtesblitze dräuen
am wetterschwer verhängten Firmament,
noch streckt die Gnadenhand des ewig Treuen
sich dir entgegen, daß sie alles wend'.
Dein Bundesgott, Er will ja nicht verderben,
Er rettete die ganze Welt so gern;
doch eins ist not: mein Volk, o laß dich werben
und beug in Buße dich vor deinem Herrn.

(Buß- und Bettag 1907)

Schlaflose Nachtstunden

Guten Morgen! Zwar steht die Sonne schon ziemlich hoch, es ist 9 Uhr, und noch nicht gefrühstückt. Ferienfaulheit! Zwar war es eine schlaflose Nacht — doch geruht habe ich. Ich habe schlaflose Nächte gar nicht zu ungern, wenn ich nur morgens wieder Kraft habe. Der Zustand des Unterbewußten hat für mich immer etwas Beelendendes. Nur das Bewußte, Klare ist menschenwürdig — alles Unbewußte, Unterbewußte gehört in das Reich der Finsternis. Der Schlaf, so gesegnet und segensreich und notwendig er ist im Bereiche dieser Erdenzeit — in der Herrlichkeit wird nicht mehr geschlafen, so wenig wie gestorben. Der Schlaf gehört der Nacht an, das Wachen dem Licht. Das Schlafen hat für den bewußten Menschen etwas Demütigendes. Ich bin eben nicht mehr bei mir. Darum können auch in der Nacht Mächte und Kräfte an uns, die am Tage es nicht wagen würden, uns angreifen — Narrgeister und Foppgeister. Darum ist Wachen des Nachts noch lange nicht das schlimmste, sondern eher etwas Menschenwürdiges, wenn auch dem Leib Nachteiliges.

Freilich, wer dann nachtschlafenderweise erst recht ins Reich der Finsternis versinkt — durch innere Unruhe, Angst, Grimm oder dergleichen, der ist zu bedauern. Wer aber den Innenweg ins Reich der Lichter kennt, hat wachend des Nachts selige Ruhestunden. Ich rede natürlich von Zeiten, wo nicht besondere Schmerzen oder Sorgen die Nachtruhe rauben. Da gibt's Kämpfe. Wie wichtig ist es doch, daß wir vor dem Schlafengehen uns inniger ins Reich des Lichts begeben, daß solche Geister keine Macht über uns haben. Auch da erfährt man etwas davon: „errettet von der Obrigkeit der Finsternis und versetzt in das Reich Seines lieben Sohnes."

Natürlich sind wir gerade in diesem Stück sehr unserem Leibe unterworfen und lernen etwas von dem Sehnen des Apostels, erlöst zu sein von dem Leibe dieses Todes.

Neuenbürg

Ja, Neuenbürg! Immer neu hat dies Städtchen einen wunderbaren Reiz für mich. Es ist mir viel schöner als Wildbad. Das tiefe Tal mit seinen gewaltig es einschnürenden Bergwiesen. Darunter die brausende Enz mit der Kraft, die am Widerstand gestählt ist, in raschen Windungen dahineilend. Hüben und drüben die alte Stadt. Auf drittel Bergeshöhe der stille Friedhof, auf halber Höhe die massige Burg, und hoch oben auf dem Bergplateau das lauschige Waldrennach. Das Ganze übergossen vom Herbst-Sonnenschein und ringsum an den Berglehnen herbstliche Feuer brennender Kartoffeläcker mit langhingestreckten Rauchschweifen. Dies alles für mich durchwoben mit Erinnerungen aus der Knabenzeit. Ja, am schönsten Hang, alles überragend, das Krankenhaus. Über aller Erdenschöne steht das Leid und über aller Erdenpracht die Vergänglichkeit. Doch über Leid und Vergänglichkeit steht der verherrlichte Heiland.

Wenn schon die sterbende Natur so schön ist!

„Ein herrliche Welt, diese Gebirgswelt. Ihr gewaltiges Massiv, ihr wunderbares Ineinandergeschiebe, ihr Versperren und Öffnen, ihre herrlichen Bäume, legionenweise gehäuft, die tiefeingeschnittenen Täler, die saftigen Matten, die silbernen Bäche, die sich türmenden Felsen, der heraustretende Fluß — zwischen all dem der Mensch, so klein, so nichts, und doch alles meisternd und alles umfassend — dennoch der Größte, dennoch der Herr! Aber wodurch allein? Allein durch den Geist — das sollte der Mensch nie vergessen.

Der Allerhöchste hüllt sich immer in Schweigen. So liegt die erhobene Alpenwelt in den Regionen des Schweigens, je höher hinauf, um so stiller. Und auch der Mensch, wenn er den Bergriesen sich naht, wird still. So liegt der Ursprung der Flüsse und Bäche am Ort des Schweigens. So hat tiefste Freude und tiefstes Leid Schweigen. Nur der entartete Mensch und der oberflächliche genießt das Schöne brüllend und schwätzend — der edle Mensch ist still. Darum wohnt auch Gott in der ewigen Stille und redet nur durch den eingebornen Sohn."

Auf seiner letzten Reise nach Adelsheim fuhr er mit dem Auto durch das schöne Elsenztal an einem sonnigen Herbstmorgen. Da überwältigte ihn der Anblick der herrlichen Natur so, daß er halten ließ und ganz bewegt sagte: „Wenn schon die sterbende Natur so schön ist, wie wird erst die verherrlichte sein!"

Abschied von einem väterlichen Freund

Im Jahre 1907 wurde Oberkirchenrat D. Johannes Reinmuth heimgerufen. Er war Theodor Böhmerle am Ende seines Studiums in entscheidender Weise zum Segen geworden. Im „Reich-Gottes-Boten" erschien folgender Nachruf:

Ein schwerer Schlag hat unsere Heimatkirche getroffen. Oberkirchenrat D. Johannes Reinmuth ist am 22. Juni 1907, morgens halb 1 Uhr, an einem Herzschlag verschieden. Wer ihn persönlich kannte, wer die Bedeutung seiner Persönlichkeit für unsere Landeskirche kennt, vor allem aber, wer seine treue, hingebende Liebe erfahren durfte, und das sind nicht wenige im badischen Lande, steht tiefgebeugt an dem frischgeschlossenen Grabe. Allzufrüh nach menschlichem Ermessen ist der treue Mann geschieden. Er hat ein Alter von nur 61 Jahren und 10 Monaten erreicht. Und doch nach den schweren Leidenszeiten, besonders des vergangenen Jahres, war sein Tod eine Erlösung.

Sein äußerer Lebensgang ist schlicht und einfach. 1845 in Ladenburg geboren, machte er den gewöhnlichen Studiengang durch in Gymnasium und Universität, um Pfarrer zu werden. Nur der frühe Tod seines Vaters brachte eine einschneidende Gottesführung in diesen ersten Teil seines Lebens. Am 1. Advent 1867 wurde er durch Herrn Dekan Riehm in Pforzheim ordiniert und war dann Vikar in Ichenheim und Gernsbach. Von Ende August 1871 bis Ende November 1875 war er Pfarrer in Eberstadt bei Adelsheim und von 1875 bis zum Jahre 1904 Pfarrer in Knielingen. Im Jahre 1900 wurde er von der theologischen Fakultät der Universität Greifswald ehrenhalber zum Doktor der Theologie ernannt und am 2. Januar 1904 zum Oberkirchenrat. Nur kurze Zeit durfte er in diesem Amte zum Besten unserer Landeskirche tätig sein. Eine schwere Krankheit zwang ihn, auf 1. Mai dieses Jahres in Ruhestand zu treten, und diesem Eintritt in den irdischen Ruhestand folgte nun so überraschend schnell der Eingang zur ewigen Ruhe des Volkes Gottes. Dieses so schlicht verlaufene Leben, dessen Hauptteil, nämlich 30 der besten Lebensjahre, an einem Orte sich abspielte, ist nun, seinem Inhalt nach betrachtet, ein überaus reiches, gesegnetes und für unsere Kirche bedeutungsvolles gewesen.

Von Anfang an stand er fest und entschieden auf dem altreformatori-

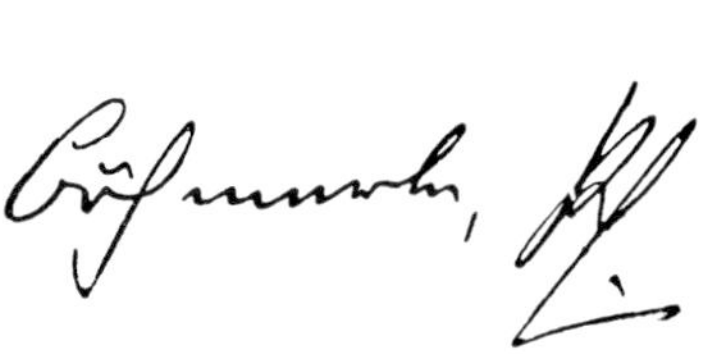

Ehepaar Böhmerle

Th. Böhmerle auf dem Weg vom neu erbauten Bibelheim zu seinem Wohnhaus

Rohbau des Bibelheims; Th. Böhmerle (1), Bauunternehmer B. Pfeiffer (2), Bauleiter Johannes Bender, Karlsruhe (4), Reiseprediger Friedrich Fink (5)

Wohnhaus Th. Böhmerles. Im Hintergrund das neu erbaute Bibelheim

Weinstock.

Du Sinnbild, dem kein andres gleich
Im Tempel der Natur,
Du Bild vom innern Himmelreich,
Dem Glauben kenntlich nur.

Seitdem ich weiß, was Rebe heißt
Am Weinstock Jesus Christ,
Freut sich mein neugeborner Geist,
Daß du sein Sinnbild bist.

Du Weinstock — unschön von Gestalt,
Zerfetzt und gar gering,
Und doch von höchstem Kraftgehalt —
Ein neu Lied ich dir sing'!

Das ist mein Heiland arm und schlicht,
Verachtet und verkannt —
Doch Gottes Sohn voll Kraft und Licht
In Wahrheit auch genannt.

Gedicht und Illustration — im Hintergrund das Bibelheim — aus „Gottesgedanken aus Gottes Garten“

Der Hausvater mit zwei Mitarbeiterinnen. In der Mitte Frl. Schmidt, rechts Frl. Anna Dürr

Der Hausvater mit seiner Hausgemeinde. Links, im Hintergrund, Reiseprediger Fink, in der Mitte Pfarrer Böhmerle, links von ihm Frl. Stieß, Frl. Schwarz, Frl. Dürr; zweiter von rechts Gärtner Weißer

Das Bibelheim „Bethanien" — heute

Der Vorstand, Th. Böhmerle, mit den Reisepredigern des Evang. Vereins f. innere Mission (1910)

Erste Reihe von oben: Breisacher, Stöckle, Maurer, Schmidt
Zweite Reihe: Heitz, Spengler, Scheurer, Kölle, Greiner, A. Streck
Dritte Reihe: Kies, V. Streck, Sexauer, Kunz
Vierte Reihe: Drach, Härdle, Metzger, Mülhaupt, Eisenkopf
Fünfte Reihe: Welk, Bender, Steck, Pfr. Böhmerle, Insp. Krämer, Schanbacher, Würstle, Rauber
Sitzend: J. Fritz, A. Weißer, J. Weißer, Fink, Schlörer, Walter, Jakob Fritz

schen, biblischen Glauben und Glaubensbekenntnis. Für das Recht, ja für das alleinige Recht des biblischen Heilsglaubens in der evangelischen Landeskirche, für den Glauben an den ewigen Sohn Gottes, für uns geboren, gestorben und erhöht, hat er Jahrzehnte hindurch in der ersten Reihe der Kämpfer mitgestritten, viel angefochten und bekämpft, besonders in den ersten Jahren. Als langjähriger Vorsitzender der evangelischen Konferenz, dieses Sammelbeckens der Positiven, besonders der positiven Geistlichen, und als ebenso langjähriger Redakteur des Organs der Konferenz, des „Korrespondenzblattes", hat er unentwegt den alten Glauben hochgehalten und mitgesorgt, daß er in der Kirche kräftig zur Geltung komme.

Wie manchen harten Strauß galt es da durchzufechten, wie manche Anfechtung zu ertragen. Aber auch im härtesten Kampfe war er nie gehässig und lieblos gegen den Gegner. Eine in Christus geheiligte und darum in den Worten und Taten gemessene, wenn auch klare und entschiedene Art zeichnete ihn aus. Sein reiches theologisches Wissen, sein scharfer, die Verhältnisse und die Personen schnell erfassender und klar durchschauender Verstand befähigte ihn besonders, ein solcher Vorkämpfer zu sein. Aber Kämpfen und Streiten, sei es auch um die heiligen Güter, war nicht seine Freude, es war ihm, was es immer ist und bleibt, eine bittere Notwendigkeit.

Wie er trotz aller, fast überreichen Inanspruchnahme sich Zeit erübrigte, seine zahlreichen Rosenbäume um den Kirchplatz herum liebevoll zu pflanzen und zu pflegen, so war ihm Pflanzen und Bauen im Reiche Gottes doch das Liebste. Und bei allem Wirken ins Große hat er dabei das Nächstliegende und Kleine nie gering geachtet. Seine Gabe war in ganz hervorragender Weise Lehrgabe. Darum lag ihm auch die Erziehung stets so am Herzen. Nicht nur werktags in der Schule und im Konfirmandenunterricht hat er in schlicht zu Herzen gehender Weise die Heilswahrheiten in der Kinder Herzen gelegt; nein, auch sonntags hat er trotz der großen Gemeinde mit ihren vielen Aufgaben zwischen Hauptgottesdienst und Christenlehre seinen großen Kindergottesdienst allein gehalten, so daß ihm kaum Zeit zum Essen blieb. Auch den Erwachsenen teilte er das Wort reichlich. Als die sozialen Nöte unseres Volkes auch Knielingens guten Geist anzufressen begannen, da hat er, weil er sah, daß er damit Menschen dienen konnte, zu seinen schon bestehenden drei Sonntagsgottesdiensten noch einen vierten, einen Abendgottesdienst eingeführt und hat so lange Zeit jeden Sonntag vier Gottesdienste gehalten.

In der Seelsorge, in Krankenbesuchen und im Nachgehen, wenn's wo fehlte, war er peinlich treu, aber auch wunderbar weise. Ich selbst war einst Zeuge, wie er einen großen, hochgewachsenen Jüngling, einen aus dem vierten Jahrgang, der ihm vielerlei Sorge machte, anredete mit den Worten: „Karl, ich habe immer gehofft, du gehörtest zu den Lieben!", und dann schaute er ihn tief an. Ein tiefes, inneres Getroffensein malte sich auf des Jünglings Zügen.

Wieviel treue Liebe diese seelsorgerliche Bauarbeit auslöste in den Herzen seiner Knielinger Gemeindeglieder, das hat sich so recht bei seiner Beerdigung gezeigt — er wollte nämlich inmitten seiner Gemeinde ruhen und liegt in Knielingen begraben. Was nur kommen konnte, war im Trauerzuge, und manchen Mann, von den Frauen gar nicht zu reden, sahen wir weinen. Er war ihrer vielen ein rechter Vater gewesen.

Doch nicht nur den Knielingern war er viel. Wenn Woche für Woche in Tausenden von Exemplaren das „Kirchen- und Volksblatt" ins Land zog, dann war es der Pfarrer von Knielingen, der hier zu weiten Volkskreisen sprach. Der Segen eines solchen im Geiste des Glaubens geleiteten Blattes läßt sich gar nicht ausmessen.

Aber wir haben noch eine Pflanz- und Bautätigkeit zu erwähnen, welche für unsere gesamte Landeskirche von unschätzbarem Wert war und die ihre Früchte jetzt erst recht trägt und noch tragen wird. Es ist die Tätigkeit, um deretwillen hauptsächlich auch die theologische Fakultät ihn zum Ehrendoktor ernannte. (Darüber berichtet Theodor Böhmerle ausführlich auf Seite 24 und 25.)

Es wird mancher jüngere badische Geistliche einen Kranz des Dankes und der Liebe mit mir im Geiste auf sein Grab legen. Er hat vielen, gerade Theologen, den Glauben gestärkt. Das bedeutet viel für eine Landeskirche. Daß er auch ein Freund und tätiger Helfer der Inneren und Äußeren Mission war, ist bei seinem Glaubensstandpunkt selbstverständlich. Besonders das Knielingen benachbarte Hardthaus hat an ihm seinen Vorstand und treuen Berater verloren.

Nicht selbstverständlich ist es, aber für uns eine große Freude, daß er auch ein Freund der Gemeinschaftsleute war. Unvergeßlich ist mir's, wie er, schon Oberkirchenrat, in Knielingen in die Monatsstunde kam und sich mitten hinein unter die Brüder setzte. Nachdem er den Reden der Brüder zugehört hatte, stellte er am Schluß der Versammlung noch den Glauben einiger alter Brüder, die er persönlich gekannt hatte, als Beispiel hin. Das ist ein seltenes Bild, ein Oberkirchenrat in der Stunde unter den Geschwistern, für uns aber ein um so lieblicheres, das wir festhalten wollen im Gedenken an ihn.

Sein ganzes Herz, wie es zu seinem Gott stand, offenbarte sich noch einmal köstlich bei seiner Beerdigung. Er selbst hatte sich jede Leichenrede verbeten, aber vier Bibelstellen ausgesucht, von denen er wünschte, daß sie im Trauergottesdienst vorgelesen werden sollten. Es sind die vier Stellen: Psalm 51, 3, ein Bußbekenntnis; Matth. 11, 28, ein Glaubensbekenntnis; 2. Kor. 5, 17—21, ein Amtsbekenntnis priesterlich suchender Liebe; 1. Petri 1, 3—9, ein Hoffnungsbekenntnis. Es war ergreifend, in diesen vier Stellen gewissermaßen seine christliche Persönlichkeit abgespiegelt zu sehen. Als Lied schrieb er noch vor: „Wo findet die Seele die Heimat, die Ruh?" und wir haben's in der Kirche an seinem Sarge auch gesungen. Auf Wiedersehen denn droben, ja in der Heimat droben im Licht!

Das Bibelheim „Bethanien"

Die Entstehung

Nachdem der Gedanke an ein Bibelheim gewiß schon längere Zeit im Herzen des Inspektors gelebt hatte und mit den verantwortlichen Brüdern besprochen worden war, wurde er am 5. Mai 1907 im „Reich-Gottes-Boten" öffentlich ausgesprochen unter der Überschrift:

Ein ernstes Wort in eigener Sache.

„Unser Vereinswerk arbeitet nun bald sechzig Jahre. Mächtig ist es erstarkt in dieser Zeit. In unseren Tagen aber scheint es der Herr zu immer neuen und größeren Taten gebrauchen zu wollen. Das Wort eines treuen Freundes unseres Werkes in der Anfangszeit bewahrheitet sich jetzt ganz offenbar. Ein frommer Pfarrer war's, der in den fünfziger Jahren des vorigen Jahrhunderts sagte: ‚Der Verein für innere Mission A. B. hat seine größte Aufgabe erst in der Zukunft, wenn die inneren und äußeren Nöte der Landeskirche größer werden.' Diese Zukunft ist jetzt Gegenwart.

An zwei Anzeichen erkennen wir, daß uns der Herr brauchen will. Einmal an der da und dort einsetzenden Erweckung, durch die entweder neue Gemeinschaften entstehen oder längst bestehende von Grund auf erneuert werden. Wir erleben da in allen Teilen des Landes Wunderbares.

Sodann aber legt uns der Herr immer wieder neue und größere Aufgaben hin, wie wenn Er unserem Glauben zurufen wollte: ‚Stehe frisch an und faß an!' Wir haben in den letzten Jahren auch nach den verschiedensten Seiten hin im Glauben zugefaßt. Die Jünglingssache und die Jungfrauensache wurde energisch betrieben und ein Jünglingssekretär und eine Jungfrauenpflegerin angestellt. Gesegnetes Wachstum war die Gottesantwort. Wir haben Bibelkurse eingeführt und mannigfache Förderung war die Frucht. Wir haben das Blatt umgestaltet, und eine ziemlich starke Vermehrung der Leser war die Folge. Wir haben verschiedene Gemeinschaftshäuser gebaut, und eine merkliche Zunahme der Versammlungen war überall zu bemerken, wo ein solches Haus erstand, Karlsruhe allen voran, wo sich der Bibelstundenbesuch fast verdreifacht hat, seit das Haus in der Amalienstraße steht. Der Evangelisation wurde Heimatrecht in den Versammlungen gewährt, und da und dort trug sie greifbare und bleibende Früchte.

Aber immer neue Aufgaben klopfen an die Vereinstür. Besonders zwei Dinge sind es, die schon lange unsere Herzen bewegen und Inhalt unserer Gebete sind. Unser Gewissen treibt uns, sie heute allen Freunden vorzulegen, ohne die wir sie ja nicht durchführen können.

Da wird zunächst das Bedürfnis nach einem Erholungsheim, verbunden mit einer Bibelschule, immer unabweisbarer. Die Zahl der Geschwister in unseren Reihen, die einige Wochen im Jahr ausspannen wollen zu leiblicher, geistlicher oder geistiger Erholung, wird immer größer. Wie oft werden wir gefragt: ‚Wo raten Sie uns hinzugehen?', und immer wieder müssen wir sagen: ‚Wir in Baden haben nichts'. Es ist das um so mehr eine Schande, als doch gerade unser Land für Tausende, die weit herreisen, das Land ist, wo sie sich erholen. Viel kleinere Werke als das unsrige haben ihre Erholungsheime auf entschieden christlicher Grundlage und stiften reichen Segen dadurch.

Wie viele Seelen hören jahraus, jahrein kein klares, helles Gotteswort, und wie froh wären diese, sie könnten in der Heimat, ohne zu weit reisen zu müssen, und in recht einfacher, schlichter Umgebung sich einmal so recht satt trinken am Quell des Lebens. Wie viele arme Geschwister haben wir auch, welche die Kosten des Aufenthalts in einem Heim nicht erschwingen können, denen aber, ich denke besonders an viele arme Mütter, ein solches geistiges und leibliches Ausruhen ganz neues Leben einhauchen würde. Eine Anzahl Freistellen im Erholungsheim für diese Bedürftigen, was wäre das für eine Wohltat!

Mit dem Heim aber müßte eine Bibelschule mit mehrmonatlichen Kursen im Winter eingerichtet werden. Die Bibelkenntnis nimmt immer mehr ab, auch in gläubigen Kreisen. Die Ursachen können wir jetzt hier nicht erörtern, sie sind mannigfach. Gewiß würden viele die Gelegenheit mit Freuden benützen, die Landleute im Winter, wenn die Feldarbeit ruht, die Städter vielleicht mehr im Sommer, in den Ferien, einen längeren Unterrichtskurs in der Heiligen Schrift mitmachen zu können. Auch Geschichte des Reiches Gottes und Gesang könnte gelehrt werden.

Wir brauchen auch immer mehr geschulte Stundenhälter, Leiter von Jünglingsvereinen, Leiterinnen der Jungfrauenvereine und der Sonntagsschulen. Wie gut täte diesen allen so ein Winterkurs in der Schrift. Einige der tüchtigsten aber könnten wir dann immer für den Reisedienst verwenden und hätten so einen Stamm eigener Leute, was schon lange nötig wäre. Für unsere Brudervereine in Hessen und in der Pfalz wäre das Haus von gleicher Bedeutung wie für uns selbst.

Wir dachten aber auch an Kinder. Die Zahl der Kinder, die keinen Konfirmandenunterricht in bibelgläubigem Sinn erhalten, ist groß; viele Eltern leiden darunter. Eine Konfirmandenschule, deren Einrichtung man noch näher erwägen müßte, wäre gewiß sehr nötig.

Auch an die heranwachsende Lehrerwelt, welche in biblischen Dingen oft auch nicht sehr gefestigt ist, haben wir gedacht: also Bibelkurse für angehende Lehrer. Kurz, ein solches Heim mit Bibelschule könnte nach so vielen Seiten hin segensreich wirken, daß nur eins zu bedauern ist, daß es nicht schon jahrelang steht. Ein solches Unternehmen ist aber ohne ein Kapital von mindestens 100 000 Mark nicht durchzuführen.

Nun kommt aber zu dieser einen Not noch eine zweite. Wir sollten an mehreren Orten, soll unser Vereinswerk nicht Schaden nehmen, unbedingt bauen. Wir denken dabei nur an Orte, die Mittelpunkt für größere Bezirke sind oder wo wirklich eine sich entfaltende Arbeit ist. Das aber erfordert wiederum eine Summe von 60 000 bis 80 000 Mark, so daß wir für diese allernotwendigsten Aufgaben rund 200 000 Mark zur Verfügung haben sollten, also für Aufgaben, deren Fallenlassen geradezu eine Unterlassungssünde wäre.

Muß das Volk des Herrn sich da nicht aufmachen und einmal Opfer bringen? Wir hoffen zum Herrn, daß wir bald in unserem Blatt berichten dürfen vom Anfang der Ausführung des Werkes. Lesen wir doch beim Propheten Haggai das erste Kapitel. Möge sich erfüllen, daß man's mit Augen sehe und mit Händen greife: ‚Mein ist beides, Silber und Gold, spricht der Herr Zebaoth' (Haggai 2, 9)."

Ob Theodor Böhmerle wohl geahnt hat, daß es bei diesem Haus nicht nur um all die oben genannten Menschen ging, sondern besonders um ihn und sein weiteres inneres Werden? Gott wollte ihn in die Stille führen aus aller Vielgeschäftigkeit heraus, von der er einmal berichtet: „Das Arbeitsgebiet des Inspektors ist ein reichliches Allerlei von äußerlich geschäftlicher, literarischer, evangelistischer, seelsorgerlicher und allerlei festrednerischer Tätigkeit, aus dem erst die klare Arbeitsaufgabe des Inspektors sich noch herausbilden soll." Gott hat ihm mit dem Bibelheim und der Vorstandschaft des Vereins, die ihm am 6. Mai 1908 übertragen wurde, seine Lebensaufgabe gegeben.

Der Bau des Bibelheims in Langensteinbach

Im „Engelskalender" 1910 gibt Theodor Böhmerle, der nun mit seiner Familie im neuerbauten eigenen Haus in Langensteinbach wohnte, noch einmal Einblick in die Erwägungen, die die Notwendigkeit eines Bibelheims immer dringlicher machten. Dann berichtet er von der Führung nach Langensteinbach und von der Zeit des Bauens:

„Es war schon lange in vielen Kreisen als ein fühlbarer Mangel empfunden worden, daß wir in Süddeutschland, besonders wir im schönen Baden, kein Heim hatten, wo leiblich und seelisch Müde sich hätten ausruhen und nach Geist, Seele und Leib erholen können. Ein Heim, einfach und schlicht, und doch schön und heimelig, für die schlichten Leute so gut wie für die Vornehmeren, getragen vom Geist des Gebets und der Fürbitte; durchwaltet vom lebendigen Wort Gottes; gelegen in waldiger, lieblicher Gegend, und doch wieder leicht erreichbar für jedermann: ein Erholungshaus und Bibelhaus zugleich, wo alle, die darnach verlangen, in gegenseitiger Aussprache sich festigen könnten in biblischer Erkenntnis und im göttlichen Leben. Ein Sammelpunkt sollte es sein für die Gläubigen, ein Stützpunkt für Schwankende, ein Ruhepunkt für Zagende, ein Liebeshort für jedermann. Oft und viel schon war davon gesprochen worden, auch gebetet wurde viel darüber, aber die großen Kosten eines solchen Unternehmens und die Verantwortlichkeit desselben ließen es immer wieder zu keinem Entschluß kommen. Wir müssen warten, bis Gott ruft, so hieß es.

Nun war der Inspektor des Vereins früher fünf Jahre lang Pfarrer im schön gelegenen, waldreichen Langensteinbach, und schon manchmal schweiften tief im Innern die Gedanken hinauf zu den Bergen mit der reinen Luft. Aber geredet ward mit keinem Menschen darüber. Da kommt eines Tages zur vollständigen Überraschung von uns allen ein amtlicher Brief von Langensteinbach des Inhalts: Die Gemeindevorsteher hätten gehört, wir wollten so ein Heim bauen. Wenn wir etwa

Langensteinbach ins Auge fassen möchten, so wollte die Gemeinde uns da und da einen Platz schenken. Wir standen wie vom Blitz gerührt und fragten: Wie ist das zugegangen? Es hat doch keiner irgend etwas verlauten lassen.

Hintennach stellte es sich heraus. In Langensteinbach hatten sich manche der alten Zeiten wieder erinnert, wo oben am schönen Barbarawald mit seinen alten Ruinen ein weitberühmtes Bad stand, wo Tausende nach dem alten Heiligtum wallfahrteten und Hunderte ihre Heilung in der Badequelle suchten, wo später Fürsten, Herzöge und Grafen sich ihr Stelldichein gaben. Das alles war verschwunden, und Wald und Wiesen deckten die alten Stätten. Könnte denn nicht wieder hier oben so etwas entstehen? fragten etliche. Da war's, wie weiland zu Naemans Zeiten, ein Mägdlein, das zu diesen Männern redete und sagte: ‚Wißt ihr denn nicht, daß unser früherer Pfarrer einen solchen Plan im Kopf hat? Wie wär's, wenn der heraufbaute?' Das schlug ein. Der Brief kam und fragte an: ‚Willst du so etwas bauen? Ist das wahr?' Zum anderen: ‚Würdest du zu uns bauen, wenn wir dir den Platz schenken?' Das waren böse Fragen. ‚Willst du bauen?' ‚Ei ja, wenn der Herr die Mittel schenkt.' ‚Willst du zu uns bauen?' ‚Ei ja, aber nicht auf den Platz, den ihr uns geben wollt.'

So lautete im Herzen das ernste Frage- und Antwortspiel. Eines stand fest: Der Brief war nicht von ungefähr; der war unter göttlicher Leitung geschrieben. Das glaubten alle, die ihn lasen und die von ihm hörten. Aber wieviel Haken hatte die Sache! Und nun legten wir, wie weiland Gideon, Felle aus. Wir beschlossen zuerst, nach Langensteinbach zu gehen und zu sagen: ‚Wir wollen schon bauen, aber ihr müßt uns einen andern Platz schenken, nämlich den und den.' Wir sagten zum Herrn: ‚Ist für die Schenkung des neuen, herrlichen Platzes Willigkeit in Langensteinbach, dann wollen wir Deinen Willen darin sehen und weitergehen!' Und siehe, da war lauter Willigkeit. Der neue Platz ward von den Vertretern der Bürgerschaft einstimmig bewilligt und noch die Anlage einer Straße und die Zuführung des Wassers ebenfalls umsonst dazu.

Jetzt legten wir das zweite Fell aus. Wir teilten die Tatsache allen unseren Freunden mit und fragten sie: ‚Was schießt ihr an freiwilligen Leistungen in Gaben und Darlehen zusammen für dieses Werk?' In

6 Wochen wurde Antwort verlangt. Wir sagten: ‚Kommt bis dahin die Hälfte der Baukosten zusammen, so soll's in Gottes Namen sein.' 60 000 Mark flossen zusammen in der kurzen Zeit. Wir standen staunend vor solcher Liebe. Aber die Hälfte war's nicht. Wir wußten, das Werk erfordert viel.

Da legten wir ein drittes Fell aus. Um dem zukünftigen Haus genügend Aussicht, Luft und Licht zu wahren, mußte noch ziemlich Gelände um den geschenkten Platz herum erworben werden. Wir sagten nun unserem Gott: ‚Sind die Besitzer der in Betracht kommenden Grundstücke willig, sie uns gegen einen mäßigen Preis abzugeben, so soll das ein letztes Zeichen Deines Willens sein.' Und siehe, sie waren alle willig.

Nun erfolgte der Beschluß zum Bauen im Glauben an die Hilfe des Herrn. Und wir dürfen heute, wo der Bau fertig dasteht und schon die ersten Gäste in ihm wohnen, zur Ehre des Herrn tief gebeugt bekennen: Der Herr war wunderbar mit uns. Gegen 110 000 Mark flossen in dem einen Jahr von unseren Freunden zusammen, und wenn wir auch noch lange nicht ohne Sorgen und noch recht auf die weitere Hilfe unserer Freunde angewiesen sind, so ist doch die erfahrene Hilfe ein solches Glaubensunterpfand, daß wir getrost hoffend weiterschreiten. Haben wir doch außer der Hilfe in Baumitteln noch sonst von Behörden und Ämtern, von allen Mitwirkenden und Leitenden am Bau, weiter in der ganzen Art der Ausführung des Baues und in der Erwerbung des Kreises der nun im Hause Vorstehenden und Dienenden solche Gnade Gottes erfahren, daß wir nur tief beschämt Dank darbringen können. Die vielerlei Liebesbeweise aber zur Ausschmükkung und Einrichtung des Hauses können wir nicht alle aufzählen. Alles in allem — es ist der Herr, der mit uns war; es ist der Herr, der Sein altes, reichgesegnetes Gefäß, den Verein für innere Mission Augsburgischen Bekenntnisses, zu einem neuen Werk Seiner Hand für diese neue Zeit gebraucht hat.

Wie sieht es denn aus im Heim? Das Heim bildet ein großes Viereck, das nach dem Walde offen ist und in dessen Mitte schöne Anlagen mit Bänken sind. Durch diese Bauweise ist ein großer, ganz windstiller Platz geschaffen. Nach Osten im Viereck ist eine 40 Meter lange und 5 Meter breite Wandelhalle mit köstlichen Geländebildern durch jedes

Fenster. An der Nordseite schließt sich der geräumige Bet- und Versammlungssaal an und an diesen, die eine Seite nach Osten, die andere nach Westen, das dreistöckige Hauptgebäude mit Speisesaal. Nach dem Walde zu sind drei Veranden, je 12 m lang und 4 m breit, zwei mit Glas abgeschlossen. Im Sommer um 1/2 9 Uhr morgens und 8 Uhr abends ist Andacht. Wir haben 40 Zimmer mit einem Bett und 20 Zimmer mit zwei Betten."

Die Einweihung

Im „Engelskalender" des Jahrgangs 1911 gab Pfarrer Böhmerle die nachstehende lebendige Schilderung über das Einweihungsfest des Heimes und die in den folgenden Monaten stattgefundenen Bibelkurse mit dem Weihnachts- und Osterfest und der erstmaligen Feier des heiligen Abendmahls im Bibelheim:

„Als der Volksbote im vergangenen Jahre kaum sein engelgeschmücktes Gewand angezogen hatte und hinausgewandert war, feierten wir das Einweihungsfest des Heimes. Wenn die Welt Feste feiert und vielleicht das oder jenes ihrer Feste besonders loben will, dann kann man hie und da sagen hören, es sei ein „feucht-fröhliches" Fest gewesen. Nun, unser Fest war auch ein feucht-fröhliches Fest, allerdings in einem anderen Sinne, als die Welt es meint. Feucht, ja naß war es, weil es den lieben langen Tag tüchtig regnete. Fröhlich aber war es trotz alledem, weil kaum jemand sich abhalten ließ, deswegen nicht zu kommen, und weil trotzdem Tausende von Freunden Wald und Hof und Haus füllten. Und freudig war es, weil die Gemeinschaft im Herrn und die Freude an einem gelungenen, gemeinsamen Werke des Herrn zum fröhlichen Durchbruch kam, trotz des mürrischen Gesichts des Himmels. Geradezu fröhlich wurden wir aber, als ein treuer Bruder meinte, wir müßten für diesen Regen Gott herzlich danken, er sei eine Gebetserhörung. Jetzt erst entwickelte sich alles in Feld und Flur auf das schönste.

So zog denn auch die ganze große Festgemeinde, äußerlich naß und schmutzig, aber innerlich fröhlich und dankbar heim, und auch wir zurückgebliebenen Heimler hatten ein dankbares, frohes Gemüt über all der reichen Liebe, welche wir den Tag über hatten erfahren dürfen, und waren gar nicht verstimmt, wenn auch die Festgemeinde als sichtbares Zeichen ihrer Anwesenheit einen fast zentimeterdicken Schmutzüberzug in allen Gängen und Räumen des Hauses zurückließ. Singend machten wir uns am Tag nach dem Fest ans Putzen, und bald glänzte das Haus wieder so frisch als je. Was aber noch schöner war, bald füllte es sich auch von oben bis unten mit Gästen."

Die ersten Bibelkurse

„Über zwei Monate lang hatten wir gleich im ersten Jahr, was ja viel heißen will, das Haus von unten bis oben besetzt, und leer ist es überhaupt bis heute nicht mehr geworden, auch den ganzen Winter hindurch nicht. Ja, im Winter hat es sich erst recht gefüllt mit betenden, fröhlichen Scharen bei unseren Bibelkursen. Wir haben derselben vier gehalten von Anfang Dezember bis Anfang Februar und haben über 200 Kursteilnehmer und noch viel mehr Besucher an einigen Tagen und Abenden gehabt.

Nachdem der allererste, auf Mitte November 1909 geplante Bibelkurs in unserem Heim infolge der Gunst der Witterung nicht hatte stattfinden können — es war nämlich noch einmal so schön geworden, daß alle nötigen Arbeiten in Feld und Flur vollendet werden konnten — ließ sich der zweite Kurs vom 2.—12. Dezember 1909 um so freundlicher an. Die Notwendigkeit wie die Fruchtbarkeit solcher Kurse hat sich in diesen Tagen klar herausgestellt. Von Anfang an waren es über zehn Brüder, deren Zahl sich auf 20—30 und des Abends auf 30—40 erhöht hat. Es waren meist Ältere und Männer in den besten Jahren, die schon allerlei Lebenserfahrung und Erfahrung in Christo hinter sich hatten, welche sich zum gemeinsamen Studium des Propheten Daniel zusammenfanden. Das herrliche Prophetenwort gab uns manches Licht in die Wirrsal auch unserer Zeiten, in die Auswirkung der Weltmächte und Weltkräfte unserer Tage und in die Stellung der Kinder Gottes innerhalb der sündigen Machtentfaltung der Weltkräfte und Weltmächte. Aus Geschichte und Erfahrung beleuchtet, gab es reiche gegenseitige Anregung. Von morgens bis an den Abend war es ein emsiges Schürfen im Edelbergwerk der göttlichen Gold- und Silberminen, und dieses gemeinsame Forschen und dieses gegenseitige Sichaustauschen gründete nicht nur den Glauben und machte fest in der Stellung zum Reich Gottes und seinem König, sondern schloß auch die Gemeinschaft untereinander eng und innig.

Solch zehntägiges Beisammensein in gemeinsamer Arbeit im Allerheiligsten und am Allerheiligsten muß für unsere Gemeinschaftsbewegung von unberechenbarem Segen sein, denn dieses Band hält, auch wenn die einzelnen wieder im Oberland, im Hinterland, oder wo sie auch her seien, auf ihrem Posten stehen. Und gerade dieses stille Forschen ausschließlich im Wort hat seinen eigentümlichen Segen, denn wir glauben, nichts fehlt unsern gläubigen Kreisen mehr als eben eine gediegene Kenntnis des Wortes, und nichts fördert diese mehr als das Lesen desselben im Zusammenhang.

Wir sind fest überzeugt, wenn die lieben Brüder, die jetzt bei uns hier oben waren, hinauskommen, werden wir ebenso viele werbende Fürsprecher für die Sache unserer Bibelkurse draußen haben, und unsere Kurse werden sich von Jahr zu Jahr mehr füllen. Wir wollen betonen, daß niemand sich wegen der Kosten zurückhalten lassen wolle. Wir bieten Wohnung und Kost für jeden frei an und überlassen es jedem, das zu tun, was ihm möglich ist, und wenn dem einen oder andern schon das Fahrgeld genug Auslagen verursacht, so sind wir auch mit nichts zufrieden, und eine solche Seele soll uns genauso lieb und so herzlich willkommen sein wie jede andere.

Es sind uns viele Zeugnisse geworden, daß gar manche Seelen gestärkt und getröstet aus diesen Kursen hinausgingen in des Lebens Kampf und Arbeit, aber auch manche neu geklärt und von falscher Vorstellung durch das Wort und den in ihm wirkenden Heiligen Geist befreit wurden. Es war ergreifend, wie alte, bewährte Brüder beim Scheiden Tränen vergossen. So sehr war ihnen das Heim zum Heim geworden. Und als einer beim Abschied meinte: ‚Nun wissen wir, wo wir daheim sind', war das für uns, die wir manche Mühe und Last diese schweren Zeiten über zu tragen hatten, Lohn, der reichlich lohnt. Doch hoffen wir noch Größeres zu sehen als Frucht dieser Tage in der Ewigkeit.

Ein herrliches Fest war das Weihnachtsfest, zu dem wir eine stattliche Reihe von Gästen begrüßen durften. Lichterglanz und Tannengrün, Wort Gottes und selige Weihnachtsbotschaft, sie alle zusammen verbreiteten Licht, Liebe und Leben. Und ebenso herrlich war dann nach den Bibelkursen die bald herannahende Karwoche und das Osterfest. Wieder hatte sich eine stattliche Schar von Gästen eingefunden. An den stillen Abenden vertieften wir uns in das Kreuz des Herrn Jesus Christus und ließen seine Strahlen von allen Seiten auf uns wirken: als unsere Versöhnung und unsere Erlösung, als unsere Heiligung, als den Quell aller Liebe und aller Barmherzigkeit stellten wir dasselbe uns vor Herz und Gewissen.

Die Krone des Osterfestes war aber das gemeinsame heilige Abendmahl. Durch die Freundlichkeit des Oberkirchenrats war uns inzwischen das Recht verliehen worden, im Heim das heilige Abendmahl zu feiern. Alle unsere Gäste machten dankbar und freudig davon Gebrauch, und es war eine herzerhebende Feier, als wir des Abends beim Lichterglanz am heiligen Mahl uns vereinten.

An das Osterfest schloß sich der Osterbibelkurs über den Kolosserbrief an, und wiederum endeten die Tage der inneren Vertiefung am Sonntag Quasimodogeniti mit dem heiligen Abendmahl. An den Festtagen und Sonntagen wollte der Saal, obwohl er fast 400 bis 500 Menschen faßt, beinahe nicht reichen. Erhebend war die innere Zusammengeschlossenheit der Gäste und Kursteilnehmer. Dieses lebendige, nimmer ermüdende Interesse, welches selbst Männer und Frauen, welche das biblische Höchstalter bald erreicht haben, stark machte, täglich 6—7 Stunden in anstrengender Wortforschung zu verweilen, war geradezu erquickend.

Das sind so die Marksteine unseres Lebens im vergangenen Jahre gewesen. Aber auch das Regelmäßige war schön und reich gesegnet. Bei unseren Sonntags-Bibelstunden, die wir immer nachmittags 3 Uhr hatten, war sehr häufig der große Saal von vornean bis hinten gefüllt. Dann brachten uns Sonntage und Werktage die allerverschiedensten Besuche, Volksschulen mit ihren Lehrern, Sonntagsschulen mit ihren Leitern, Jungfrauenvereine, Jünglingsvereine, christliche Gesangchöre wechselten miteinander ab, unsere stille Höhe zu beleben und selbst aus dieser Stille neuen Frieden und neue Kraft mit hineinzunehmen in das Geräusch des Alltags. Haben wir so an Sonntagen und Werktagen viele, viele Menschen bei uns gehabt, so haben wir natürlich auch, wie es gar nicht anders möglich ist, wo Menschen sind, viel Menschenelend gesehen. Da hat uns nur eines immer weh getan und Schmerzen gemacht, daß man nicht allen helfen kann, wie man helfen möchte.

Einige treue Freunde im Herrn durften ihre letzten Lebenstage bei uns verbringen und sind dann in mehreren Fällen bald nach dem Abschied von uns zu Hause gestorben."

Das Bibelheim im Frieden und im Krieg (1909—1918)

(Bericht der Vorsteherin Anna Dürr †)

Wenn wir zurückblicken auf all die Jahre des Zusammenarbeitens mit Pfarrer Böhmerle und etwas erzählen wollen von der Geschichte unseres Hauses, so tritt uns immer wieder diese Gestalt und Persönlichkeit vor Augen, wie alles, auch der innere Aufbau und der Geist des Hauses, aus ihm herausgewachsen ist und seine Prägung hatte.

Schon die Zusammenstellung aller derer, die am Werke mitdienten, war für ihn eine Führung Gottes. Sie waren ihm alle „gegeben". Das Wort Dienstboten oder Angestellte mochte er gar nicht leiden und sagte oft: „Das haben wir hier nicht! Die Mädchen sind uns gegeben als Kinder", und so hat er sie auch immer behandelt. In gesunden und kranken Tagen gehörten sie uns, und die Krankenkasse war ein notwendiges Übel und wurde nur in den seltensten Fällen in Anspruch genommen.

In den ersten Jahren wurden auch „Kochfräulein" angenommen; aber das erwies sich als nicht zu uns passend. Es sollte alles gleich sein, um auch gleichmäßig behandelt werden zu können. Wenn dann Eltern uns baten, doch ihre Töchter zum Haushaltlernen ins Haus zu nehmen, so wurden sie nur dann angenommen, wenn sie bereit waren, sich ganz in die Reihen der anderen Mädchen hineinzustellen. Daß dies nicht immer ganz leicht ging, können wir wohl sagen; aber im großen und ganzen haben sie sich gern in die Ordnung eingefunden. Es war uns immer ein Hauptanliegen, daß die jungen Mädchen auch innerlich etwas von dem Geist des Hauses mitbekamen. Von etlichen wissen wir's, daß sie Ewigkeitseindrücke mitgenommen haben.

Herr Pfarrer sagte uns oft: „Jedes Glied am Werke ist wichtig und ist in seiner Art etwas Ganzes. Wenn eines nicht treu ist, so ist das ganze Werk zerstört." Er stellte darum alle jeden Tag vor das Angesicht des Herrn. Er selbst konnte ja unmöglich alle beaufsichtigen, setzte aber in alle ein ganzes, volles Vertrauen, daß sie ihr Werk vor dem Herrn taten und treu waren. Man kann sagen, daß er eigentlich nie enttäuscht wurde. Einem jeden wußte er seine Arbeit lieb zu machen und konnte oft in der Waschküche oder im Stall sagen: „Das könnte ich jetzt nicht machen; es ist doch gut, daß ihr da seid und das könnt." Das war dann oft ein neuer Ansporn zum fröhlichen Weitermachen. Wenn in den Sommermonaten alle Kräfte aufs äußerste angespannt waren, gab es auch manchmal kritische Momente. Da konnte ein humorvolles Wort von ihm die ganze Spannung auflösen und die Harmonie wiederherstellen.

Diese schöne Arbeitsgemeinschaft war aber nicht möglich ohne persönliche Opfer. Jedes mußte sich ganz hergeben und konnte keine Nebeninteressen haben. Wer dies nicht wollte, hielt es auch nicht lange hier aus und schied wieder von uns. Wer sich aber mit hineinstellte, hatte auch teil an der reichen fürsorgenden Liebe, mit der Herr Pfarrer alle umfaßte.

Sehr selten, aber etliche Male mußte der Hausvater ein „Gericht" statuieren. Das war dann ein heilsamer Schrecken für das ganze Haus, auch für die, die es nicht gerade anging. Nachher war dann die Luft wieder wie gereinigt. Das meiste konnte jedoch in Liebe geregelt werden.

In den ersten Jahren schon merkten wir den großen Unterschied zwischen der Sommerarbeit und den Wintermonaten, wo Bibelkurse stattfanden. Das war für alle im Hause wie ein Aufatmen, wenn die Kurse begannen. Obwohl dann das ganze Haus gefüllt, ja oft überfüllt war, spürten wir einen ganz anderen Geist, und es war uns allen wohl dabei. In den Bibelkursen waren es auch meist Geschwister, mit denen man im Geist verbunden war, die das Werk mittrugen.

Die Kurse waren immer ganz besonders reiche Segenszeiten. Es war Herrn Pfarrer selbst die größte Freude, seine Zuhörer in der Erkenntnis der Schrift zu fördern. Er selbst war dadurch zum Studium der Bibel genötigt und kam so in eine immer innigere Verbindung mit seinem Heiland und in ein immer persönlicheres Verhältnis zu Ihm.

Nach der Einweihung des Hauses begann er in den Morgenandachten mit dem Evangelium Johannes und nahm Vers um Vers durch. Den Heiland groß und lieb zu machen, war ihm ein Hauptanliegen, und viele bezeugten uns, wie sie hier gesegnet wurden unter dieser Wortverkündigung. Es sind uns manche aus jenen ersten Jahren in Erinnerung, die beim Abschied unter Tränen sagten: „Jetzt haben wir wieder Kraft empfangen und gehen gern in unser Kreuz daheim."

Diese Erfahrungen waren dann für uns alle Höhepunkt, denn der „Erholungsheim-Charakter", den das Haus in den Sommermonaten hatte, wurde uns immer mehr eine Last und ein Druck, da in der Zeit auch viele oberflächliche Menschen ins Haus kamen, die durch die schöne Lage und den Wald angezogen wurden. Es ging da oft sehr laut zu, und Herr Pfarrer seufzte darunter; aber man sah auch keinen Ausweg, wie dem abzuhelfen sei. Es mußte eben durchgetragen werden, und die Aussicht auf die Bibelkurse gab uns die Freudigkeit, weiterzumachen.

In den Tagen vor dem Ausbruch des Krieges am 1. August 1914 war das ganze Haus voll besetzt. Alle waren in größter Spannung. Als das Befürchtete nun eintrat, begann gleich ein allgemeiner Aufbruch. Fluchtartig, unter Zurücklassung alles großen Gepäcks, eilten alle Gäste nach Hause. Wochenlang war der Gang unseres Kellers bis an die Decke angefüllt mit Koffern und Schließkörben, die nur nach und nach an die jeweiligen Adressen gesandt werden konnten.

Auch unser Haus wurde mitbetroffen, indem Jakob Knab, der Hausdiener, am 3. August einrücken mußte und Simon Weißer ebenfalls zur Ausbildung eingezogen wurde. Zwei 16jährige Gehilfen blieben uns noch, Emil Kronenwett und Jakob Schöppler von Langensteinbach. Diese besorgten nun den Garten und den Dienst im Hause, denn es füllte sich allmählich wieder mit Gästen. Auch kamen bald solche, die durch den Krieg Angehörige verloren hatten und die nun unter Gottes Wort Trost und Halt suchten. In dieser allgemeinen Not waren die Herzen viel geöffneter fürs Wort, und manche durften sich hier stärken und aufrichten.

Auch in mancherlei Nöten unseres Hauses durften wir die Durchhilfe des Herrn erfahren. Wegen der Lebensmittelknappheit mußte ein eigener Viehbestand angeschafft werden. Große Schweineställe wurden gebaut. Friedrich Höger besorgte die ersten Kühe, die in einem gemieteten Stall im Dorf untergebracht waren. Manche äußere und innere Not bereitete uns diese Landwirtschaft, die wir doch alle nicht verstanden und die so unbedingt nötig war. Aber auch da ging es von Tag zu Tag. Das Holz holte z. B. Herr Pfarrer selbst aus dem Wald mit dem Heuwagen, und es war sein Stolz, wenn wir auf dem Heimweg den Langensteinbachern begegneten, die erst hinausfuhren. Beim Sägen und Spalten des Holzes halfen die Gäste oft mit.

Immer hatten wir das Nötigste. So wurde uns unsere Zentrifuge gelassen, während im ganzen Dorf alle versiegelt wurden, und dadurch hatten wir etwas Butter, wenn auch nicht viel. Ebenso durften wir alle unsere Milch behalten und die Eier. Mit Brotmehl versorgten uns unsere Freunde auf den Nachbarhöfen, besonders Familie Horsch vom Lamprechtshof. Dorthin durften wir uns bei jeglichem Mangel wenden, und es wurde uns, wenn irgend möglich, geholfen. Wieviel Liebe wir mit unserem Haus in der schweren Zeit erfahren durften von den Geschwistern, kann gar nicht aufgezählt werden. Es wird ihnen gewiß vom Herrn vergolten werden!

In der Zeit der Bibelkurse brachten alle, soviel sie vermochten, Lebensmittel mit. Mit großer Freudigkeit schleppten sie die schwersten Lasten herbei. Einer besonderen Liebestat müssen wir hier gedenken. Es war dies schon in der Inflationszeit, wo man nichts kaufen konnte, daß unser Heu für das Vieh nicht ausreichte bis zur neuen Ernte. Da schrieb Herr Pfarrer an einige Geschwister in Eppingen, ob sie uns nicht helfen könnten. Antwort kam keine, dafür nach einiger Zeit die Geschwister selbst, um Herrn Pfarrer zu sagen, daß sie sich entschlossen hätten, uns zwei große Wagen Heu zu schicken. Sie ließen es sich nicht nehmen, dieselben auch selbst herzufahren. Wir sehen noch im Geist die riesengroßen Wagen, wie es hier im ganzen Dorf keine gibt, so hoch beladen, daß sie bis in den zweiten Stock reichten, alles geschenkt aus Dankbarkeit für den empfangenen Segen, den sie sich in den Bibelkursen geholt hatten.

Im dritten Kriegsjahr mußten auch Emil Kronenwett und Jakob Schöppler einrücken. Letzterer ist bald darauf gefallen. Nun kam Fritz Bischoff und noch ein 15jähriger Bursche zur Hilfe ins Haus, und der Betrieb, besonders der Landwirtschaft, wurde immer schwieriger. Dreimal wurde Herr Pfarrer einberufen und jedesmal auf ganz wunderbare Weise wieder heimgeschickt. Jakob Knab geriet in französische Gefangenschaft und hat zwei Jahre als Kriegsgefangener in einem kleinen Orte in der Landwirtschaft gearbeitet. Simon Weißer wurde verwundet. Für einige Monate erhielten wir einen kriegsgefangenen Russen zur Mithilfe im Garten und übten uns in der Zeichensprache; es ging ganz gut mit der Verständigung. Wassilij Iwanowitsch lebte sich ganz schnell bei uns ein und fühlte sich wohl.

Im Bibelheim waren durchschnittlich 80—100 Personen während eines Bibelkurses durchzubringen. Manche Gäste versuchten vom Heim aus im nahen Dorf zu hamstern. Ein Anschlag im Flur des Heimes machte jedem klar, daß er beim geringsten Versuch, sich Lebensmittel im Dorf zu verschaffen, das Heim verlassen müsse.

Wir hatten einen großen Kampf, unserem Hause den geistlichen Grundcharakter zu bewahren und uns nicht zu einem Versorgungsheim machen zu lassen. Bei der Einweihung hatte der alte Bruder Augenstein von Auerbach gesagt: „Ein Erholungsheim ist's jetzt. Was draus wird, wird mer sehn." In den Kriegsjahren wurde mehr und mehr ein Bibelheim daraus. Das Heim hätte zwei- und dreimal so groß sein müssen, um alle sich Anmeldenden aufnehmen zu können. Da wurden bewußt die ausgewählt, die um des Wortes willen kommen wollten. Schließlich konnte der Hausvater berichten: „Immer öfter werden in der letzten Zeit auch für den Sommer Bibelkurse verlangt. Gern soll dem künftig entsprochen werden. Dabei macht unser Haus ganz ohne unser Zutun eine Schwenkung und Änderung seines Charakters durch. Es wird immer mehr ein Bibelhaus und immer weniger ein Erholungshaus. Wir freuen uns dieser Schwenkung und legen ihr keinen Hemmschuh an. Es soll nur ein echtes und rechtes Bibelhaus werden und so ein Träger und ein Vertiefer unserer Reichgottesarbeit. Gott walt's in Gnaden!"

Vom Zeugnis Theodor Böhmerles in den Jahren 1909—1918

Im Kampf um das Apostolische Glaubensbekenntnis

Im Juni 1909 erhob die badische Generalsynode den Antrag auf „Schaffung eines Parallelformulars ohne Apostolicum" in namentlicher Abstimmung mit 30 gegen 24 Stimmen zum Beschluß. Das richtete sich gegen das Apostolische Glaubensbekenntnis, welches man nicht nur aus den Taufhandlungen und Konfirmationen, sondern letztlich auch aus allen Gottesdiensten verdrängen wollte. Wie verschieden die einleitenden Worte vor dem Verlesen des Apostolicums auch sein konnten, es wurde von den Liberalen immer als gewissenbedrückend für manche Pfarrer und Gemeindeglieder angesehen. Ja einem ihrer Pfarrer wurde nachgesagt, daß er öffentlich erklärt habe, er gebrauche das Apostolicum nicht mehr. Da brach in unserer Landeskirche ein großer Sturm los, und auch Theodor Böhmerle griff tapfer in den Streit ob dieses Synodalbeschlusses ein und schrieb im nächsten „Reich-Gottes-Boten":
Ein ernstes Wort in ernster Stunde!

Wir können heute keine Predigt schreiben. Mit zusammengekrampftem Herzen und weinender Seele läßt sich nicht fröhlich zeugen. Aber klagen läßt sich, rufen, ja schreien läßt sich, beten läßt sich. Und das wollen wir tun. Unsere evangelische Landeskirche steht vor einer so ernsten Stunde, wie sie vielleicht noch nie vor einer gestanden. Viele, die sie innig liebten, die ihr Leben und ihre Kraft bis heute in selbstvergessender Hingabe für Christus und für sie in die Schanze geschlagen, stehen mit gebeugtem Herzen. Viele, die nach rechts und links sie verteidigten und die Leute sie lieben lehrten, trotz ihrer Fehler, stehen wie Geschlagene.

Der Antrag, daß das Apostolische Glaubensbekenntnis, diese gottesgeist-geborene unvergleichliche Bekenntniswaffe, dieser Kraftausdruck all unserer Habe an Gott, dieses Einheitsband der vielverzweigten Kirche Gottes, dieser Trotz der Gläubigen, dieser Schutz der Wankenden, nicht mehr bindendes Bekenntnis unserer evangelischen Landeskirche sein und bleiben soll, ist in der Generalsynode eingebracht und angenommen worden. In Zukunft, wenn dies Gesetz würde, dürfte also nun jede Gemeinde und jeder Pfarrer verfahren, wie sie wollten. Das bedeutet die Auflösung und Zerreißung unserer Kirche. Dann werden in vielen Gemeinden Kinder getauft, nicht mehr auf den Namen des Vaters, des Sohnes und des Heiligen Geistes — das ist aber keine christliche Taufe mehr. Dann werden Kinder konfirmiert, nicht mehr im Namen des Dreieinigen — das ist aber keine Konfirmation mehr im christlichen Sinne.

Wohl sagt man: Hänget doch nicht an alten überkommenen Formeln, klebet nicht an menschengemachten Dogmen. Aber wir lassen uns nicht täuschen. Nicht die alte Formel, nicht die menschliche Form, ihr tiefster, lebensvollster Inhalt ist gemeint. Der dreieinige Gott ist gemeint. Der ewige Sohn Gottes paßt nicht mehr. Die großen Heilstaten Gottes, welche so köstlich wie goldene Pfeiler in Gottes Tempel eine an die andere gereiht sind im Bekenntnis, die sollen weg. Damit ist aber das eigentlich Christliche gestrichen.

Wohl sagt man: Leget doch solchen, welche an diese Dinge nicht glauben können, keinen Gewissenszwang auf. Lasset doch Freiheit, daß jeder frei sich entwickle. Wir legen niemand Zwang auf. Wir können es verstehen und ertragen, wenn auch leidend, aber doch auch fröhlich arbeitend, wenn die verschiedensten Geister in der evangelischen Volkskirche beieinander wohnen. Wir zwingen keinen zum Glauben und können keinen zwingen. Aber wir erwarten und verlangen von einer Kirche, daß sie der Fels der Gottesoffenbarung und Gotteswahrheit sei, daß sie die großen Taten Gottes hineintrage ins Volksgemisch als lebendige Zeugin und glaubend und liebend werbe um die Seelen.

Die Kirche und ihre Diener müssen unbedingt Bekenner dieses Bekenntnisses sein. Auch da möchten wir keinen zum Heuchler machen. Aber es wäre zu erwarten, und unser Volk erwartet das auch, daß jeder, der zu dem inneren Abschluß gekommen ist, daß er innerlich zerfallen ist mit diesem Bekenntnis, freiwillig geht. Das sollte Gewissenssache sein. Uns wäre es eine! Und hier sollte vor allem das Gewissen maßgebend sein.

Gibt die Kirche ihr Bekenntnis auf als bindende Norm, dann gibt sie sich selbst auf. Man wird es erleben, daß das der Anfang von ihrem

Ende ist. Und das Traurige und Entsetzliche ist das, daß nicht die Feinde der Kirche, sondern ihre mit dem Glauben zerfallenen Diener ihre Totengräber waren. Das ist leider nicht das erste Mal so in der Kirchengeschichte.

Wir Vertreter der gläubigen Gemeinde innerhalb der Kirche sind ja ohne Furcht. Die wahre Kirche hat noch niemand überwältigen können. Sie wird, wenn sie dazu gezwungen wird, in irgendeiner neuen Form auferstehen.. Die gläubige Gemeinde ist es schon Jahrzehnte gewöhnt, gedrungen durch die traurige Lage der Kirche, ein gut Teil ihrer geistlichen Nahrung neben der Kirche, wenn auch in ihr stehend, zu suchen. Sie ist auch schon sehr an Selbsterhaltung gewöhnt. Darum steht sie wohl tief betrübt, weil sie die Heimatkirche liebt, aber im tiefsten Herzen unverzagt.

Das sei aber ganz offen ausgesprochen: Kommt es dahin, daß in einem Teil der Gemeinden das Apostolische Glaubensbekenntnis nicht mehr gebraucht wird, so werden unsere Kreise, und sie sind nicht klein, zu solchen Pfarrern nicht mehr in die Kirche gehen, auch ihre Kinder nicht mehr von ihnen taufen und konfirmieren lassen, und auch nicht mehr das heilige Abendmahl bei ihnen nehmen. Druck erzeugt Gegendruck, zu starker Druck drückt hinaus.

Man könnte auch sagen: Was wollt ihr denn, es war ja in Wirklichkeit schon lange so, daß viele nicht mehr glaubten an dies Bekenntnis, die Träger des Amtes waren; es ist also mit diesem Beschluß nichts Neues geschaffen. Leider ist es so, und wir tragen schwer genug daran. Aber ein Beschluß der Synode, der, was bisher Unrecht war, zum Rechte macht, das ist der schreckliche Fortschritt, der die Sache zum Klappen bringt. Was dann wird, wenn es soweit ist, ist unübersehbar. Ja, man darf nicht dran denken, das Herz zittert einem.

Aber, Freunde hin und her im Lande, jetzt ist eine Stunde gekommen, wo wir nicht schweigen und nicht hinter dem Berge halten dürfen. Jetzt heißt es: Wachet — über eure heiligsten Güter; stehet im Glauben — laß euch nicht eines nehmen; seid männlich — werft alle Menschenfurcht weg, es gilt für das Bekenntnis zum Herrn zu streiten; und seid stark — laßt uns stehen wie ein Mann, das ist unsere Stärke.

Erklärung des Verwaltungsrats zum Glaubensbekenntnis

Am 8. September 1909 fand in Bretten das 60. Jahresfest statt, das unter dem Wort stand: „Lasset uns halten an dem Bekenntnis der Hoffnung!“ Pfarrer Böhmerle verlas folgende Erklärung:

1) Wir sind der innersten Überzeugung, daß es sich bei der Frage nach der Freigabe des Apostolischen Glaubensbekenntnisses bei der Taufe nicht nur um die Änderung einer kirchlichen Form und auch nicht nur um eine Entbindung einzelner von alten kirchlichen Formeln handelt, sondern im letzten Grunde um das Bekenntnis zur Bibel — als Gottes Wort; zu Jesus Christus — als zu Gottes eingebornem Sohn; zum Kreuz auf Golgatha — als unsrer Versöhnung; und zum leibhaft auferstandenen und wiederkommenden Heilande — als zu unserm und der Kirche Herrn.

2) Wir sind der weiteren innersten Überzeugung, daß es sich in dieser wie in vielen andern zur Zeit schwebenden kirchlichen Fragen um die Durchführung der sogenannten „Gleichberechtigung der Richtungen“ handelt, die völlig undenkbar ist, weil es unmöglich geht, daß nebeneinander in einer Kirche gleichberechtigt stehe: das Bekenntnis zum dreieinigen Gott — und die Verwerfung der Trinität; das Bekenntnis zum ewigen Gottessohn — und die Leugnung der Gottessohnschaft; das Bekenntnis zum versöhnenden Blut Christi — und die Ablehnung dieses Glaubens; das Bekenntnis zum leibhaftig Auferstandenen — und die Leugnung dieser Auferstehung; das Bekenntnis zum sichtbar wiederkommenden ewigen Herrn — und die Verwerfung solcher Hoffnung.

Schon vom Standpunkte der Vernunft, aber noch mehr von dem der Wahrhaftigkeit und von dem des Glaubens aus ist solches in *einer* Kirche undenkbar.

3) Wir sind weiter auf Grund eigenster innerster Lebenserfahrung und in Übereinstimmung mit der Gottgemeinde aller Jahrhunderte, in Übereinstimmung vor allem mit dem Herrn selbst und mit Seinen Aposteln im Glauben gewiß, daß die obengenannten Heilstatsachen die allein seligmachende Wahrheit sind, daß eine Kirche, die nicht auf diesem Glaubensgrunde steht, zugrunde gehen muß und daß ein Weichen von diesem Grunde für ein Volk Gericht und Verderben bringt.

4) Wir waren darum auf tiefste erschrocken über die Vorgänge auf der Generalsynode und darüber, daß sich in unsrer Heimatkirche so viele Pfarrer und Laien und in unsrer Generalsynode eine Mehrheit fand, welche von diesen Glaubensgrundlagen entbunden werden wollte, weil sie nicht mehr zu denselben stehen könne.

5) Wir waren aber auch hocherfreut, daß sich Männer fanden: Vertreter der Oberkirchenbehörde und besonders Dekane, Pfarrer und Laien, welche ein mannhaftes Bekenntnis und Zeugnis ablegten, und, wenn sie auch zahlenmäßig in der Minderheit blieben, doch der Kirche einen unermeßlichen Dienst erwiesen haben, weil sie das Vertrauen vieler wieder stärkten. Wir danken ihnen im Namen des Herrn herzlich für ihr treues Einstehen.

6) Wir werden auch fernerhin Schulter an Schulter mit ihnen in der Kirche, so schwerkrank sie auch ist, oder gerade, weil sie es ist, stehen bleiben, weiterkämpfen und weiterbeten in der Gewißheit, daß wir mit unserm Bekenntnis das eigentliche Recht in der Kirche haben.

7) Wir möchten aber an die hohe Oberkirchenbehörde, in deren Hand die nächste Entscheidung liegt, die herzliche Bitte richten, unsrer Kirche das Apostolische Glaubensbekenntnis als bindendes Bekenntnis zu erhalten. Ja, wir hätten den Wunsch, daß, wenn eine neue Agende kommt, eine Änderung in ihr dahin geschehe, daß in den Festgottesdiensten das Bekennen des Glaubensbekenntnisses zur Pflicht eines jeden Geistlichen gemacht werden möchte.

Wieviel Liebe, wieviel Vertrauen, wieviel treue Mitarbeit würde neu erweckt, welch göttlicher Segen entbunden, wenn unsre Kirche eine Bekenntniskirche nicht nur bliebe, sondern immer mehr würde, wenn sie stünde auf dem Wort des Hebräerbriefes: „Dieweil wir einen großen Hohepriester haben, Jesum, den Sohn Gottes, der gen Himmel gefahren ist, so lasset uns halten an dem Bekenntnis!"

Es bleibt dabei, auch für eine Kirche: „Wer Mich bekennt vor den Menschen, den will ich auch bekennen vor Meinem himmlischen Vater. Wer Mich aber verleugnet vor den Menschen, den will ich auch verleugnen vor Meinem himmlischen Vater."

In jener Zeit waren manche Gemeinschaftsleute so arm, daß sie keine Zeitung halten konnten. Deshalb schrieb Th. Böhmerle jede Woche eine „Chronika" für den „Reich-Gottes-Boten". Darin wurde das politische, wirtschaftliche, soziale und religiöse Geschehen in Deutschland und in der Welt zusammengefaßt und ins Licht des Wortes gestellt, Die Chronika wurde immer mehr ein Zeitspiegel mit geradezu prophetischer Schau. Es folgt die Chronika vom 2. Januar 1910:

„Anno Domini, das heißt im Jahr des Herrn, so hat man früher geschrieben und gesagt. Es ist in unseren Tagen nicht mehr beliebt, nach Jahren des Herrn zu zählen, obwohl wir alle Ursache dazu hätten und in unserer Zeit doppelte, zu sagen und zu schreiben: im Jahr des Herrn. Noch ist es der gottgesetzte König Jesus Christus, der als Weltenherr und Weltregent den Jahren ihren Inhalt gibt. Die gegenwärtigen Jahre sind Jahre des Herrn auch in dem Sinn, daß sie immer mehr Endzeitcharakter tragen, die Verheißungen erfüllen und vom Kommen des Herrn laut und deutlich reden. So war auch das hinter uns liegende Jahr 1909 entschieden ein Jahr des Herrn. Wo wir hinsehen beim Rückblick, überall Züge, welche auf die Erfüllung biblischer Endzeitverheißungen hinweisen.

Führt uns die Heilige Schrift für die letzte Zeit das Bild eines großen und gewaltigen Weltreiches vor Augen, das anfangs zerteilt in mehrere Weltreiche, allmählich zusammengeschweißt wird zu einem einzigen Weltmachtreich unter dem Antichristen, so stehen wir mitten in dieser Entwicklung.

Wenn die Heilige Schrift die Weltreiche in glänzenden Metallen schildert: Gold, Silber, Kupfer, Eisen, und das letzte Weltreich, das auf Erden sein wird, das eiserne nennt, so braucht das keiner besonderen Anwendung mehr auf unsere Tage. Jedermann weiß, was das Eisen in unserer Zeit bedeutet. Die glänzenden Metalle weisen hin auf die hohe Kulturentwicklung der Weltreiche in den letzten Zeiten.

Wenn aber die Heilige Schrift dieselben Weltreiche in einem andern Bild unter der Gestalt von Raubtieren darstellt, so ist wieder keine Frage, daß alle modernen Weltreiche, auch die kultiviertesten, nach ihrer innersten Seite hin betrachtet, Raubtiercharakter an sich tragen.

Das raubtierähnliche Hasten und Gewinnsuchen im gewerblichen Leben, wenn es nicht anders geht auch über viele zerstörte Existenzen hin, weiter das raubtierartige Genießen, das entsetzliche sinnliche, fleischliche und ungöttliche Wesen, das ungezügelte Gehenlassen der natürlichen Leidenschaften, das sind lauter Züge unserer Zeit, welche das Bild vom Raubtier rechtfertigen.

Unsere Jahre, auch 1909, Jahre des Herrn! Die Bibel redet in ihren Endzeitschilderungen von Kriegen und Kriegsgeschrei (Serbien, Türkei, Marokko!). Wir hatten blutige Revolutionen in Spanien und in Rußland. Wir hatten aber noch viel mehr unblutige, aber darum nicht ungefährlichere Revolutionen, weil aus ihnen jeden Tag infolge der erregten Leidenschaften die blutigen entstehen können. Hand in Hand mit diesen revolutionären Strömungen geht die Auflösung aller Ordnungen. Die Zahl der gestürzten Minister und Präsidenten und die Zahl der Attentate auf sie ist im vergangenen Jahr groß gewesen.

Die Wurzel von dem allem liegt in der zunehmenden direkten Auflehnung der Völker gegen Gott. Diese sehen wir nicht nur in der wachsenden Macht der widergöttlichen Weltanschauung über die Geister unserer Zeit, sondern in der inneren Auflösung der Kirche, welche Trägerin der ewigen Gotteswahrheit sein sollte. Der Beschluß der badischen Generalsynode in betreff des Apostolischen Glaubensbekenntnisses bedeutet in dieser Hinsicht in der ganzen heutigen Entwicklung einen traurigen Höhepunkt. Wir wollen die Bibel nicht mehr, wir wollen den Gott und Heiland der Bibel nicht mehr, das ist die immer mehr bewußt hervortretende antichristliche Zeit in der religiösen — oder sagen wir besser — religionszersetzenden Entwicklung unserer Tage. Viele verführerische, schwärmerische, das Reich Gottes zerstörende Richtungen erheben hin und her ihr Haupt.

Zu all dem kommen dann die Erscheinungen auf dem Gebiet der Natur. Mit der Zerstörung Messinas hat das Jahr begonnen, mit dem Vulkanausbruch von Teneriffa hat es geschlossen. Dazwischen liegen Erdbeben ohne Zahl, Feuers- und Wassernot und gewaltige Stürme. Wahrlich tief ernst ist der Zusammenklang aller Zeichen, welche das vergangene Jahr zu einem Jahr des Herrn machten.

Lebendige Christen können und dürfen aber bei aller Beugung und Demütigung, die ein solcher Rückblick mit sich bringt für uns persönlich und für unser Volksganzes, dennoch ihre Häupter in die Höhe heben. Wir sehen ja an all dem, daß unsere Erlösung sich naht, und darum kann auch das Jahr 1909 uns wohl tief in die Buße führen, aber auch freudig und getrost machen zu neuer Arbeit und zu neuer Endhoffnung.

Denn das ist doch auch geschehen im Jahr 1909: Das Reich Gottes ist gebaut worden unter Beten und Arbeiten. Das Reich Gottes ist gewachsen, es ist ein größerer Ernst, eine tiefere Erfassung der Schrift, eine weltweite Auffassung des Reiches Gottes, ein größerer Zug aller Gläubigen zueinander wohl zu bemerken. Das Arbeiten der Zeugen Gottes ist auch im vergangenen Jahr im Kleinen und im Großen nicht vergeblich gewesen. Darum gehen wir mit heiligem Ernst, aber auch mit heiliger Freude hinein in das Jahr 1910. Was wir um uns sehen, hören und erleben, es weist uns ja alles nur darauf hin, daß wir gerade in unseren Tagen mehr denn je leben: in Jahren des Herrn."

Weltmissionskonferenz in Edinburgh

Anfang Juli 1910 fand in Edinburgh eine Weltmissionskonferenz statt. Theodor Böhmerle war durch die eingehenden Berichte sehr beeindruckt. „Noch nie", schrieb er, „seit die Christenheit steht, hat eine solche Konferenz getagt. So zusammengesetzt aus allen Völkern und aus allen Teilen der christlichen Kirche und so innig verbunden im Geist und im Bekenntnis zum gekreuzigten und auferstandenen Herrn und so einig im Arbeitsziel: Christus für die ganze Welt. Gott schenke, daß die Beratungen der Weltmissionskonferenz reife und nachhaltige Früchte tragen möchten. Es ist etwas Ergreifendes, Tausende von Männern vereint am höchsten Werk, das es auf Erden gibt, zu sehen."

Wie ganz anders urteilte Pfarrer Böhmerle, als im Jahr 1920 der Weltkirchenbund in Genf zusammentrat: „Der wahrste Teil an dem Wort Weltkirchenbund ist das Wort ‚Welt'. Da haben wir wieder ein rechtes Widerspiel zum Rat Gottes. Die wahre Kirche Christi wird ja dem Ende zu immer mehr in Kreuzesgestalt gehüllt. Die falsche Kirche, der falsche Prophet wird immer mehr weltmachtmäßig. Aus dieser Linie heraus kommt auch der Weltkirchentag. Darum ist es sehr bezeichnend, daß einer der Hauptbeschlüsse des Kirchentages der war, den

Völkerbund mit aller Macht zu unterstützen. Da sehen wir wieder, wie der falsche Prophet dem Tier den Geist gibt, daß alle, die auf Erden wohnen, sein Bild anbeten. Ja, die Endzeitlinien laufen. Lasset uns wachen und nüchtern sein!"

Die Schere der Redaktion

Theodor Böhmerle war kein Freund von einem „Spezialchristentum". Da schreibt ihm Ludwig Stöcklin von Lörrach, wie leid es ihm tue, daß nach Konferenzen oft Bier getrunken werde. Er weist in seinem Leserbrief darauf hin, wie verheerend sich der Alkohol in Deutschland auswirke. Und er schließt seinen Brief mit dem Aufruf: „Brüder, helft, kommt zum Blauen Kreuz! Da sind Riesenfestungen wie zu Josuas Zeiten. Aber ich höre schon das Geklapper der Redaktionsschere."

Der Redakteur schreibt dazu: „Der liebe Bruder Einsender hat eine sehr schlechte Meinung von der Schere des Redakteurs. Er darf mir's glauben, der Redakteur trinkt seit vielen Jahren keinen Tropfen Alkohol. Er freut sich aller Brüder und aller Arbeit, welche dieselben gegen diesen Feind tun. Nur mag er das viele Spezialchristentum nicht. Er ist aber hocherfreut über jedes Regiment im Heere Christi, ob's blaue, weiße oder grüne Uniformen hat. Wenn der liebe Bruder von seinem nüchternen Standpunkt aus je und je ein Wörtlein von der Blau-Kreuz-Arbeit schreiben will, so wird er sehen, daß die Redaktionsschere nicht dagegen ist. Man lasse nur, kraft des Evangeliums, jedem Bruder seine innere und äußere Freiheit, so werden die, die diese Freiheit gebrauchen, auch wieder sich freuen, wenn andere sich der Freiheit begeben, um insonderheit auf diesem Gebiet zu kämpfen. Daß nach Konferenzen bei der Bewirtung kein Alkohol gereicht werde, dafür sind wir schon lange und kämpfen überall dafür. In herzlicher Liebe der Redakteur, dessen Schere statt wegzuschneiden noch dransetzt."

Stellungnahme zur neuen Agende

Am Mittwoch, den 5. März 1913, versammelten sich auf Einladung ihres Vorstandes Pfarrer Böhmerle 200 Brüder in Karlsruhe zur Generalkonferenz. Sie nahmen zu dem Plan der Oberkirchenbehörde

Stellung, ein neues Kirchenbuch einzuführen. Einmütig stellten sie sich hinter die von Pfarrer Böhmerle ihnen vorgelegte Erklärung:

1) Die Gemeinschaftsleute verwerfen die neue Agende. Sie sehen sie als den Anfang vom Ende unserer evangelischen Kirche an.

2) Sollte diese Agende anerkanntes Kirchenbuch werden, dann werden die Gemeinschaftsleute von keinem Pfarrer mehr kirchliche Amtshandlungen irgendwelcher Art vornehmen lassen, der ein neues Bekenntnis gebraucht. Sie werden auch die Gottesdienste solcher Pfarrer meiden. Das alles nicht aus Haß — o nein, wir hassen niemand —, sondern aus dem inneren Gewissenszwang heraus, daß wir den ewigen Heiland bezeugen müssen, wenn's not tut leider auch durch Opposition.

3) Sollte diese Agende angenommen werden trotz ihres zerstörenden Charakters, dann bitten die Gemeinschaftsleute den hohen Oberkirchenrat, durch die Synode Ordnungen beschließen zu lassen, durch welche die bibelgläubigen Pfarrer angehalten werden, im ganzen Land die offenbarungsgläubige Diaspora zu versorgen, und zwar auf Wunsch der Offenbarungsgläubigen, ohne vorherige Abmeldung beim anders stehenden Pfarrer.

In jener Zeit veröffentlichte Theodor Böhmerle auch eine sehr eindrucksvolle Gegenüberstellung: Was lehrt die Bibel? Was lehrt die sogenannte moderne Theologie? In zwei Nummern des „Reich-Gottes-Boten" gab er darauf Antwort.

Nun soll der Leser auch noch erfahren, wie es mit dem Ersatzbekenntnis ohne Apostolicum weiter gegangen ist.

Der Verwaltungsrat des badischen Gemeinschaftsverbandes hat unter dem 24. Juni 1914 eine Eingabe an Seine Königliche Hoheit Großherzog Friedrich von Baden, den Landesbischof der Evangelischen Landeskirche, gerichtet. Unter dem 7. Juli 1914 schrieb der Präsident des Evangelischen Oberkirchenrats, D. Helbing, an den Vorstand des Vereins, Pfarrer Th. Böhmerle, u. a.: „Wir haben von Ihrer Eingabe Kenntnis genommen, können aber selbstverständlich die gegebenen Ausführungen nicht als zutreffend anerkennen und halten mit Seiner Königlichen Hoheit trotz aller ungerechtfertigten Bekämpfung der neuen Agende noch immer fest an der Hoffnung, daß aus ihr Segen für unsere Landeskirche hervorgehen werde."

Im Juli 1914 fand wieder eine Generalsynode statt. Bei der eingehenden Beratung des Agendenentwurfs stand die Apostolicum-Frage wiederum im Mittelpunkt. Präsident D. Helbing war schon lange gewillt, das Apostolicum freizugeben. Da aber bei der Taufe und der Konfirmation irgendein Bekenntnis doch ausgesprochen werden sollte, schuf die Synode mit kleiner Mehrheit von 29 gegen 26 Stimmen ein Biblicum. Dieses Ersatz-Glaubensbekenntnis hat darum seinen Namen erhalten, weil es nur aus Bibelworten zusammengesetzt war. Dessen zweiter Artikel begann: „Also hat Gott die Welt geliebet . . ." Es sollte neben der bekennenden oder referierenden Form beim Verlesen des Apostolicums nur unter gewissen Bedingungen gebraucht werden.

Über die referierende Form beim Apostolicum bin ich den Lesern eine Erläuterung schuldig. Bei dieser Art sagt der Geistliche: „Vernehmet das Bekenntnis, in welchem die christliche Kirche von alters her ihren Glauben bezeugt." Er selbst sagt sich damit vom Inhalt des Apostolicums los.

Theodor Böhmerle schreibt zu dem Ergebnis des Synodalbeschlusses: „Es geht eine tiefe innere und körperliche Erschütterung durch uns. Wir kommen uns vor wie eine von ihren Offizieren verlassene Truppe. Doch sind wir froh, daß der sieggewohnte General Jesus, der Christus, bei uns ist. Mit Ihm können wir's auch ohne Offiziere."

Wenige Tage vor Ausbruch des Ersten Weltkriegs vertagte sich die Generalsynode. Während des Krieges hatte die Landeskirche keine Zeit, sich um das Biblicum zu kümmern, und so wurde es vergessen bis heute.

Kriegsbeginn 1914

Der „Reich-Gottes-Bote" vom 9. August 1914 trägt die Überschrift:

Einkehr in ernster Zeit

Deutschland mobil — Deutschland vor dem Krieg

in großen Lettern. Es ist für den Redakteur bezeichnend, daß er diese Ankündigung mit der wörtlichen Wiedergabe des Kapitels Daniel 9 unterstreicht: „Wir liegen vor Dir, Herr, mit unserem Gebet, nicht auf unsere Gerechtigkeit, sondern auf Deine große Barmherzigkeit.“ So rief er zur Buße auf. Wenn man die Chroniken jener Jahre liest, spürt man etwas von der herzlichen Anteilnahme des großen Vaterlandsfreundes an dem Geschehen seiner Zeit. Mehr und mehr durchziehen ernste Fragen und Sorgen seine Betrachtungen:

„Wie lange? So muß die Überschrift der vergangenen Woche heißen. Zwei Monate sind nun schon dahingegangen, seit dieses entsetzliche Ringen währt. Er, der diese Heimsuchung nach Seinem weisen Erziehungsplan über die Völker kommen ließ, hat auch schon ihr Ende bestimmt. Nicht Engländer und nicht Franzosen dürfen den Krieg auch nur eine Minute länger hinziehen, als es Gottes Wille ist. Das ist für uns eine tröstliche und stärkende Gewißheit. Wir dürfen ihn aber auch nicht kürzer wünschen, als Gott ihn will. Der Krieg wird und muß dauern, bis Gott Seine richtenden Gedanken, die Er mit den Völkern hat, durchgesetzt hat.“

Theodor Böhmerle meldet sich zum Landsturm. Er wird zurückgestellt. Der Hausvater des Bibelheims erklärt sich bereit, verwundete Soldaten in sein Haus aufzunehmen. Dies geschah dann doch nicht.

Fortsetzung des Krieges 1915

Zum neuen Jahr schrieb er eine Betrachtung über 2. Thessalonicher 3, 16: „Er aber, der Herr des Friedens, gebe euch Frieden allenthalben und auf allerlei Weise. Der Herr sei mit euch!“ unter der Überschrift: „Gib Frieden, Herr des Friedens!“ Darin heißt es: „O möchten doch durch diese Kriegszeit, welche Sünde und Fluch so furchtbar offenbart, recht viele zum lebendigen Heiland, zum Frieden der Versöhnung, zur Vergebung der Sünden, zum Vater als wiedergeborene Kinder, zum Leben in Christus, kurz, zum Frieden kommen.“ So war sein Wunsch, geboren aus den äußeren Wirren, doch ein geistlicher Wunsch!

Am 24. Oktober 1915 schreibt er unter der Überschrift: „Weltkrieg und Weltfrieden“ über Jesaja 9, 6: „Er heißt Friedefürst.“ Er schließt diese Betrachtung: „Wir freuen uns in Christus, daß wir durch Ihn und in Ihm so gewiß, als wir jetzt den Weltkrieg mitmachen, auch noch den Weltfrieden miterleben werden. Denn Er ist der Friedefürst im Weltfriedensreiche.“

Abschied von Bruder Fritz

In diese schwere Zeit fiel die zum Tode führende Erkrankung des von ihm so hochgeschätzten Bruders Fritz in Mannheim. Was dieser Verlust für ihn bedeutete und wie er ihn innerlich verarbeitete, lassen die an die Familie gerichteten Briefe, deren Wortlaut wir nachstehend wiedergeben, erkennen:

Langensteinbach, 21. Dezember 1915

Ihr Lieben im Herrn!

Nehmen Sie herzlichen Dank für Ihren lieben Brief. Ich hätte Ihnen schon lange geschrieben, aber es ist mir so sehr schwer. Ich kann mich innerlich immer noch nicht in die Lage hineinfinden. Gerade der liebe Bruder Fritz stand mir innerlich sehr nahe. Wenn ich oft schwer an unserem Werke trug, dann war beim Umschauhalten er einer von denen, auf die mein Herz sich stützte. Und nun soll mitten im Kriege, wo so vieles bricht, auch diese Stütze uns genommen werden? Ich kann mir denken, wie es Ihnen ist, und nehme herzlichen, innigen Anteil.

Darf ich Sie bitten, dem lieben Bruder Fritz in meinem Namen die Hand zu drücken und ihm für alles zu danken, was er dem Werke und auch mir war. Sein Gedächtnis wird unter uns, das darf er glauben, im Segen weiterleben. Auch dessen darf er gewiß sein, daß das Wohl und Wehe seiner Lieben uns ein Anliegen sein und bleiben wird. Die Gnade des Herrn möge ihn reichlich trösten, kräftigen und ihm einen reichlichen Eingang ins Reich der Herrlichkeit geben. O daß wir glauben dürfen und glauben können in solchen Tiefen-Führungs-Zeiten, welch ein Trost, welch eine Kraft! Die Wunden des Lammes, der Sieg des Auferstandenen, das Hohepriester- und Hirtentum des Erhöhten, was sind das für Grundlagen des Glaubens, der Hoffnung und der bleibenden Lebensgemeinschaft!

In dem Herrn — das sei unser aller gemeinsamer Stand in diesen Stunden irdischen Leidens — hier ist Licht des Lebens.

Und nun seid gegrüßt im Herrn. In fürbittender Teilnahme herzlich verbunden

Euer Böhmerle, Pfarrer

Langensteinbach, den 3. Januar 1916

Ihr Lieben im Herrn!

Nun ist Euer Vater daheim. Es ist etwas Großes, einen solchen Vater voll Glaubens und Heiligen Geistes gehabt zu haben. Der liebe Heimgegangene hatte viel und mancherlei Gnade vom Herrn. Es ist auch etwas Großes, mit einer solchen Gewißheit der Hoffnung am Grabe der Lieben stehen zu dürfen. So habt Ihr Lieben bei allem Schweren viel voraus vor vielen Tausenden. Der Vater selbst als Knecht Jesu Christi und nun als verklärter Erbe ist ein großer Trost für Euch. Es ist aber auch ein heiliges Erbe, besonders für die Kinder, dies Vermächtnis des Glaubens und der Liebe Christi: Wenn Ihr darinnen in Eures Vaters Fußstapfen tretet, so werdet Ihr die Wunderführungen des Herrn erfahren. Es ist der Herr, wir glauben es, der unter Euch getreten ist in dieser Schickung; es ist der Herr, der bei Euch bleibt und Euch nicht läßt.

Möge der Heilige Geist alle diese Tröstungen des Lichts tief in Eure Herzen senken, daß Ihr stark am inwendigen Menschen die kommenden schweren Stunden des endgültigen Scheidens überwinden und im Glauben getrost und in der Liebe Christi neu zusammengeschlossen weiterpilgern könnt.

Soweit es Menschen können, werden auch wir fürbittend und mittragend und helfend zu Euch stehen.

In herzlicher Teilnahme in Christo

Euer Böhmerle, Pfarrer

1916: Man sieht noch kein Ende

„Immer länger, immer schwerer lastet dieser Krieg auf uns. Aber es muß durch! Das ist nicht bloß trotziger Eigensinn von uns, sondern das ist eiserne Notwendigkeit, wenn nicht alle die großen, schon gebrachten Opfer umsonst sein sollen. Das ist auch ganz gewiß im vorliegenden Falle der Wille Gottes. Er sendet uns die Schwierigkeiten nicht, um matt und laß zu werden; in der Prüfung bewährt sollen wir werden. Darum: es muß hindurch!“

Die Familie Böhmerle drohte auseinandergerissen zu werden. Der älteste Sohn war im Krieg. Fünf Kinder mußten auswärts in die Schule, vom nächsten Jahr an auch das jüngste. Nach langem Überlegen entschloß sich Pfarrer Böhmerle, mit seiner Familie nach Ettlingen umzuziehen. Dort konnten die Kinder die Schulen besuchen. Der Hausvater fuhr morgens nach Langensteinbach und hielt den Tag über sich dort auf. Abends kehrte er wieder heim, um wenigstens einige Stunden im Kreise seiner Lieben zuzubringen. Mit den Worten: „Ich habe es jetzt natürlich etwas beschwerlicher als zuvor, aber das große Gut Familienleben ist erhalten", bringt er zum Ausdruck, was er als Vater dachte und zum Ziele hatte. Der Ettlinger Aufenthalt wurde durch den Fortgang des Krieges bald beendet, und die Familie kehrte wieder nach Langensteinbach ins eigene Haus zurück.

Pfarrer Böhmerles Blick ging weit über die Grenzen Deutschlands hinaus. In dem fernen Land der Verheißung, in Palästina, sah er mit wachen Augen eine neue Entwicklung. Die Berichte aus dem Syrischen Waisenhaus waren ihm der Anlaß, etwas vom Zionismus im „Reich-Gottes-Boten" zu berichten. Immer deutlicher sah er, daß das Volk Israel heimkehren wird.

Eine Betrachtung aus jenen Monaten trägt den Titel: „Der Fall des Urmenschen". Nach 1. Mose 3, 1—6 versucht der Verfasser einzudringen in das Geheimnis des ersten Sündenfalles. „Stoßet euch nicht, daß Satan unter einer Schlange erschien. Siehe, in Menschengestalt konnte er damals nicht erscheinen. Es war noch kein Mensch da, dessen er sich hätte bedienen können. Die Schlange war das höchste und menschenähnlichste Geschöpf, das damals auf Erden war. Du weißt doch, daß sie ihre jetzige Gestalt erst durch den Fluch Gottes erhalten hat. — Die Gläubigen kämpfen gegen Satans Reich in jeder Form. Immer gewaltiger bäumt er sich auf in jenen, die seiner Verführung verfallen bleiben. Immer entsetzlicher werden die Auswirkungen seines Reiches, wie jetzt in der Weltkriegszeit. Aber immer köstlicher entfaltet sich die Gemeine des Sohnes Gottes."

„Wie lange noch?“ Jene Frage aus dem Jahr 1914 durchzieht wie ein roter Faden die Chroniken und Betrachtungen des „Reich-Gottes-Boten“. Das Jahr 1917 zog herauf. Deutschland hatte seinen Feinden vorgeschlagen, alsbald in Friedensverhandlungen einzutreten. Die Gegner lehnten diesen Vorschlag ab. Theodor Böhmerle sieht immer mehr das Ende kommen.

In Nr. 1 des Jahrgangs 1917 schreibt er: „Weltkrieg — Weltmission — Weltfrieden.“ Der Text steht Johannes 4, 35: „Hebet eure Augen auf und sehet in das Feld, denn es ist schon weiß zur Ernte!“ Da heißt es am Schluß: „Die ganze Gemeine Gottes ist gegen das Ende eine Leidensgemeine. Wenn diese Leidenszeit am höchsten sein wird, kommt der Herr. Dann steht die durch die jetzige Mission gewonnene Erstlingsgemeine auf und wird herrlich sein bei ihrem Herrn. Nach der Bindung Satans und nach der Annahme der Juden beginnt erst die rechte, große, weltweite Missionszeit mit einer Riesenernte ohnegleichen in der Zeit der tausend Jahre. Zu dieser seligen Ernte schauen wir hinüber. Ihre Hoffnung gibt Glauben und Geduld auch in der kommenden Missionskreuzeszeit.“

Theodor Böhmerle sah immer klarer den bevorstehenden wirtschaftlichen Zusammenbruch voraus. Gelegentlich sprach er in einem Bibelkurs darüber. Nun wurde kräftig aufgerufen, Kriegsanleihe zu zeichnen. Sollten Gläubige das tun, wo so wenig Aussicht bestand, sein Geld wieder zu bekommen? Eine Zuhörerin hatte es anscheinend falsch verstanden und hatte berichtet, im Bibelheim werde gesagt, man solle keine Kriegsanleihe zeichnen. In einem Brief an den Präsidenten der Oberkirchenbehörde stellt Theodor Böhmerle diese Angelegenheit richtig:

Hochgeehrter Herr Präsident!

Dem Ausspruch liegt eine Tatsache zugrunde, welche die Betreffende aber aus dem Zusammenhang gerissen hat und aus welcher sie falsche Folgerungen gezogen hat.

Ich darf wohl in aller Bescheidenheit darauf hinweisen, daß meine Stellung zu der ganzen gegenwärtigen Lage unseres Volkes in Staat und Kirche unmißverständlich klar und deutlich allwöchentlich im „Reich-Gottes-Boten“ zum Ausdruck kommt. Aus diesem Rahmen heraus muß das einzelne beurteilt werden. Ich glaube, daß auch dem Herrn Präsidenten unserer Kirche meine Stellung daraus bekannt sein wird.

Daß ich auf Grund meines Glaubens an das prophetische Wort eine spezifisch andere Auffassung des ganzen gegenwärtigen vaterländischen Geschehens habe, als sie gang und gäbe ist, habe ich schon in vielen Artikeln des „Reich-Gottes-Boten“ zum Ausdruck gebracht, besonders wieder in der letzten Zeit in zwei Artikeln über Daniel 9.

Auf Grund dieser meiner Auffassung der Gegenwart im prophetischen Lichte glaube ich, daß wir im Anfang der antichristlichen Zeit stehen. Daß unser Vaterland leider ein Hauptträger des antichristlichen Geistes in der Welt werden wird, zeigen deutlich alle Entwicklungen in Staat und Kirche. Daß der Krieg ein Zeichen dieser antichristlichen Macht ist, tritt immer unzweideutiger hervor. Dieser antichristliche Zug wird schwere, weitere Gerichte nach sich ziehen. Wir gehen nicht einer Zeit friedlicher Hochentwicklung, sondern nach einer Ausruhpause den schwersten Kämpfen und neuen tiefen Heimsuchungen entgegen. Das prophetische Gesamtbild, in unsere Lage gestellt, läßt daran keinen Zweifel. Da wird es dann beim besten Willen nicht möglich sein, den durch die schweren Ereignisse übernommenen finanziellen Verpflichtungen nachzukommen. Die Gerichte gehen ganz deutlich hauptsächlich über den Gott dieser Welt, den Mammon. Die ganzen großartigen Finanzgebäude werden mehr oder weniger zusammenstürzen. Ihr Grund ist morsch. Es geht hierbei nicht nach den irdischen Bilanzen, nach den besten Rechenmeistern, sondern nach geistlichen und ewigen Bilanzen, und die stehen auch bei uns sehr schlecht. So wird es hier schwere Verluste geben.

Diese Gesamtauffassung mit ihrer speziellen Anwendung auf das Finanzielle ist nun nicht etwa eine Privatmeinung von mir, sondern das ist die Meinung der ganzen bibelgläubigen Gemeine. Wieviel Hunderte haben mir schon gedankt, daß ich ihnen diese Richtlinien, welche sie selber aus der Schrift schon gewonnen hatten, klar herausstellte. Diese Gedanken habe ich in einer Andacht im Heim, die offenbar hier in Betracht kommt, auch einmal ausgesprochen.

Die Folgerungen, welche der Glaube aus diesen Anschauungen zieht und auch immer gezogen hat, sind allerdings ganz andere als die jener Dame. Der Glaube sagt sich: geht das Vaterland solchen ernsten Zeiten entgegen, so mußt du ihm doppelt helfen, und wenn alles verloren ist. Das haben wir getan und z. B. von unserem nicht sehr reichen Heim bis jetzt 10 000 Mark gezeichnet. Wenn ich mich recht erinnere, habe ich in jener Andacht es auch ausgesprochen, daß, wenn der Feind ins Land gekommen wäre, wir noch viel mehr verloren hätten.

Ich glaubte, als Hausvater in unserem Hause, wo mich die Gäste genau kennen, verstanden zu werden. Ich wollte gerade das Höchste herausarbeiten, daß wir Christen nicht um Profits willen zeichnen, sondern ohne Hoffnung, aus Liebe. Daß jemand, dem die religiösen Grundvoraussetzungen für unsere Gedanken fehlen, sie falsch verstand, glaube ich wohl. Aber welcher Redner ist dem nicht ausgesetzt? Die ganze Sachlage, um die es sich handelt, ist mir darum noch so frisch in Erinnerung, weil ein Freund, ein auch kirchlich bekannter Herr, nach jener Andacht zu mir kam und mich fragte, ob er mir als Freund etwas sagen dürfe. Auf mein „Ja“ meinte er, ich solle in Zukunft diese Dinge nicht mehr so aufs Finanzielle anwenden, ich könnte mißverstanden werden. „Ja, haben Sie mich mißverstanden?“ fragte ich. „Nein, ich nicht“, sagte er, „aber andere könnten's tun.“ „Dann lass' ich's in Zukunft“, war meine Antwort. Und dabei bleibt's.

Daß der oben befürchtete Fall nun wirklich eingetreten ist, tut mir leid; meine Überzeugungen aber stehen verankert in Gottes Wort.

Geschrieben 1917 am Palmsonntag, an dem der Heiland seinen von großen vaterländischen Hoffnungen erfüllten Jüngern nach der Wahrheit des prophetischen Lichtes sagen mußte unter Weinen:
„Es wird hier kein Stein auf dem andern bleiben!“

Hochachtungsvoll
Böhmerle, Pfarrer

Am 28. April 1917 starb seine 79jährige Mutter. Ihr verdankte er unendlich viel. Und der schwerste Schlag sollte für die Eltern am 26. November 1917 kommen: An diesem Tag fiel ihr erster Sohn Theodor im blühenden Alter von 20 Jahren.

„Gerichtszeiten sind Offenbarungszeiten“. Mit diesem Satz beginnt Pfarrer Böhmerle eine Wochenbetrachtung. Er spricht vom Endgericht, von der großen Schlußoffenbarung aller Herzen, bis sich das Wort des Herrn ganz erfüllen wird: „Es ist nichts Verborgenes, das nicht offenbar werde, und nichts Heimliches, das man nicht wissen werde.“

Die empfindsame Natur Pfarrer Böhmerles hat unter der Entwicklung in jenen Zeiten stark gelitten. Die Ordnungen im Deutschen Reich zerbröckelten. Da und dort zeigten sich Vorboten der Revolution. Auch Pfarrer Böhmerle sah die Auflösung kommen.

Es ist ein klares Bekenntnis zu Gottes Ordnung. wenn er zu Kaisers Geburtstag am 27. Januar 1918 schreibt: „Es ist keine Obrigkeit ohne von Gott! Das ist der granitene Grundpfeiler, auf welchem die Anschauung von der Obrigkeit für lebendige Christen ruht!“ Er schließt die Betrachtung: „Nicht nörgeln, nicht mäkeln, nicht schelten, nicht sich empören, vielmehr umkehren und solches ablegen in Buße und danken und beten für alles Gute und bitten und schreien, daß es in vielen Stücken noch besser werde. Es ist keine Obrigkeit ohne von Gott!“

Nun ging es Schlag auf Schlag. Offenbar war der Schriftleiter des „Reich-Gottes-Boten“ in solch einer starken Bewegung und Beanspruchung, daß er kaum Zeit fand, biblische Betrachtungen zu schreiben. Aber die Wochen-Chroniken geben ein beredtes Zeugnis, wie wach, wie erschüttert, wie treu und hoffnungsvoll im Glauben er die Ereignisse mitverfolgt hat.

Das Volk wurde zur Revolution aufgefordert. Theodor Böhmerle schreibt damals: „Jetzt heißt's glauben! Fest glauben! Die Wogen türmen sich wieder von allen Seiten. Die Großen und die Leiter verlieren die Nerven. Schlachten des Entsetzens werden im Westen geschlagen. Blut fließt in Strömen.“ Unter dem 8. November 1918 wurde die Chronika mit den Worten beschlossen: „Du wirst sagen: Ist das Chronika? Das ist ja eine Predigt. Ja, es geht nicht anders. Wenn die Zeitchronika im immer furchtbareren Sinn Gerichtschronika wird, dann muß der Chronikaschreiber das Buß- und Gnadenregister ziehen.“ So hat Theodor Böhmerle seine Zeitbetrachtungen immer mit einer geistlichen Anwendung geschlossen.

Seine Reaktion am Ende des Weltkrieges, die wir wörtlich bringen, vermittelt einen tiefen Eindruck.

10. November 1918:

„Und nun? Was sagst du jetzt?“ — so wird mancher den Chronikschreiber fragen. Nun, sich in guter Meinung und heißer Liebe zu Gott und zum Vaterland getäuscht zu haben in manchen Erscheinungen, das wäre keine Sünde und keine Schande. Am allerwenigsten, wenn man’s zugibt. Gott in dieser gewaltigen Zeit, wo Er mit Riesenschritten einhergeht, nicht haben folgen können, das ist auch keine Schande — heißt es doch, wenn von irgendeiner Zeit, so von der unsrigen: ‚Wie unbegreiflich sind Deine Gerichte, wie unerforschlich sind Deine Wege‘. Wer sich in diesen vier Jahren nicht geirrt hat, der trete hervor!

Wir müssen uns, so schmerzlich es ist, daran gewöhnen, im Vaterlande, wie weltweit, die antichristlichen Weltmächte herrschend zu sehen. Das löst uns innerlich vom Vaterland, bei aller Pflichttreue, welche wir unter jeder Ordnung betätigen. Der Drache, das Tier und der falsche Prophet — das ist die antichristliche Trinität, welche am Ende der Tage der wahren Trinität des Vaters, des Sohnes und des Heiligen Geistes gegenüber steht. Der Teufel will sein wie Gott, also auch trinitarisch. Er ist der Vater der Lüge; er ist der Drache. Seine Ausgeburt ist das Tier, das antichristliche Wesen, welches die christlichen Ideen ohne den Sünderheiland ausführen will, welches die Bergpredigt-Sittlichkeit mit einer unbekehrten Sünderwelt verwirklichen will, der persönliche Antichrist, gewissermaßen sein ausgeborener Sohn. Dann der falsche Prophet, das weltmachtmäßig gewordene Kirchenwesen — evangelischer und katholischer Tendenz, hauptsächlich im Jesuitismus ausgeprägt. Das vertritt die Stelle des Heiligen Geistes.

Sehr bemerkenswert ist in diesem Zusammenhang auch die Tatsache, daß viele Amerikaner ihren Wilson den ‚master of the world‘, den Herrn — Fürsten — dieser Welt nennen. So richtet sich unser Auge und Herz vom irdischen Vaterland zum Königreich Jesu. Möchten recht viele unter diesen Nöten einen Blick für dasselbe gewinnen!“

Die biblische Betrachtung im „Reich-Gottes-Boten“ an jenem 10. November ist überschrieben: „Hoffen, da nichts zu hoffen ist.“ Sie beginnt: „Das ist Christenglaube: Wo Menschen auf Grund der natürlichen Verhältnisse und Umstände sagen: Laßt alle Hoffnung fahren! — da die lebendige, gewisse Hoffnung aufrichten. Der Christenglaube sieht im tiefen, dunklen Tal der Verzagtheit und Hoffnungslosigkeit eine Lichtesgestalt voll Leben und Kraft und Herrlichkeit stehen: Jesus, den Sohn Gottes. In Ihn schlägt er seine Hoffnungen ein, um so tiefer und fester, je entwurzelter er im Natürlichen ist. Es ist unsere heilige Aufgabe, jetzt in all dem Schweren im Glauben unverzagt und ohne Grauen, voll lebendiger Hoffnung zu sein und zu bleiben. Mächtig preßt uns der Jammer der Gegenwart auf allen Gebieten den Ruf aus: ‚Komm, Herr Jesu!' Er treibt uns in die lebendige Hoffnung, je weniger da unten zu hoffen ist."

Das Zeugnis der letzten Lebensjahre

Veränderungen in Staat und Kirche: 1919-20

Viele seiner Zeitgenossen triumphierten über der Bestätigung ihrer Voraussagen. Pfarrer Böhmerle sah zwar auch das Ende und lag am Boden, aber nicht hoffnungslos, nicht glaubenslos; er trug Leid über den Zusammenbruch seines geliebten Vaterlandes und den Abgang des deutschen Kaisers und des badischen Großherzogs.

„Dein Gott ist König!" war das ein neues Programm? Das war eine Himmelfahrtsbotschaft im Jahr 1919. Man spürt es den Betrachtungen jener Zeit ab, wie der im Innersten verwundete Mann, der Familien- und der Bibelheimhausvater, der Vorstand des Gemeinschaftsverbandes, der Redakteur des „Reich-Gottes-Boten" und des „Engelskalenders", sich immer wieder am Wort Gottes erquickte. Das Beschreiben der Zeitgeschichte war ihm eine herzbewegende Arbeit. Es ging darum, mit geistlichen Waffen zu kämpfen. Unerschrocken stellte er das Zeitgeschehen in das Licht der Bibel.

Die Kirche mußte sich neu orientieren. Bisher war der Großherzog der Landesbischof. Nun war er es nicht mehr. Mutig setzte sich Theodor Böhmerle mit den Kirchenwahlen auseinander. Demokratie in der Kirche? Das war für ihn noch unfaßbar.

Die Chronik vom 2. März 1919 läßt erkennen, wie schwer die damaligen Entwicklungen auf ihm lasteten: „Es ist ein herzbrechende Arbeit, zur Zeit eine Chronik zu schreiben. Wir sausen mit unserem Staats- und Volkswagen in rasendem Lauf weiter in die Tiefe, und es ist zur Zeit niemand da, der aufhält oder aufhalten könnte."

Innerhalb des Gemeinschaftsverbandes begann ein neues Leben und Wirken. Pfarrer Böhmerle schrieb zum Jahresfest 1919: „Unser Bibelheim hat ein reichgesegnetes Jahr hinter sich. Dies gilt vor allem von den Winterbibelkursen. Sehr groß war dabei die Beteiligung der heimgekehrten Krieger. Das Wort fand spürbar und merkbar offenes Land."

Inspektor Philipp Krämer mußte beim Jahresfest 1919 den versammelten Geschwistern mitteilen, daß Pfarrer Böhmerle am 2. Juli 1919 seine Ämter als Vorstand des Vereins und als Redakteur niedergelegt habe. Auf seinen ausdrücklichen Wunsch hat Inspektor Krämer die Gründe seines Rücktritts mitgeteilt: Der Rücktritt sei veranlaßt einerseits durch die zusammengebrochenen Körperkräfte, die Pfarrer Böhmerle den Dienst versagen, oft tage- und wochenlang. Jedes Herausgestelltsein in die Öffentlichkeit sei für ihn mit schweren seelischen Erschütterungen verbunden, die sich körperlich auswirken. Andererseits aber trete er zurück, weil er in einen anderen Reich-Gottes-Typus hineingeführt worden sei, als ihn der Verein bisher vertrat. Er würde es aber für einen Grundfehler halten, das Werk nicht auf seinen ursprünglichen Grundlagen und Grundlinien weiterzuführen. Das sei ihm aber nach seiner jetzigen Glaubenseinstellung unmöglich. Er sei ein ganz entschiedener Gegner all der Feste und Festlein, welche so üppig ins Kraut geschossen seien. Er sei nur ein bedingter Fürsprecher der Evangelisation und ganz besonders ein Gegner der wieder aufgetauchten Zeltmission und der allzu spezialisierten Vereinsarbeit. Das alles wollten die Geschwister. Er aber könne als Vorstand und Redakteur dies nicht mehr decken. Im Verlauf seiner Begründung geht Pfarrer Böhmerle auch auf die Zeitereignisse ein. Er könne die von der Evangelischen Konferenz der kirchlich-positiven Vereinigung in Baden gefaßten Beschlüsse über Wahlen und über die Stellung der Frau gewissensmäßig nicht billigen. Seine Parole heiße darum auch bei den kirchlichen Wahlen: wegbleiben!

Bei den weiteren Verhandlungen mit dem Verwaltungsrat erklärte Pfarrer Böhmerle, er habe der Eindruck, nach einer längeren Erholungszeit vielleicht die beiden Ämter wieder übernehmen zu können. Schriftleiter des „Reich-Gottes-Boten“ wurde vorübergehend Pfarrer Eduard Lamerdin in Reichartshausen bei Sinsheim.

Die Entwicklung von Pfarrer Böhmerle wurde von vielen Brüdern nicht verstanden. Früher schrieb er so und heute schreibt er ganz anders! Wie ist das zu erklären? So war es wohl verständlich, daß innerhalb der Brüderschar ein Fragen und ein Suchen begann.

Theodor Böhmerle wollte sich nicht mit den Erkenntnissen anderer Gotteszeugen zieren. Am 20. Juli 1919 veröffentlichte er eine Betrachtung unter dem Titel: „Etwas von den Ereignissen der letzten Zeit." Im ersten Satz schreibt er: „Im Jahre 1878 ist von Pastor Ernst Mühe aus Brandenburg ein Büchlein erschienen mit dem Titel: ‚Das enthüllte Geheimnis der Zukunft.'" Nach einer kurzen Vorbemerkung bringt er den Hauptinhalt dieser Schrift. Darin sind Grundgedanken enthalten, die Theodor Böhmerle später weiter ausgeführt hat.

Am 10. Juni 1919 starb sein Vater im Alter von 77 Jahren. Der Sohn mußte den Leib seines Vater, von dem er viele edle Naturgaben mitbekommen hatte, in den Acker Gottes legen. In jener Zeit schrieb er eine Betrachtung über 1. Petrus 2: „Als Gäste und Fremdlinge." Er schließt: „Darum auf, ihr Gäste und Fremdlinge, das Herz empor zur Heimat, und dann die Füße, stark im Herrn, hinein in die irdischen Ordnungen — und wenn es sein soll, in Leidenswege! Denket: über ein kleines! "

Wieder voll im Dienst

Pfarrer Böhmerle hielt sein Wort. Nach einer längeren Ruhepause war er bereit, die Last der Vorstandschaft wieder zu tragen. Mit der Nummer zum 11. April 1920 übernahm er aufs neue die Schriftleitung des „Reich-Gottes-Boten". Die erste Betrachtung stand unter der Überschrift: „Der Auferstandene führt Seine Apostel in die neue Linie des Rates Gottes ein." Während seiner Ausruhzeit hatte er neue Geistes- und Körperkräfte bekommen. Nun mußte er sich neuen Kämpfen stellen. Denn die Welt, der Staat, die Kirche waren in einer Auflösung und Neuausrichtung begriffen. Auch die Gemeinschaften waren mit einbezogen in diesen Prozeß. Es war wohl ein blühendes Leben. Da und dort sammelten sich wieder Vereine. Mit dem Vorstand und dem Inspektor Philipp Krämer standen 42 Reiseprediger und 7 Missionsschwestern im Dienste des Gemeinschaftsverbandes.

Im Jahre 1919 waren es 36 Brüder. Der Herr hatte bis zum Spätjahr des folgenden Jahres 6 weitere Brüder und eine Schwester hinzugeführt. Aber es gab trotzdem Nöte. Es herrschte Wohnungsnot. Die

Unterbringung der Brüder war oft sehr schwierig. Die Preise stiegen an. Das Papier wurde knapp. Der „Reich-Gottes-Bote“ erschien nur noch vierseitig.

Die Jugendarbeit war organisiert. Im Gesamtverband standen 160 Jungfrauenvereine mit 3500 Mitgliedern und 81 Jungmännervereine mit 1900 Mitgliedern.

Wieder läuteten die Glocken der Stadtkirche in Karlsruhe ein Landesjahresfest ein. Es war Mittwoch, der 15. September 1920. Um 13 Uhr begann der Festgottesdienst. Pfarrer Böhmerle hielt die Festpredigt. Wie hieß sein Thema? „Gemeinschaftsleute“. Der Text war 1. Johannes 5, 1—5. Er begann mit dem Satz: „Gemeinschaftsleute, so heißen wir!“ Er stellte die Frage: „Sind wir es auch?“ Th. Böhmerle ging es dabei um die Wiedergeburtsgnade. Mit der Wiedergeburt fängt ein neues Leben an, das Geistesleben. Das hatte er mehr und deutlicher erkannt. „Vorher hatten wir das Natur- und Fleischesleben, d. h. unser natürliches Denken und Wollen. Nun ist ein neues Lebensgesetz in uns lebendig geworden: der Heilige Geist. Es geht dem Herrlichkeitstag Jesu Christi entgegen. Ja, es gehört zu den Kennzeichen der rechten Gemeinschaftsleute, daß sie sich über der Zeitlage keiner Täuschung hingeben. Dunkel liegen schwere Zeiten vor uns. Was wir bis zum nächsten Jahresfest erlebt haben werden, kann hart und härter sein denn je. Aber hell liegt es vor und über den Kindern Gottes: die Erlösung naht. Nehmt einen reichen Strahl dieser Siegessonne mit hinein in eure Kämpfe. Laßt davon etwas ausstrahlen auf eure tägliche Umgebung. Dann seid ihr rechte Gemeinschaftsleute. Ihr Gericht soll die Welt wissen von uns — aber auch ihre Rettung soll sie sehen an uns. Wiedergeburtsleben ist Sterbensleben. Aber Wiedergeburtsleben ist auch Siegesleben. Unser Glaube ist der Sieg, der die Welt überwunden hat.“ Das waren glaubensstarke und glaubensstärkende Worte, das Zeugnis eines Gottesstreiters. So gestärkt zogen die Scharen wieder heim.

Rücktritt vom Vorstandsamt

Einige Zeit später kam die überraschende Nachricht vom 6. Oktober 1920:

An unsere Gemeinschaften!

Der Unterzeichnete hat heute die ihn tief bewegende Aufgabe, den Gemeinschaften mitzuteilen, daß er am 6. Oktober 1920 die Vorstandschaft des Vereins niedergelegt hat. Schon lange war mein Körper den Lasten des dreifachen Amtes: Leiter des Bibelheims, des Blattes und des Vereins zu sein, nicht mehr gewachsen. Je länger, je mehr wurde es klar, eine Aufgabe von den dreien muß weg. Am ehesten ging es unter den obwaltenden Umständen mit der Vorstandschaft.

Dann war es mir auch seit Jahren nicht mehr möglich, zu den Gemeinschaften hinauszugehen. Ich kenne die meisten Glieder und Zweige des Vereins nicht mehr aus persönlicher Anschauung. Ein Vorstand sollte aber vor allen Dingen Fühlung mit allen Teilen des Werkes haben. Diese Fühlungnahme war und ist mir unmöglich. Dadurch ergaben und ergeben sich für das Werk gar manche Schwierigkeiten. Darum drängte sich je länger, je mehr das Bedürfnis auf, zum Vorstand einen Mann zu haben, der überallhin persönliche Fühlung hat und dem die Gabe beschieden ist, diese zu nehmen.

Endlich bin ich durch meine aus dem Forschen in der Schrift gewonnenen Überzeugungen, welche mir natürlich Gewissensüberzeugungen sind, in vielen Stücken zu anderen Anschauungen gekommen, als sie unter den Geschwistern im Lande hin und her vertreten sind. Ein Vorstand aber kann auf die Dauer nicht andere Anschauungen vertreten wie die Mehrzahl derer, deren Vorstand er sein soll. Dies gilt hinsichtlich der Evangelisationsarbeit, der vielen Spezialisierungen in der Reichgottesarbeit, sonderlich aber hinsichtlich der Mitarbeit an den gegenwärtigen Aufgaben unserer Landes- und Volkskirche.

Nicht das ist die Frage, ob wir innerhalb der Landeskirche stehen bleiben sollen oder nicht. Das ist für mich nie etwas anderes als selbstverständlich gewesen, wie alle wissen, die mich kennen, daß wir unsere Landeskirche in ihren Nöten nicht verlassen. Auch das ist nicht die Frage, ob wir eine Freikirche bilden wollen oder nicht. Dieser Gedanke ist von uns allen stets einmütig zurückgewiesen worden. Wer in dieser Hinsicht etwas anderes sagt oder schreibt, tut wissentlich oder unwissentlich nicht die Wahrheit. Freikirche wird die Kirche noch einmal, das muß aber wachsen.

Die Frage ist vielmehr die, ob Gotteskinder der Landeskirche unserer Tage mit den äußeren Mitteln helfen dürfen, durch welche sie glaubt, sich wieder neu aufbauen zu sollen. Wir denken hier neben anderem hauptsächlich an das Wahlrecht, sonderlich an das Frauenwahlrecht. Ich habe hier die Überzeugung, daß die Kirche mit diesen Mitteln den antichristlichen Weg noch kräftiger beschritten hat als zuvor schon und daß sie sich durch diese Mittel nicht baut, sondern über kurz oder lang erst recht ihr Grab gräbt. Darum kann ich persönlich, gerade aus Liebe zur Kirche, weil ich ihr Grab nicht helfen graben will, hier nicht mittun, sondern muß mich auf die geistlichen Mittel der Mitarbeit durch Wort, Zeugnis und Fürbitte einstweilen beschränken.

Ebenso glaube ich, daß das unbedingte Festhalten an der Massenkirche, welches zu so vielen falschen Wegen geführt hat und immer tiefer führt, nach dem Grundgedanken der Schrift ein Fehlweg ist. Die Mehrzahl der Geschwister im Lande glaubt, hier andere Wege gehen zu müssen, als ich sie für richtig halte. Sie ist andere gegangen und wird sie bei der Wahl am 7. November gehen. Ist dies der Fall, so kann ich das natürlich als Vorstand nicht mehr vertreten, sondern muß zurücktreten.

Betonen muß ich ausdrücklich, daß keinerlei persönliche Gegensätze vorliegen, sondern rein und allein nur die körperlichen Gründe und diese sachlichen verschiedenen Überzeugungen. Ich trete darum auch nur vom Vorstand zurück. Ich bleibe Glied des Vereins, Leiter des Bibelheims und Leiter des Blattes.

Zum neuen Vorstand ist Inspektor Krämer ernannt, der ja den Geschwistern bekannt ist und bisher schon einen erheblichen Teil der Arbeit der Vereinsleitung mitgetragen hat. Zweiter Vorstand ist Hausvater Straßer vom Hardthaus und Beirat des Vorstandes Steuerinspektor Dittes in Karlsruhe. Wir bitten, den neuen Vorstand durch brüderliche Liebe und Fürbitte treu zu unterstützen.

Mit brüderlichem Gruß

Böhmerle, Pfarrer

Anno domino 1921. Wir leben in einer Welt, die im Argen liegt. Und doch ist unser Glaube der Sieg, der die Welt überwunden hat. In dieser Spannung lebt der gläubige Mensch. Auch der Hausvater des Bibelheims. Er mußte miterleben, wie in jenen Zeiten die Emanzipation, die Gleichstellung der Frau in Staat und Kirche, stark betrieben wurde. Er befaßte sich mit der „Frauenfrage im Licht der Bibel“. Er stellte heraus, daß die Frau nach der Schöpfungsordnung als Gehilfin des Mannes ihre eigentliche und segenswirkende Aufgabe habe. Neues wurde ihm geschenkt. Aber das wurde biblisch begründet. So war es doch nicht neu. Nur mußte es neu auf den Leuchter gestellt werden.

Auch in der Chronik weist er auf den sittlichen Verfall mit ernsten Worten hin:

„Wenn doch nur allen Deutschen endlich der Ernst dieser drohenden Entscheidungen auf Herz und Gewissen fiele! Aber davon sind wir weit entfernt. Mitten in diesen ernsten Notlagezeiten brechen weithin Landarbeiterstreiks aus und gefährden die Einbringung der Ernte. Mitten in diesem Elend drängen und treiben sich die Feste. Und mitten in dieser Gewitterschwüle nimmt der sittliche Ernst ständig ab. Überall mehrt sich öffentliche Freizügigkeit im Verkehr der Geschlechter. Die Frau wird immer mehr bloßgestellt. An manchen Orten mußten selbst die Behörden schon eingreifen gegenüber den tollsten Schamlosigkeiten, besonders in manchen Sommerfrischen“ (21. August 1921).

In deutschen Landen erhob sich der verwerfliche Antisemitismus. Wie sollen sich die Gläubigen dazu verhalten? Seit 1917 sahen doch die Gläubigen in Palästina ein Angeld der göttlichen Verheißung. Wie steht's nun? Theodor Böhmerle fragt die Bibel: „Der Antisemitismus und die Bibel.“ Ist das nicht ein Widerspruch? Im Volke sagt man, es müsse endlich damit aufgeräumt werden, Abraham, Isaak und Jakob unserem Volk als Vorbilder darzustellen. Zum „rassenechten Germanentum“ müßten wir zurückkehren. Das ist doch eine furchtbare antichristliche Verirrung! „Wir sind“, schreibt Th. Böhmerle, „von Hause aus eine heidnische Nation wie alle anderen Nationen außer den Juden. Der Antisemitismus greift auch unseren Herrn an, und damit das Zentrum der ganzen Bibel. Was in den antisemitischen

Flugblättern über den Herrn geschrieben und gelogen worden ist, das ist entsetzlich." Er scheut sich nicht, die furchtbaren Gerichte über Israel zu beschreiben. Er bringt den Lesern des „Reich-Gottes-Boten" in Erinnerung, wie in den jahrhundertlangen Kämpfen mit unendlichem Blutvergießen Israel ins Gericht kam, wenn es nicht Gottes Geboten gehorchte. Gotteskinder haben mit dem Antisemitismus nichts gemein. Er ist ein Bibelfeind. Gotteskinder sagen zwar den Juden die Wahrheit, auch über ihren jetzigen Fluchzustand. Aber sie sagen solches in der Liebe Christi, welche Pfarrer Böhmerle über alle ausgebreitet sieht. „Er, der Herr, ist der Jahwe Israels!"

Beim Durchblättern der alten „Reich-Gottes-Boten" kommt man zu dem Eindruck, daß der Verfasser jetzt, frei von der Verantwortung als Vorstand, sich mehr als seither mit dem Wort Gottes beschäftigen kann. Das früher Erkannte stellt er nun deutlicher heraus. Die verschiedenen „Haushaltungen" in der göttlichen Heilsordnung, auch jene der Allversöhnung, werden ins biblische Licht gerückt.

Bei all dem Schöpfen im ewigen Gottesbrunnen wurde der Liebhaber der Monarchie nicht blind und taub über dem, was mit den Gliedern der kaiserlichen und großherzoglichen Familie geschah. Es ist ergreifend, wie er anläßlich des Todes der letzten deutschen Kaiserin im Mai 1921 ausführlich davon berichtet unter der Überschrift: „Gedanken am Sarge der Kaiserin im Lichte der göttlichen Wahrheit." Pfarrer Böhmerle schreibt: „Wir sind in den letzten Tagen manchmal an ihrem Sarge stillgestanden. Christen stehen pflichtgemäß an Särgen still. Mehr aber kann uns als Deutsche nicht leicht ein Sarg in diesen Tagen angehen als der, welcher unsere Kaiserin umschließt. Bei solchem Stillstehen gibt's beim Gläubigen Herzbewegungen im Lichte der göttlichen Wahrheit." „Fahre hin, geliebte Kaiserin", beschließt er seine Betrachtung. „Ein großer Zeitabschnitt ist mit dir zu Grabe getragen. Er kommt nicht wieder. Schweres hast du erduldet. Einen Vorschmack der kommenden Zeit! Du warst eine edle Vertreterin des Zollernthrones. Doch sankest du. Auch du mußt weichen dem größeren, dem allein die Welt beglückenden: dem Christusthron."

Nach wie vor schrieb Pfarrer Böhmerle die Chronik. Er befaßt sich dabei auch mit wirtschaftlichen Dingen, mit der Herrschaft des Dollars, mit der Auswirkung der sich anbahnenden Inflation in Deutschland. Mit großem Interesse verfolgt er den Katholikentag des Jahres 1922 in München. In seiner Schlußansprache sagte Kardinalerzbischof Faulhaber: „Nicht von Moskau kommt der Weltfriede, nicht von der Konferenz in Genua, nicht von Versailles, er kann nur von Rom kommen." Th. Böhmerle bemerkt hierzu: „Das ist falsche Prophetie! Das steht in der Bibel ganz anders. Von Zion geht auf der schöne Glanz Gottes, von Jerusalem geht aus das Heil der Völker. Nicht von Rom, nicht vom Papst, sondern vom wiederkommenden Jesus Christus ganz allein!"

Der „Reich-Gottes-Bote" erschien im Jahre 1922 mit einer Auflage von 18 000 Exemplaren. Der Preis für ein Blatt betrug im Januar 1922 vierteljährlich 3.50 Mark, im Januar 1923 75 Mark im Monat. Die teuerste Nummer war die vom 1. November 1923. Sie kostete 500 Millionen! Die Betrachtung ist überschrieben: „Gute Zuversicht" und enthält den Satz: „So stehen wir auch im Jammer der gegenwärtigen Tage, obwohl er uns nach der Naturseite hin hart anfaßt, dennoch im Geiste unseres Gemütes voll guter Zuversicht."

Mit wachem Geist verfolgte Theodor Böhmerle alle Nachrichten über die Juden. So registrierte er eine Nachricht aus Polen, welche besagte: 10 000 Russen aus Podolien sind Juden geworden und sind auf dem Weg nach Palästina. Sie wollen dem jüdischen Volke helfen, das Land wieder aufzubauen in der Hoffnung auf nahe Erlösung. Sein Kommentar: „Sie werden bittere Zeiten mit durchmachen, aber ein Zeichen ist auch dieser Entschluß: Nationen dienen ihnen."

Mehr und mehr schälten sich für ihn die „Reich-Gottes-Grundgesetze" heraus. Er wollte nicht „Gottes Geheimrat" sein. Aber schauen wollte er. Er wollte seine Hand an den Pulsschlag der Entwicklung legen, um wahrzunehmen, wie der Herr handelte in seiner Zeit.

So kam das Jahr 1924. Woche für Woche schrieb Pfarrer Böhmerle den „Reich-Gottes-Boten". Er diente gleichzeitig in den Bibelkursen im Bibelheim. Es sprach sich herum: Pfarrer Böhmerle ist eine Gabe Gottes. Nicht die Gabe Gottes. Diesen Anspruch erhob er nie. Ihm bereiteten die Auswirkungen der ihm geschenkten Gaben viel Leid. Es waren ja ungewohnte Züge, die er herausstellen mußte, nicht um geistlicher Revolutionär zu sein. Für den, der biblisch geschärfte Augen geschenkt bekam, traten göttliche Gerichts- und Heilswirkungen offen zutage.

Die Entstehung des Monatsblattes „Die Gemeine"

Manche Leser des „Reich-Gottes-Boten" konnten den Ausführungen von Pfarrer Böhmerle nicht mehr folgen. Deshalb beschloß der Verwaltungsrat am 6. September 1924, Hausvater Straßer, Bruder Bertsch und einige andere Brüder zu ihm zu schicken mit der Bitte, künftig so zu schreiben, wie es für die Bedürfnisse des Werkes zweckentsprechend sei. Pfarrer Böhmerle bewies die Weisheit von oben, die sich sagen läßt. Am 28. September schrieb er im „Reich-Gottes-Boten":

An unsere Leser!

Dem Redakteur ist mitgeteilt worden, daß viele der biblischen Artikel, welche in unserem Blatte zum Eingang stehen, für den weiteren Leserkreis des Blattes nicht zweckentsprechend seien. Die Brüder, welche draußen in der Arbeit stehen, machen diese Erfahrung. Der Redakteur ist darum in Liebe gebeten worden, die biblischen Eingangsartikel doch einfacher, faßlicher und dem geistlichen Verständnis der Mehrzahl der Leser angepaßter zu halten. Der Redakteur konnte sich der Wahrheit dieser brüderlichen Mitteilung nicht verschließen und hat es auf sich genommen, zu versuchen, ob ihm ein dem Leserkreis entsprechendes Schreiben möglich ist.

Da aber der Redakteur glaubt, daß gerade die Wahrheiten, welche am meisten unter das obige Urteil fallen, ja manchmal sogar auf Widerspruch stoßen, diejenigen sind, welche der Gemeinde unserer Tage unbedingt übermittelt werden müssen, und weil viele der Brüder ebenfalls dieser Meinung sind, so ist der Weg als gut erkannt worden, daß der Redakteur noch ein eigenes Monatsblatt schreibe neben dem „Reich-Gottes-Boten", in welchem diese Wahrheiten auf Grund der Schrift dargeboten werden. Dies Monatsblatt soll so bald wie möglich erscheinen und den Titel führen: *„Die Gemeine"*. Der Unterzeichnete wird also den „Reich-Gottes-Boten" weiterhin schreiben, doch, soweit es ihm möglich ist, die Predigten andersartig. Dazu wird er auch das Monatsblatt „Die Gemeine" schreiben. Dasselbe wird zwölfmal im Jahre in Heftform erscheinen und so gehalten sein, daß die Einzelhefte auch für sich gekauft werden können. Und nun wolle der Herr beides segnen, ein jegliches in seiner Art: „Reich-Gottes-Boten" und „Die Gemeine".

Mit herzlichem brüderlichem Gruß

Euer Böhmerle, Pfarrer

Ein Zeuge der Gemeine Jesu Christi

„Ein jegliches in seiner Art", so beschloß er seine Mitteilung an den Leser. War es möglich, daß e i n Verfasser in zweierlei Art dienen konnte? Viele mögen damals diese Frage bangen Herzens bewegt haben.

Das Echo auf die Ankündigung der Zeitschrift „Die Gemeine" war unerwartet groß. Und so begann mit dem Jahr 1925 eine neue Tätigkeit Theodor Böhmerles.

Bereits im Dezember 1924 wurde die erste Nummer der „Gemeine" herausgegeben. Sie enthielt einen Artikel: „Schreibe":

Es ist schwer zu schreiben, wo so viel geschrieben wird. Es ist sehr schwer, Geistliches zu schreiben, wo zu viel Geistliches geschrieben wird. Es war noch im alten Jahrhundert, am Anfang der neunziger Jahre desselben, da hatte unsere badische Landeskirche einen geistgesalbten, ernsten, studierten und frommen Prälaten namens Schmidt. Der mußte von Amts wegen das Mannheimer Kirchspiel visitieren, und in diesem Kirchspiel saß ein junger Stadtvikar. Viel ernste Dinge hat der erfahrene Prälat dem jungen Vikar gesagt. Unter anderem nahm er ihn bei der Hand und sagte: „In Zukunft mehr mit Tinte und Feder arbeiten!" Dieser Vikar war der Schreiber der „Gemeine". Er hat's lange nicht getan, was der Prälat ihm sagte. Schreiben liegt ihm eben nicht. Fast zehn Jahre ging's, und der Vikar und der junge Pfarrer hat immer noch nicht geschrieben. So hie und da etwas; aber geschrieben im wahren und vollen Sinn nicht. Da kamen in den Anfangsjahren des neuen Jahrhunderts die alten, vorstehenden Brüder des Evangelischen Vereins für innere Mission Augsburgischen Bekenntnisses einmütig und einhellig zum jungen Pfarrer und sagten zu ihm: „Schreibe! Schreibe den ‚Reich-Gottes-Boten' und schreibe den Kalender, den sogenannten ‚Engelskalender'". Ein großer und jäher Schrecken überfiel den Pfarrer, er wehrte sich sehr ernstlich. Aber es half nichts, es blieb beim „Schreiben!" Aus dem Zittern und aus der Angst ist er dabei bis heute — und es sind jetzt rund 20 Jahre — nicht herausgekommen. Also unter göttlichem Pflichtgeheiß hat er geschrieben, viele Jahre den „Reich-Gottes-Boten" und den „Engelskalender". Und er hat's erfahren: Gibt der Herr eine Aufgabe, so gibt Er auch die Kraft. Sagt der Herr: „schreibe", so gibt Er nicht nur Tinte und Feder, sondern auch den Geist.

Ab Januar 1925 kam monatlich dieses Heft heraus, in der Regel mit 24 Seiten. Nach einer biblischen Einleitung folgte eine Betrachtung unter dem Titel: „Die Gemeine und ihre Glieder" in verschiedenen Beziehungen, eine biblische Schau im Zusammenhang mit der Gemeine. Im folgenden ging er dann auf Briefe und Abschnitte der Heiligen Schrift ein, und schließlich kam eine Monatsschau. In einem „Briefkasten" beantwortete er spezielle Fragen seiner Leser.

Gleich in der ersten Nummer finden wir ein grundsätzliches Wort über die Gemeine:

Von der Gemeine wollen wir zuerst reden in unserer Monatsschrift „Die Gemeine". Die Gemeine ist diejenige Haushaltung Gottes, welche in diesen unseren Tagen zum Ziel geführt wird. Über die Gemeine, über ihren Zweck, Grund und Ziel eine Klarheit zu haben, ist für die Gläubigen der Gegenwart von grundlegender Bedeutung. Was Gott will in der gegenwärtigen Zeit, was Er will durch Jesus Christus, unserem Herrn, das ist die Gemeine herausbilden. Das ist die große Hauptsache für einen jeden unter uns, daß er ein klar bewußtes Glied der Gemeine wird in der Erleuchtung und Kraft des Heiligen Geistes. Jede andere Stellung zu allem, was im Himmel und auf Erden ist, regelt sich von dieser Grundstellung aus. Hier muß es vor allen Dingen heißen: „Ich habe nun den Grund gefunden." Wie kann aber jemand den Grund finden, wenn ihm nicht gesagt und gepredigt ist von der Gemeine, und wie kann er seinen Weg richtig gehen, wenn er nicht gegründet ist?

Wir sagen ausdrücklich „Gemeine“ und nicht „Gemeinde“ — einmal weil Luther sehr richtig in unserer deutschen Bibel so sagt, sodann aber, weil das Wort „Gemeinde“ in dieser Welt allerlei bedeutet. Das Wort „Gemeine“ bedeutet eben das eine Große, das es nur einmal in dieser Welt und in den Himmeln gibt, das Kernstück des Rates Gottes, das in unseren Tagen geoffenbarte innerste Kreaturengeheimnis Gottes.

Unter „Gemeine“ versteht die Schrift da, wo dieses Wort erscheint, sowohl die einzelnen, an bestimmten Orten sich bildenden Ortsgemeinschaften unter Gläubigen, als auch an vielen anderen Stellen dasselbe, was sonst der Leib Christi oder der Tempel Gottes und Christi oder Gottgebäu oder Weinstock und Reben heißt. Die Gemeine ist die Gesamtheit derer, die Christi Eigentum sind in Zeiten und Ewigkeiten. Die Gemeine ist die Einheit der Kinder und Erben Gottes. Die Gemeine ist an ihr selbst jetzt unsichtbar wie ihr Haupt. Weil sie aber auf Offenbarung hin bestimmt ist, drängt sie immer und überall, wo wahrhaftige Glieder sind, heraus und will sich versichtbarlichen. Wo sie aber und wie sie aber sich sichtbar offenbart jetzt in dieser Zeit bis zum Kommen des Herrn hin, da ist das sichtbar Gewordene nicht mehr die Gemeine.

Es schließt sich jeder äußeren Gestaltung sofort nicht nur das noch Werdende an. Das wäre ja das Schönste und auch Gemeine zu nennen. Es schließt sich aber auch immer noch allgemein Religiöses, Gesetzliches, ja Unlauteres an. Darum kann keine einzige Kirche oder Gemeinschaft auf dieser Erde oder in dieser Zeitlichkeit sagen, sie sei die Gemeine. Sie ist es nicht, wiewohl die eine Hütte der wahren Gestalt näher kommt als die andere. Jegliche ist doch nur vergängliche Zelthütte.

Du mußt, wenn du ein Glied am Haupt sein willst, irgendeiner äußeren Gestaltung angehören und zugehören. Das Unvollkommene, ja vielleicht Verkehrte der Gemeinschaft, zu welcher wir geführt sind, ist uns dienlich zum Sterben und Werden in Christus. Damit die Glieder der Gemeine lebendig und frisch bleiben, erneuern sich die Gemeinschaftsformen immer wieder und bieten dann in ihrer Erneuerung oft wieder tiefere Anregung den wahrhaft Gläubigen. Doch kann ein Kind Gottes, wie ein erfahrerener Mann in Gott es aussprach, überall sterben. Und das ist ja doch die Hauptsache bei den Gemeinegliedern, daß sie gründlich dem eigenen Ich absterben und in Christus Jesus auferstehen lernen. Darum sind die wahren Gemeineglieder keine Hüttenänderer. Sie lassen sich auf dem Sterbens- und Auferstehungsweg segnen und wollen ein Segen sein.

Um die vorausbestimmten Gotteskinder herauszuholen aus der Masse der Menschen, läßt der Herr jetzt in diesen Zeiten das Evangelium von der Gemeine verkündigen. Das Gegenwartszeugnis, welches wir hinaustragen sollen, umfaßt nicht nur die Versöhnung in Christi Blut und die Erlösung von der Sünde in Christi Auferstehung. Das Evangelium dieser Tage umfaßt auch die Botschaft von der neuen Geburt, von der Kindschaft und Erbschaft, von der großen Herrlichkeit der Erstgeborenen, aber auch von dem Weg, von dem völligen Hingabeweg und dem Kreuzes- und Auferstehungsweg in Ihm. Unser Evangelium hat nicht nur den Heiland für uns, sondern den Heiland in uns, das In-Ihm-Sein in dieser Welt. Krone des Lebens, Krone der Herrlichkeit, Kleinod wird vorgestellt. Christus-Gleichheit und Wohnen in Seiner Herrlichkeit und mit Ihm herrschen wird angeboten.

Und da geht es nun so bei diesem Evangelium: Es wird wenig ganz verkündigt, aber doch ergeht es immer und ergeht immer an die, die es holen soll. Gott weiß Seine Auserwählten zu kriegen auf den wunderlichsten Wegen. Denn welche Er zuvor erkannt und zuvor bestimmt hat, die hat Er auch berufen.

Der Weg der Gläubigen geht tief hinab. Und doch sind die Kreuzeswege der Gläubigen herrlicher an inneren Lebensoffenbarungen des Herrn als alle Herrlichkeitswege dieser Welt. O elender Weg der Herrlichkeit! O herrlicher Weg der Elendigkeit der Söhne Gottes!

Aus den Chroniken 1925 und 1926

„Einen Zug, der ein Licht wirft auf die innere Stellung unseres Volkes, möchten wir noch anfügen. In Pankow war in einer Schule eine Werbe-Literatur-Ausstellung. Dabei wurde auch vor Schund gewarnt.

Und da wurde nun das Neue Testament und das Gesangbuch zum Schund gerechnet!

Wie zersetzt ist doch schon unsere evangelische Kirche! Wie stark stellt sich dagegen von außen die katholische dar, obwohl sie ja in Wahrheit, göttlich angesehen, nicht stark ist. Aber sie hat Macht nach außen. Der Papst konnte in Rom vor 4000 Frauen die heutige Frauenkleidung als unsittlich bezeichnen und den Ausschluß der Frauen aus den Gottesdiensten erneut festsetzen, welche sich ungeziemend kleiden. Das könnten wir uns selbst für unsere Stunden merken. Die Mädchen und Frauen, welche Stunden und Versammlungen besuchen, müßten auch durch ihre Kleidung ihr Herausgegangensein aus der Welt bekunden. Erstes ist doch, daß die Kleidung zum Bedecken dieses Leibes der Niedrigkeit da ist. Alle Entblößungen bei Männern und Frauen passen nicht zum Wesen in Christo" (14. Juni 1925).

„Von nicht geringer Sorge sind für biblisch orientierte Gläubige die Bewegungen auf kirchlichem Gebiet. Die Strömung wird immer mehr katholisch. Katholisch ist nämlich soviel wie kat-holisch, und das heißt: das Ganze, die Masse umfassend. Der evangelische Kirchen-Ausschuß hat in Eisenach die letzten Vorbereitungen für den Stockholmer Kongreß getroffen. Dort werden außer der römisch-katholischen Kirche, welche um ihrer Macht-Interessen willen noch zurückhält, alle christlichen Kirchen vertreten sein. Um die Einheit durchsetzen zu können, drängt man immer energischer von innen nach außen. In Stockholm soll unter anderem behandelt werden: die christlichen Kirchen und die Kriegsschuldfrage. Welch ein eitler Gegenstand vom Plan Gottes aus beschaut! Die Gläubigen haben ein hohes Wächteramt, die eigentlichen Offenbarungslinien der Gemeine zu wahren und nicht in dieses katholische Wesen einzugehen" (19. Juli 1925).

„Immer weitere Organisationswellen zieht die Innere Mission. Nun gibt es eine ‚Internationale Innere-Missions-Konferenz'. Bezeichnend ist das Thema derselben: ‚Kirche und Kultur'. Kultur ist die Eigenentfaltung der menschlichen Kräfte auf allen Gebieten, um das heraufzuführen, was die Bibel ‚Herrlichkeit der Menschen' heißt. Die Kultur ist dem Gesetze des Todes unterworfen, wie sich nur zu deutlich offenbart. Die Glaubensherrlichkeit steht im Leben.

Über alles geht die Frauen-Welle. In Paris tagt der 10. Kongreß für Frauenstimmrecht. Da wurde die völlige Gleichheit von Frau und Mann auf allen Gebieten gefordert. Das ist ein scharfer Schlag gegen die biblisch-göttliche Grundordnung. Das ist ein Gericht über die Männer durch die Frauen zum Sturz beider. Es gibt nur einen Boden, wo nicht Mann, noch Weib ist — in der gläubigen Gemeine — da aber nur deshalb, weil beide eine neue Kreatur sind in Christo" (20. Juni 1926).

Fröhliche und praktische Züge bei Bibel- und Seelsorgearbeit

Die von Pfarrer Böhmerle gehaltenen Bibelkursstunden hatten ein originelles Gepräge. Mit ihm saßen meist einige Brüder auf dem Podium. Nach einer sehr anschaulichen Einleitung konnte es geschehen, daß ein Bruder eine Frage stellte. Pfarrer Böhmerle ging auf diese Frage sofort ein. Fragen und Antworten lösten sich ab. Für die anwesenden Gäste, oft etliche hundert, welche zeitweise auch den sich anschließenden Speisesaal füllten, waren solche Stunden ein einprägsames Erlebnis. Die Vormittagsstunde erstreckte sich oft bis zur Mittagszeit. Dann mußte der Hausvater die Stunde abbrechen mit den Worten: „Sie winken oben, es ist jetzt Zeit für das Mittagessen."

Die Vortragsweise war lebendig und anschaulich. Pfarrer Böhmerle sprach einmal über das Tausendjährige Reich (Offenbarung 20). Die herrlichen Verheißungen wurden den vielen Kursteilnehmern so lebendig vorgetragen, daß ein Zahnarzt erregt aufsprang und etwas sagen wollte. Er kam aber nicht zum Reden, denn vom Podium rief der Hausvater: „Seht, der hat schon jetzt Angst, arbeitslos zu werden, denn im Tausendjährigen Reich braucht man keinen Zahnarzt!" Solche originellen, geradezu treffenden, aber im Ton nie zum Verletzten angelegten Bemerkungen wurden meist im Pforzheimer Dialekt ausgesprochen.

Unter allgemeinem Schmunzeln konnte er zeitbedingte Fragen kommentieren, etwa: „Da fragt mich eine Schwester, ob sie jetzt nach der Inflation wieder sparen solle. Kaum ist alles dahin, will man schon wieder zusammenraffen."

Auf dem Weg zum Podium stellte ihm ein Bruder eine Frage. Theodor Böhmerle hatte noch keine Antwort. Aber als er aufs Podium kam, da war sie da: „Bruder, Sie befinden sich auf dem Holzweg!"

Er war und blieb ein im ewigen Worte Suchender. Die Beschäftigung mit dem Grundtext brachte es mit sich, daß er immer wieder neu versuchte, die für ihn ans Licht getretenen Wahrheiten so faßlich wiederzugeben, daß es auch schlichte Wahrheitssucher aufnehmen konnten. Geradezu wortschöpferisch, auch im Ausdruck, wurde so sein Dienst im Bibelheim, bei seinen Besuchen in den Gemeinschaften und als Schreiber der Chroniken und Betrachtungen. Insbesondere die Bildsprache der Propheten waren dazu eine geistliche Anregung.

Auffallend war in jener Zeit die große Beteiligung von jungen Leuten an den Bibelstunden. Die erfrischende Art, selbst bisher noch wenig erkannte biblische Wahrheiten herauszustellen, hinterließ auch bei jungen Menschen einen nachhaltigen Eindruck. Heute noch erinnern sich manche an jene Stunden.

Der Vater von sieben Kindern hatte ein Herz für die Jugend. Und doch mußte er die Grenzen erkennen. Der Glaubens- und Erkenntnisstand läßt sich nicht vererben. Dafür aber dürfen und sollen wir unseren Kindern den Heiland in Seinem Leben und Sterben groß machen. Im Gebet dürfen wir sie dem Vater fort und fort übergeben, daß Er sie zum Sohne ziehe. Bei Ihm finden sie Heil und ewiges Leben.

Es war am Himmelfahrtstag 1926. Theodor Böhmerle schrieb in jener Zeit in der „Gemeine" über die Gleichnisse unseres Herrn Jesus Christus und über das Gemeine-Gebet. Er nahm Stellung zu Fragen über das Geheimnis des Leibes Christi, zur Wiederbringung aller Dinge und zur Sohnschaft nach Römer 8. In jener Zeit also sollte die jährliche Frauen- und Jungfrauen-Konferenz im Bibelheim stattfinden. Als Text war Epheser 1, 15—23 vorgesehen. Dieses Textwort mußte Pfarrer Böhmerle geradezu eine Bestätigung der erkannten Wahrheiten über die Gemeine Christi bedeuten. Aber es kam ganz anders. Auf dem Wege von seinem Hause zum Bibelheim sah er auf den Badwiesen eine Schar junger Mädchen mit Kränzchen im Haar. Auch sie wollten zur Jungfrauen-Konferenz ins Bibelheim. Einem begleitenden Bruder sagte er: „Ich muß umstecken. Ich muß dieser Jugend ein frohmachendes, evangelistisches Wort sagen." Und so wurde derselbe Text

Epheser 1 die Grundlage zu einer frohen Botschaft, die auch Kinder und junge Menschen verstehen konnten.

Als Hausvater hatte er sich mit alltäglichen Dingen zu befassen. Er hatte einen Blick für praktische Anliegen und konnte auch selber zupacken. So kann man auch seine treffende Antwort auf die Frage eines Bruders aus dem Hinterland verstehen: „Herr Pfarrer, was sollen wir tun? Unser Kamin stürzt ein!" „Stellet euch no und hebe'ts!" Verblüffung auf der einen Seite, Schmunzeln auf der anderen!

Wieder Vorstand — 1926

Am 21. April 1926 wurde Pfarrer Böhmerle wieder zum Vorstand des Evangelischen Vereins für innere Mission A. B. gewählt. Bald darauf schreibt er im „Reich-Gottes-Boten":

An unsere Gemeinschaften

Der Unterzeichnete hat nun die Vorstandschaft des Vereins für innere Mission A. B. übernommen, nicht nur auf den Willen des Verwaltungsrates hin, sondern auch auf den Willen der am 19. Mai versammelt gewesenen Vertreter der Gemeinschaften hin. Die Vorstandschaft ist nach verschiedenen Seiten hin mit dem Kreuz gezeichnet. Aber weil das Kreuz die notwendige Signatur alles Göttlichen ist, so darf uns das nicht abschrecken.

Es sind nicht alle Brüder mit dieser Vorstandschaft innerlich einig. Aber es gäbe zur Zeit keine Vorstandschaft, wer es auch wäre, mit welcher alle Brüder gingen. Es ist aber der Wille vorhanden, sich nicht auseinanderdrängen zu lassen. Da haben wir die Hoffnung, daß der Geist, welcher diesen Willen schuf, auch eine innere Einheit schaffen werde, wenn auch durch Leiden hindurch.

Als Vorstand werde ich auf alle Fälle nach der Kraft, die der Herr Christus gibt, die tragende Geduld, die lernende Demut und die brüderliche Liebe darreichen, welche zur Schaffung innerer Einheit nötig ist. Der Vorstand eines Glaubenswerkes ist nicht zum Herrschen und Diktieren im weltlichen Sinne da. Unser Herrschen geht durch sterbendes Dienen bei aller Durchführung der als göttlich erkannten

Linien. Und alles geht nur in der Gemeinschaft mit den Brüdern. Der Vorstand ist durch die Brüder, so ist er auch mit den Brüdern.

Das ist ganz gewiß, daß unsere gewaltigen Gegenwartszeiten auch in der Gemeine ein Neues gebracht haben. Das heißt, es sind nicht die Zeiten, sondern es ist das Wort und der Geist, welche in diesen einem neuen Äon zuschreitenden Tagen auch ein Neues geboren haben. Die Gemeine ist in ihrer Selbsterfassung ganz entschieden vertieft worden. Die tiefere Selbsterfassung der Gläubigen geht nun zunächst dahin, daß sie das Wesen der neuen Geburt im Unterschied von allen anderen religiösen Stufen klarer und reicher erkennen und daß darum auch eine kraftvollere Selbständigkeit der Menschen in Christo sich offenbart. Schon als unsere Väter anfingen, das Wort zu teilen, war das ein gewaltiger Ruck in diese Selbständigkeit. In unseren Tagen hat weithin ein großer Teil der Gläubigen auch das heilige Abendmahl als Brudermahl ergriffen. So geht es von Wachstum zu Wachstum.

Die Selbsterbauung der Gläubigen schreitet weiter. So soll auch nach der Selbsterbauungsseite der Gläubigen hin den unter ihnen lebendigen Gaben und Kräften Raum gemacht werden. Natürlich nur wachstümlich, nicht revolutionär-gewalttätig, aber doch wirklich und tatsächlich, soweit es möglich ist.

Alles mehr nach innen und oben, alles mehr einwärts als auswärts, immer mehr Frucht statt Werk. Die Gemeine ist am kraftvollsten evangelistisch und bauend durch das, was sie ist, und noch mehr durch das, was sie leidet und wie sie leidet.

In der geduldigen Ausführung dieser Gemeinegrundsätze möchten wir nur Luft und Bahn zu weiterem Segen Gottes machen. Nicht gegen jemand soll sich die Umbildung richten, sondern das „Für“ soll stets zu spüren sein. Nichts soll umgestürzt werden, niemand gestürzt, alles soll führungsmäßig und wachstümlich sich gestalten. Gott hat Zeit, wir haben auch Zeit. Gott hat Geduld, viel auch mit uns, so wollen wir auch Geduld haben. Bei aller Selbständigkeit der Gemeine in Christo wollen wir auch innerhalb der Kirche ein Segen sein. Bei aller Freiheit des oberen Wesens doch auch im unteren, im Staatswesen, als gute Bürger erfunden werden. Bei aller Eigenart der Ausprägung in unserem

Gefäß das Wahrhaftige anerkennen und lieben in allen andern Gefäßen.

Der Herr aber, unser Gott, sei uns freundlich und fördere das Werk unserer Hände; ja, das Werk unserer Hände wolle Er fördern.

Euer als Vorstand in der Wahrheit geringster Bruder

Böhmerle, Pfarrer

Wiedereinführung des biblischen Ältestenamtes

Wie sehr Theodor Böhmerle eine „geistliche Neuordnung des Gemeinschaftslebens am Herzen lag, zeigt sein Schreiben im „Reich-Gottes-Boten" vom 18. Juli 1926:

An alle Brüder unserer Gemeinschaften.

Ein ernstes Wort möchte heute der neue Vorstand an alle Brüder richten. Um eine grundlegende und hochwichtige, verantwortungsvolle Sache handelt es sich. Wir glauben, wenn wir unser Werk auf biblischem Grund erneuern und seine Auferbauung geistesmäßig fördern wollen, daß wir dann bei der heute hier vorgelegten Sache anfangen müssen. Wir meinen die Einrichtung der Ältesten, der Bischöfe oder, wie die Offenbarung es sagt, der Engel.

Eine rechte Gemeinschaft, welche ein biblisches Gesicht haben will, muß Älteste, Bischöfe oder Engel haben. Wir möchten drum alle Brüder hin und her herzlich bitten, sobald es geht, in allen Bezirken Brüderkonferenzen einzuberufen. Bei diesen Brüderkonferenzen sollen dann die Stellen Apostelgeschichte 20, 1. Timotheus 3 und 2. Timotheus 1 gelesen und betend beherzigt werden. Dann soll erforscht werden, ob in den einzelnen Orten der Heilige Geist schon Älteste und Bischöfe herausgerufen und eingesetzt hat. Das hat ja keine Schwierigkeiten, zu wissen, wer in den einzelnen Orten eine gewisse geistliche Autorität nicht durch Menschen, sondern durch des Geistes Führen und Leiten bekommen hat. Diese Brüder haben dann vor dem Herrn die Pflicht, die Ältesten-Stellung einzunehmen. Ist jemand in Christo, so darf es hier kein Weigern geben. Zum mindesten muß *ein* Ältester sein, sind zwei oder drei da, so ist es besser. Diese Ältesten haben dann die Gemeinschaft zu versorgen und haben alles in ihr Nötige zu regeln.

Ist es in einem Ort nicht möglich, einen Ältesten oder mehrere zu haben, so ist das natürlich ein großer Mangel. Da muß dann die Fürbitte und die Wortarbeit einsetzen, daß der Herr Älteste gebe. In vielen Fällen wird der reisende Prediger das Ältestenamt an einer oder mehreren dieser verwaisten Gemeinen übernehmen können. Es ist aber ein starkes Absehen darauf zu richten, daß Älteste erwachsen. Das Gebet um Älteste ist eine unserer Grundbitten.

Drei oder vier Brüder aus der Mitte der Ältesten eines Bezirks sind Bezirksälteste und bilden den Bezirksältestenrat. In diesem Bezirksältestenrat soll stets der reisende Prediger auch Glied sein. Alle Angelegenheiten, welche ein Ältester in der Gemeinde glaubt nicht selbst regeln zu können, kommen vor den Bezirksältestenrat. Dieser Ältestenrat kann ja bei Monatsstunden, Konferenzen und sonst immer zusammentreten. Der Bezirksältestenrat leitet den Bezirk. Auch der Reiseprediger bringt alle seine Anliegen vor den Bezirksältestenrat.

Aus dem Bezirksältestenrat nimmt dann der Verwaltungsrat und Vorstand je ein Mitglied zum Landesältestenrat oder, wie er heißt, zum Verwaltungsrat, welcher die gesetzliche Vertretung der Gemeinschaften dem Amt gegenüber ist. Diese Landesältesten berichten dann dem Verwaltungsrat über ihren Bezirk. Sie selbst hören im Verwaltungsrat die Angelegenheiten der anderen Bezirke und teilen diese in ihrem Bezirksältestenrat mit.

Über allem haben wir noch den Gedanken, daß die Ältesten im Winter zu mehrtägigen Ältestenversammlungen nach Langensteinbach ins Heim kommen, wo die Gemeinschaft und die biblische Gründung vertieft und die Ältestenaufgaben lebendiger erfaßt werden können.

Und nun segne der Herr die Erneuerung des Ältestenwesens unter uns. Er gebe Seinen Heiligen Geist auch als Ältestengeist und Bischofsgeist und mache viele Brüder in tiefer Demut bewußt ihrer Verantwortung und ihrer Aufgabe. Der Herr mache auch die Gemeinschaften willig durch Seinen Geist, Älteste und Bischöfe tragen, lieben und sich ihnen unterordnen zu können. Er schenke Gnade, daß alles geistes-

und lebensmäßig, organisch wachse. Es wird diese biblische Geisteseinrichtung eine Probe auf den Geistesbesitz in unseren Stunden sein. Viele meinen, das können wir nicht durchführen, uns fehlen Geistesgaben und Brüder. Da wollen wir uns schämen und aus der Tiefe schreien um Gnaden und einmal mit dem beginnen, was wir haben, und tiefere Segnungen erbitten. Wer nie anfängt, wird nie zu einem Ziel kommen. Der Herr fülle uns mit Geist und Gnaden!

Krankheit und Heimgang

Die letzte Krankheit

Aus der letzten Zeit seines Lebens liegen wertvolle Berichte von Hausvater Straßer vom Hardthaus und von Fräulein Dürr vor, die ihn in der Leitung des Gemeinschaftsverbandes und des Bibelheims unterstützten.

Schon im Sommer 1926 spürte Pfarrer Böhmerle, daß ihn der Weg von seinem Haus ins Heim sehr ermüdete. Auch die täglichen Andachten kosteten ihn viel Kraft. Er kam jedesmal ganz ermattet aus dem Saal und brauchte dann eine geraume Zeit, bis er sich wieder erholt hatte. Da äußerte er manchmal: „Wenn ich nur auch einmal ausruhen dürfte!“ Kam er dann wieder unter die Gäste, so merkte ihm niemand etwas an.

Im Oktober 1926 hielt er noch als Abschluß des Sommers einen Bibelkurs über den Philipperbrief und freute sich sehr über die Gemeinschaft mit Brüdern. Überhaupt strengte ihn ein Bibelkurs, und wenn er 4—5 Stunden am Tage reden mußte, nicht so sehr an wie die täglichen Andachten zwischen den einzelnen Bibelkursen. Er sagte oft, im Kurs sei es ein wechselseitiges Geben und Nehmen, das ihn anrege und gar nicht müde mache.

Wie freute er sich, wenn er merken durfte, daß er mit seinem Zeugnis verstanden wurde; da konnte er manchmal sagen: „Es ist etwas Herrliches um die Gemeinschaft der Heiligen!“

In den letzten Jahren kamen oft Brüder aus der näheren und weiteren Umgegend sonntags ins Heim, um sich geistlich zm stärken. Das freute ihn dann ungemein und er konnte sagen: „Sehet ihr, die stehen jetzt und lassen sich nicht mehr von so vielem hin und her treiben; und wenn so da und dort vereinzelte Kinder Gottes stehen, dann gibt es Lichtherde.“ Oft ließ er sich nach der Andacht in seinen Lehnstuhl fallen und sagte: „Ach, wie freue ich mich, ich hab’ wieder Brüder.“

Als das Heim am 20. Oktober 1926 geschlossen wurde, durfte er nicht, wie er hoffte, ausruhen, sondern es stand ein Berg von Arbeit vor ihm. Die Novembernummer der „Gemeine“ mußte geschrieben werden und auf jeden Sonntag ein „Reich-Gottes-Bote". Das erschöpfte ihn sehr. Außerdem kosteten die Korrekturarbeiten beim Neudruck des Jahrgangs 1925 der „Gemeine" viel Zeit. Hin und her regte sich ein starkes Verlangen nach fester Speise. So war man auch außerhalb Badens auf dieses „Monatsblatt für biblische Vertiefung" aufmerksam geworden und wollte nicht nur die laufenden Hefte haben, sondern alle Hefte von Anfang an.

Die Sonntage, an denen er nun im Heim keine Bibelstunden zu halten hatte, waren fast alle bis Weihnachten für auswärtige Dienste versprochen. Er sprach in Pforzheim, Brötzingen, Büchenbronn, Wilferdingen, Welschneureut, Kleinsteinbach, Mannheim, Adelsheim, Eppingen, Sinsheim, Hoffenheim und Bretten. Es machte ihm Freude, nun mit seinem Auto auch an entfernteren Orten mit dem Worte dienen zu können. Und wie hat er da noch gedient!

Ende November zeigten sich bei ihm am Hals wieder Furunkel wie im vorigen Jahr. Sie bereiteten ihm viel Beschwerden. Doch setzte er seine Arbeit, das Schreiben der Dezembernummer der „Gemeine" und des „Reich-Gottes-Boten", unentwegt fort. Dabei hatte er große Schmerzen, weil die bösen Geschwüre sich in bedenklicher Weise ausdehnten und zu Karbunkeln wurden. Trotzdem kam er am 8. Dezember als schwer leidender Mann zum letzten Mal in die Sitzung des Verwaltungsrats nach Karlsruhe und leitete sie in starkem Geist. Doch war dies sein letzter Dienst hienieden.

Zunehmende körperliche Schwäche fesselte ihn daraufhin ans Bett. Das war für den unermüdlichen, schaffensfreudigen Mann schon ein herbes Sterben. Die Kräfte nahmen schnell ab, auch setzte Fieber ein. Doch dachten wir kaum daran, daß der Herr ihn uns wegnehmen könnte. Auch er selbst hoffte mit uns auf Genesung. „Er kann mich wohl herausreißen", meinte er einmal, „Er ist ja ein Rausreißer. Aber wenn es nochmals herausgeht, dann möchte ich hinein in einen höheren Grad der Ausgeburt Seines Sohnes. Dann gibt's ganz neue Offenbarungen und ein noch klareres Zeugnis. Doch es gehe, wie es gehe, es geht mit mir nach dem Liebesrat meines Gottes."

Eine große Erquickung waren ihm die Grüße und Briefe der Geschwister, die ihn im Gebet stützten. Alle hatten eine getroste Zuversicht, daß der Herr ihn uns noch einmal schenken werde. Er selber sagte einmal: „Ich warte immer noch auf eine Stunde, wo ich merke, ob es zum Besserwerden oder zum Heimgang sich wendet." Als er einmal durch besondere Tiefen leiblicher Not hindurchgegangen war, meinte er, der Tod sei diesmal sehr nahe gewesen. Hausvater Straßer, der an seinem Bett stand, fügte hinzu: „Aber der Heiland war auch da." „O ja", entgegnete er sofort, „ich fühle mich umgeben von einer Lebensfülle."

Die Krankheit schritt von Tag zu Tag fort. Die Kräfte schwanden zusehends. Einen Arzt lehnte der Kranke ab. Er wollte sich nicht Menschen, sondern ganz allein seinem treuen Herrn anvertrauen. „Es paßt nicht in meine Linien. Es nimmt mir etwas von der Majestät meines Heilandes", konnte er wohl sagen, wenn die Frage nach einem Arzt erörtert wurde. Er wollte auch nicht um jeden Preis Erleichterung seiner Lage: „Wenn der Heiland bei mir noch etwas auszubrennen hat, so soll Er's nur ausbrennen." Erst als ihn seine Angehörigen und nahestehende Freunde drängten, doch um ihretwillen nachzugeben, willigte er schließlich ein, doch nur unter der Bedingung, daß es ein gläubiger Arzt sei, der selbst unter dem Heiland stehe. So kam es denn, daß ein lieber Bruder aus Stuttgart ihn einige Male besuchte und behandelte*. Er stellte fest, daß die Karbunkel im Zusammenhang stünden mit einem mindestens zwanzig Jahre alten Milzleiden.

Die Geschwüre entleerten sich nun, aber die Schwäche nahm zu, auch war das Fieber sehr wechselnd. Auf ärztliche Verordnung hin sollte ihn niemand besuchen. Dagegen erhob er jedoch energisch Widerspruch und erklärte: „Brüder dürfen auf keinen Fall weggeschickt werden. Brüder brauche ich jetzt erst recht. Bruderliebe nimmt mir nichts, Bruderliebe bringt mir immer." Wie hat ihn die Bruderliebe erquickt bis ins Sterben hinein!

Lange hoffte er, die ausgeschriebenen Kurse halten zu können. Der erste sollte vom 28. Dezember bis zum 7. Januar 1927 stattfinden über 1. Mose 6—9: die Sintflut-Epoche. Er duldete nicht, daß wir die

* Anmerkung des Herausgebers: So beachtete er doch noch, was in Jesus Sirach, Kapitel 38, geschrieben steht: „Ehre den Arzt mit gebührender Verehrung, daß du ihn habest zur Not. Denn der Herr hat ihn geschaffen, und die Arznei kommt von dem Höchsten, und Könige ehren ihn."

Kurse abbestellen. Als er jedoch selbst einsah, daß er nicht dazu imstande war, bestimmte er: „Laßt die Kursveranstaltungen weiterlaufen; die Brüder werden's machen. Dann wird's herrlich werden, dann gibt's einen Triumph der Gnade Gottes."

Der erste Kurs war auch ganz einzigartig. Es brauchte da nicht viel Redens. Der Herr selbst redete mit tiefem Ernst durch die letzten Krankheitstage des Heimgegangenen. Die Gebetsstunden am Abend, besonders die letzte, sind wohl jedem Teilnehmer unvergeßlich geblieben. Wie hat da die Ewigkeit hineingeragt in die Zeit. Auch im zweiten Kurs, der mit dem Begräbnistag begann, war das gewaltige Reden Gottes mächtig zu spüren. „Gemeinemäßig" war bei Pfarrer Böhmerle ein oft wiederkehrendes Wort. Gott schenkte es, daß die fünf Winter-Bibelkurse vom 28. Dezember 1926 bis zum 21. März 1927 in besonderer Weise gemeinemäßig wurden.

Am Sonntag, den 2. Januar 1927, zeigten sich auch Geschwüre im Hals, die ihm das Schlucken erschwerten, so daß er nur noch wenig Nahrung zu sich nehmen konnte. Ganz eindrücklich war es, mit welcher Geduld er alles auf sich nahm. Nie hörte man eine Klage oder ein Seufzen. Einmal sagte er: „Nun kommen die tiefsten Kämpfe, die ums leibliche Sterben, die sind mir noch fremd. Jetzt kommt das dunkle Tal, das Todestal. Ich bin in einer buchstäblichen Hölle, aber der Herr ist auch da bei mir."

Es war immer solch eine Ewigkeitsluft um sein Lager her, daß es einem einfach unmöglich war, mit irgendeiner irdischen Sorge oder Frage zu kommen. Es schien einem alles so unwichtig gegenüber diesem gewaltigen Ringen zwischen Leben und Tod. Eines Abends sagte er aufs bestimmteste: „Wir bringen es nicht durch!"

Der Abschied

Am Mittwoch, den 5. Januar 1927, ließ der sterbende Pfarrer Böhmerle seine ganze Familie rufen und die, die in der Leitung der Gemeinschaften und des Bibelheims mit ihm zusammengearbeitet hatten. Als alle versammelt waren, richtete er sich mit großer Mühe auf. Klaren Geistes, mit kräftiger Stimme, mit größter Bestimmtheit und völliger

Ruhe sprach er: „Die Stunde ist gekommen, die Stunde meines Abscheidens ist da! Hier ist viel gesündigt worden, auch ich habe viel gesündigt. Ich bin nicht der, für den mich viele halten. Sie werden sich wundern über mir. Ich bin ein großer Sünder, ja, der vornehmste unter den Sündern*.

Es braucht viel Vergebung und ist auch viel Vergebung. Es ist viel Blut Christi geflossen, und viel Gnade ist mir widerfahren. Nur die Gnade ist es, die aus mir machte, daß ich der bin, der ich geworden bin. Aber nicht ich habe es aus mir gemacht, sondern der Herr ist es. Durch Ihn bin ich ein Erstling Gottes. Ich durfte sehen, was nur wenige sehen: die Gemeine, wie die Apostel und die Propheten den Gläubigen es bezeugen.

Viel kann ich euch nicht geben, aber ein köstliches Kleinod. Ihr habt zwei Bände der „Gemeine", das Lebenswerk eures Vaters. Leset darin! Ihr wisset alle um Christus und Sein Heil. Ihr kennt den Weg. Ich habe ihn euch gezeigt. Nun sehet, wie ihr durchkommt und was die Gnade an euch wirket und aus euch macht.

Und nun, ich bin schon in einer anderen Welt, ich glaube, ich darf jetzt heim. Wenn es nicht so ist, so ist es auch recht, ja, es wäre schön, noch bei euch zu sein." Als seine Frau sagte: „Aber, Papa, ich glaube, bei Gott ist kein Ding unmöglich", anwortete er ernst: „Ja, du als Hausmutter darfst es glauben, aber ich glaube, daß es jetzt heim geht! Und nun sehet, was ihr noch an mir vermöget. Jedes gibt mir noch eine Hand, und dann geht ihr alle hinaus."

In der darauffolgenden Nacht sagte er vor sich hin: „Keine Angst, keine Angst!" Er war vollkommen ruhig und wußte sich in seinem Herrn geborgen.

Die um ihn waren, standen unter dem bestimmten Eindruck, daß sein Geist mehr drüben als hienieden war. „Ich bin schon in einer anderen Welt", kam einige Male über seine Lippen. „Ich sehe eine große Herrlichkeit, aber hier ist sie nicht. Ich liege in einem Meer von Ewigkeit. Ich fühle mich getragen von den Gebeten der Geschwister."

* Anmerkung des Herausgebers: Ich freue mich, hier feststellen zu dürfen, daß Pfarrer Böhmerle bei seiner Schau der Gemeine fest geblieben ist in der Erkenntnis, daß auch Erstlinge arme Sünder sind, die der Vergebungsgnade dringend bedürfen. Dies ist der Weg, auf welchem Menschen in die Gemeinschaft mit begnadigten Sündern hineingeboren werden.

Am Donnerstagabend stand Hausvater Straßer mit zwei Brüdern an seinem Lager. Man meinte, er sei schon bewußtlos. Auf einmal sprach er klar und vernehmlich die Worte: „Aus Licht in Licht!“ Nach dem Gebet der Brüder, als kaum das Amen gesprochen war, erhob der Sterbende seine rechte Hand. Aus seinem Munde kam's in feierlichem Ton: „Und der Herr segne euch und behüte euch; der Herr lasse Sein Angesicht leuchten über euch und sei euch gnädig; der Herr erhebe Sein Angesicht auf euch und gebe euch Frieden! Amen.“ Unter dem Eindruck, daß er segnen könne, standen die Brüder in jenen heiligen Augenblicken. Segnend hat er von ihnen Abschied genommen. Diese Segensworte waren die letzten Worte, die sie aus seinem Munde hörten.

Der Heimgang

Am Freitag in der Frühe zeigten sich schon Sterbenszüge. Brüder durften in den letzten Stunden um sein Lager stehen, um ihm Erquickung zu reichen aus Gottes Wort, um die entfliehende Seele mit ihren Gebeten zu begleiten. Am Morgen konnte man noch deutlich wahrnehmen, wie er die Hände zusammenlegen wollte, wenn die Brüder beteten. Er vermochte es aber nicht mehr.

Er lag nun ganz ruhig da, nur der Atem ging rasch und kurz. Man hätte meinen können, er schliefe. Wir alle empfanden, daß es heilige Stunden waren. Der Atem blieb ganz gleichmäßig, bis gegen sieben Uhr abends der Arzt kam und uns sagte: „Hier geht es zu Ende. Vater Böhmerle darf heim.“

Von da an war es, als eilte er. Der Atem ging jetzt ganz ruhig und leise, und die Pausen wurden immer länger. Ganz ruhig hauchte er am Freitag, den 7. Januar 1927, um 19.30 Uhr aus. Es gab kein Zucken, kein Gesichtsverändern. Es war wie ein seliges Hinüberschlummern. Wir alle konnten trotz des großen Wehs nur anbeten und danken für das Große, Heilige, das wir erleben durften. Wir hatten alle den Eindruck: es war ein heiliges Sterben. Der Herr hatte Seinen Knecht aus der unteren in die obere Gemeine versetzt, nachdem Er sich ihm zweimal in Lichtgestalt gezeigt hatte.

Da standen wir vor seinem entseelten Körper, uns beugend unter die gewaltige Hand Gottes, die es ganz anders gemacht hatte, als wir es gedacht hatten. Und doch war es uns so eigen ums Herz. Neben dem tiefsten Schmerz über den unersetzlichen Verlust stellte sich ein kräftiger Trost ein, der uns innerlich so still und stark machte.

Als wir sein griechisches Testament suchten, um es ihm in die Hände zu legen, fanden wir es aufgeschlagen auf seinem Tisch. Es kam uns wie ein heiliges Vermächtnis vor, als wir Philipper 4 lasen:

„Also, meine lieben und ersehnten Brüder, meine Freude und meine Krone, besteht also in dem Herrn, ihr Lieben. Die Evodia ermahne ich, und die Syntyche ermahne ich, daß sie eines Sinnes seien in dem Herrn. Ja, ich bitte auch dich, mein treuer Geselle, stehe ihnen bei, die samt mir gekämpft haben für das Evangelium, mit Klemens und meinen andern Gehilfen, deren Namen sind in dem Buch des Lebens. Freuet euch in dem Herrn allewege! Und abermals sage ich: Freuet euch! Eure Lindigkeit lasset kund sein allen Menschen! Der Herr ist nahe!

Sorget nichts! sondern in allen Dingen lasset eure Bitten im Gebet und Flehen mit Danksagung vor Gott kund werden!

Und der Friede Gottes, welcher höher ist denn alle Vernunft, bewahre eure Herzen und Sinne in Christo Jesu!

Weiter, liebe Brüder! Was wahrhaftig ist, was ehrbar, was gerecht, was keusch, was lieblich, was wohllautet, ist etwa eine Tugend, ist etwa ein Lob, dem denket nach! Welches ihr auch gelernt und empfangen und gehört und gesehen habt an mir, das tut; so wird der Gott des Friedens mit euch sein.

Ich bin aber höchlich erfreut in dem Herrn, daß ihr wieder wacker geworden seid, für mich zu sorgen; wiewohl ihr allewege gesorgt habt; aber die Zeit hat's nicht wollen leiden. Nicht sage ich das des Mangels halben; denn ich habe gelernt, worin ich bin, mir genügen zu lassen. Ich kann niedrig sein und kann hoch sein; ich bin in allen Dingen und bei allen geschickt, beides, satt sein und hungern, beides, übrig haben und Mangel leiden. Ich vermag alles durch den, der mich mächtig macht, Christus."

Am Abend des Samstags bewegte sich ein kleiner Zug das schmale Weglein entlang, das vom Pfarrhaus über das bekannte Brücklein zum Heim führt, das der liebe Heimgegangene so ungezählte Male bei Tag und bei Nacht betend gegangen war. Voraus seine beiden Söhne und zwei Brüder vom Heim, im Sarg die irdische Hülle tragend, begleitet von den nächsten Angehörigen. So kam er zum letzten Mal an die Stätte, wo er so viel und so freudig gezeugt hatte von seinem Heiland, der sein Leben so reich gemacht hatte, dem er lebte und dem er starb. Im Betsaal wurde er aufgebahrt.

Am Sonntag kamen viele Freunde des Entschlafenen aus der näheren und weiteren Umgebung, um ihm nochmals ins treue Angesicht zu schauen und um für dieses Leben von ihm Abschied zu nehmen. Ein Bruder sagte, es sei einem so wohl in seiner Nähe. Der Ausdruck in seinem Gesicht war der Ausdruck großen Friedens und heiligen Überwindens. Wohl waren ihm die Spuren des Leidens aufgeprägt, aber ein Triumphieren stand deutlich darüber. Man konnte nicht ohne Bewegung in das stille Gesicht sehen.

Das Begräbnis

Wann und wo Pfarrer Böhmerle sprach, haben sich immer große Scharen andächtiger Hörer um ihn gesammelt. Aber nie war es eine so gewaltige Menge, die sich um ihn scharte, wie am Montag, den 10. Januar 1927, da wir zum letzten Mal mit ihm zusammenkamen. Diesmal sprach er allerdings nicht mehr zu uns. Still, mit dem Ausdruck tiefen Friedens, sein teures Bibelbuch in den Händen, so lag er im Sarg. Und ob sein sonst so beredter Mund geschlossen blieb, so sprach er doch noch einmal zu uns, und diesmal vielleicht am allereindrücklichsten. Der Anblick des lieben Heimgegangenen hat bei allen, denen er einmal das Wort Gottes sagen durfte, die früher empfangenen Eindrücke mächtig vertieft. Und die Zeugnisse, die bei der Feier seiner Beerdigung laut wurden, waren nichts anderes als das Echo und die Wirkung seiner Evangeliumsverkündigung in Wort und Schrift.

Wer es irgend machen konnte, ließ es sich nicht nehmen, noch einmal eine Stunde mit dem lieben Gottesknecht zusammenzusein und ihm das letzte Geleit zu geben. Die Bahn hatte vollauf zu tun, um den Verkehr zu meistern. Viele kamen an auf eigenen Fuhrwerken oder Autos, andere in zahlreich eingelegten Postautos. Aus der nächsten Umgebung kamen große Scharen, die den Weg zu Fuß zurücklegten. Auch schlechte und aufgeweichte Wege und wetterdrohende Wolken konnten die Menge der Gemeinschaftsleute und Freunde nicht abhalten, ihrem großen Leid um die Wegnahme ihres geistlichen Vaters und Wegweisers durch ihre Anwesenheit Ausdruck zu geben. Auch von ferne her kamen sie herbei: vom hintersten Hinterland, von den Höhen des Schwarzwaldes und oben vom Wiesental; aus der Pfalz und aus Württemberg waren Freunde des Heimgegangenen anwesend, so daß Langensteinbach Zeuge einer Trauerfeier wurde wie wohl nie zuvor.

Um zwei Uhr fand im Betsaal des Bibelheims, wo der Entschlafene unter grünen Pflanzen aufgebahrt lag, eine schlichte, von Bruder Friedrich aus Adelsheim geleitete Abschiedsfeier statt, bei der ein Wort Gottes aus 2. Korinther 5, 1—10 und das Gebet zweier Brüder Stärkung gab zu dem nun folgenden schweren Gang. Die Absicht, allen Anwesenden Gelegenheit zu geben, das liebe Angesicht des Entschlafenen vor dem Schließen des Sarges noch einmal sehen zu können, konnte wegen der Fülle der Menschen leider nicht ganz durchgeführt werden.

Inzwischen hatte sich auch draußen im Hof eine ungeheure Menge angesammelt. Die Menschen standen Kopf an Kopf so gedrängt, daß die Träger des Sarges Mühe hatten, durchzukommen, und daß es ganz unmöglich war, den Trauerzug in wünschenswerter Ordnung zu gestalten. Kurz nach 1/2 3 Uhr setzte sich derselbe in Bewegung und wurde ein Zug von fast endloser Länge, obschon die Reihen der Leidtragenden die ganze Breite der Dorfstraße einnahmen. Schon dieser gewaltige Zug war ein Zeugnis für die Bedeutung des Mannes, der zu Grabe getragen wurde, und von der großen Liebe, mit welcher der heimgegangene Knecht Gottes geliebt wurde.

Pfarrer Böhmerle hat immer gegen die Massen gepredigt; aber je mehr er dagegen predigte, desto mehr Menschen strömten ihm zu. Es erging ihm ähnlich wie dem Kirchenvater Chrysostomus, wenn derselbe die Unsitte geißelte, mit der seine Zuhörer nach seinen Predigten Beifall klatschten. Je mehr er sich solches Benehmen verbat, desto mehr klatschten sie. Weil er sich's sehr ernstlich verbat, war seine Rede von solch glühender und zündender Beredsamkeit durchdrungen, daß ihr Schwung seine Gemeinde zu um so größerer und lauterer Beifallskundgebung veranlaßte.

So sammelten sich auch um Pfarrer Böhmerle, den Massengegner, erst recht große Massen, und am Tag seiner Beerdigung am allermeisten. Ein Bruder aus dem Schwabenland erinnerte bei der abendlichen Trauerversammlung im Heim an ein Wort des Entschlafenen das auch zur Erklärung dieser Erscheinung dienen mag. Pfarrer Böhmerle habe einmal gesagt: „Wer an Christus hängt, sucht keinen Menschenanhang. Aber doch ist's wahr: Wer an Christus hängt, an den hängen sich andere Menschen auch an, weil sie Segen suchen und empfangen."

Aber so tief die Betrübnis und Trauer bei allen war, die den Verlust des heimgegangenen Zeugen Jesu beklagen müssen — zu einer Klagefeier ward die Begräbnisfeier dennoch nicht. Von der Vorfeier im Heimsaal an, die begonnen wurde mit dem trutzigen Glaubenslied: „Tod, mein Hüttlein kannst du brechen", bis zum letzten Wort der Abendfeier bildeten Lob und Dank gegen den Herrn den Ober- und Unterton. Auf dem Weg vom Heim den Berg hinunter und drüben über dem Tal den Berg hinauf zur irdischen Ruhestätte des Entschlafenen erklang weithin das Lied des Jungfrauenchors: „Freudenvoll, freudenvoll walle ich fort." Droben auf der Höhe des Friedhofes sang der Langensteinbacher Gemeinschaftschor: „O Jerusalem, du schöne, da man Gott beständig ehrt", und abends bei der Schlußfeier ward der von freudiger Himmelshoffnung erfüllte Gesang: „Jerusalem, du hochgebaute Stadt, wollt Gott, ich wär in dir!" angestimmt.

Noch mehr kam freudige Zuversicht gegen Gott in den Reden zum Ausdruck, wie dies auch nur im Sinne des Heimgegangenen sein konnte. Ihm war es gegeben gewesen, vielen den Glauben zu stärken. Nun an seinem Grabe der Verzagtheit die Herrschaft lassen, hätte wider das von ihm mit Nachdruck gepredigte Evangelium von der Herrlichkeit der Gemeinde Christi und Seiner Zukunft gestritten. Wohl konnte die tiefe Ergriffenheit über dem Scheiden von dem teuren Gottesmann nicht verborgen bleiben, und die Beugung darüber, daß Gott uns diesen Mann nehmen mußte, durfte nicht verhehlt oder verschwiegen werden. Aber über dem allem triumphierte die Freude des aus dem Wort geborenen Glaubens an die Wundermacht Gottes, mit der Er Sein Reich auch unter unbegreiflichen Gerichten und auf unerforschlichen Wegen heraufführt.

Es war geplant, auf dem Friedhof nur die Grablegung des edlen Samenkornes vorzunehmen, diese Handlung so kurz wie möglich zu gestalten und die eigentliche Trauerfeier in der Kirche abzuhalten. Von diesem Plan mußte Abstand genommen werden, weil die Kirche, so geräumig sie mit ihren 1600 Sitzplätzen auch ist, bei weitem nicht die Hälfte des Trauergeleites hätte fassen können. Aus diesem Grund wurde die ganze Trauerfeier auf dem Friedhof abgehalten.

Grabrede

gehalten von Pfarrer Theodor Speck, Langensteinbach

Text: „Wer in Mir bleibt und Ich in ihm, der bringt viel Frucht." Johannes 15, 5.

In Christo Jesu Geliebte!

Nun ist es also doch wahr geworden, was wir die ganzen Wochen ahnten, aber bis zuletzt nicht glauben wollten, was der Entschlafene selbst gefühlt und nicht um seinetwillen, aber um der Seinen und seines Werkes willen gerne anders gehabt hätte, wiewohl er selbst ganz los war von allem. Unser lieber Pfarrer Böhmerle ist von uns gegangen. Gott hat seinem Leben das Ziel gesetzt. Mitten aus reichster Arbeit heraus, mitten aus unermüdlichem Wirken heraus ist er den Seinen und seinem Werk entrissen worden. Als die Trauernachricht am Freitag abend und im Laufe des Samstags durch die Lande ging, da waren alle, die ihn gekannt, geschätzt und geliebt hatten, aufs tiefste erschüttert. So viele Gebete waren in den Wochen seiner Krankheit für ihn zum Herrn emporgeschickt worden — und der Entschlafene hat das gefühlt und ist in seinen Leidenstagen davon gestärkt worden, wie er noch in der letzten Woche bei meinem letzten Besuch bei ihm dankbar bekannte. Sollte, konnte das alles vergebens sein, sollte Gott nicht hören, wenn die Seinen zu Ihm riefen Tag und Nacht? Solche und ähnliche Fragen stiegen auf; sie sind auch heute noch nicht verstummt. Wir haben noch keine Antwort auf diese Fragen. Gott läßt uns mit unsern Fragen stehen. Wir müssen es wieder einmal lernen, was die Losung des Sterbetages uns zurief: „Gott, Dein Weg ist heilig!" Er führt uns Wege, die wir nicht verstehen. Er gibt und nimmt, Er baut Sein Reich und zerstört unsere Pläne, Er ruft in die Arbeit hinein und entläßt aus Seinem Dienst nach Seinem ewigen, unerforschlichen Ratschluß. Wer hat des Herrn Sinn erkannt, und wer ist Sein Ratgeber gewesen? Fürwahr: Gott, Dein Wegt ist heilig!

Aber, liebe Leidtragende, wir dürfen in dieser Stunde nicht stehen bleiben bei dem, was unsere Augen nicht sehen, was uns noch verborgen ist. Wir richten unsere Augen auf das, was vor uns offenbar liegt. Wir denken nicht nur an das, was wir nicht mehr haben, und zergrübeln nicht damit unser Hirn, daß wir glaubenslos fragen: warum? Nein, wir gedenken an das, was der Herr durch den nun Heimgegangenen uns gegeben hat. Und das darf ich gewiß sagen, daß kaum einer heute in unserer Mitte ist, der heute nicht zu danken hätte für viel Segen und innere Anregung, die ihm durch den Entschlafenen mittelbar oder unmittelbar zuteil geworden ist.

Ihr, die nächsten Angehörigen, habt heute ganz besonders Grund und Anlaß, bei allem Schmerz und Leid dafür zu danken, daß euch Gott diesen Vater geschenkt hat, der euch mehr war als Vater und Haupt der Familie, der euch geistlicher Vater und Führer zum ewigen Leben, Gehilfe zu ewiger Freude war. Euch war es vergönnt, in jahre- und jahrzehntelanger Gemeinschaft mit dem teuren Heimgegangenen den Weg zu gehen, den er ging, den Weg Jesus nach.

Und ihr alle, denen der Entschlafene hier in unseren Gemeinden Langensteinbach, Auerbach und Spielberg in den Jahren, da er noch im Dienst der Kirche stand, in Predigten und Seelsorge, in Schule und Unterricht Gottes Wort bezeugte mit der gerade ihm geschenkten Klarheit und Anschaulichkeit: Solltet ihr heute, da ihr eurem alten Pfarrer und Seelsorger das letzte Geleit gebt, nicht dankbar dessen gedenken, was durch sein Zeugnis euch geschenkt ward an Kraft und Trost, an Stärkung und Erquickung, an ernstem Mahnen und heiligem

Drohen? Ja, wir dürfen es aussprechen: Daß in unseren Gemeinden hier noch so viel Liebe zu Gottes Wort, so viel gute kirchliche Sitte, so viel Glaubensleben, so viel Opferwilligkeit trotz all der auch hier nicht fehlenden Mängel und Fehler sich findet, das ist nicht zuletzt dem Einfluß unseres lieben Pfarrers Böhmerle zu danken.

Und schließlich, all die vielen landauf, landab, die Glieder der Gemeinschaften, in deren Dienst er stand und deren Leitung in seine Hände gelegt war, zu denen er redete in Wort und Schrift, in Bibelkursen und im „Reich-Gottes-Boten", sie alle können heute gar nicht anders, als Gott loben für all den geistlichen Segen und Gewinn, den sie durch sein Zeugnis empfangen durften. Alle, die mit ihm in Berührung kamen, durften von ihm etwas mitnehmen, alle, auch die, die nicht in allen Stücken mit dem Entschlafenen gehen konnten und ihm in seinen Gedankengängen nicht immer folgten. Er hatte jedem etwas zu geben für Herz und Gewissen, für Verstand und Erkenntnistrieb.

Aber wo lag das Geheimnis seiner Kraft, durch die er so viele anzog? War es die freundliche, liebevolle Art, mit der er jedem begegnete? War es die frische, anschauliche, natürliche Weise, mit der er seine Gedanken auch dem schlichten Mann aus dem Volk deutlich zu machen verstand? War es das, daß er das tägliche Leben mit seinen wechselvollen Bildern immer wieder in den Kreis seiner Gedanken hereinzog? Gewiß, das alles waren Gaben, die er vor vielen voraus hatte, die in gleicher Arbeit stehen. Der Entschlafene hat immer dankbar die Gnade seines Herrn gerühmt, die ihm diese natürliche Ausrüstung für seinen Dienst mitgab.

Aber das Geheimnis seiner Persönlichkeit und der von ihr ausgehenden Kraft war das alles nicht. Wenn wir danach fragen, dann gibt uns das Wort unseres Herrn, das wir darum auch über diese Stunde gestellt haben, die Antwort: „Wer in Mir bleibt und Ich in ihm, der bringt viel Frucht." Das war das Geheimnis seines Lebens: die persönliche Lebensverbindung mit dem erhöhten Herrn. Früh hatte er seinen Heiland gefunden und sich Ihm mit der ganzen Kraft seiner Seele hingegeben. Und dann war er durch Freud und Leid, durch Anfechtungen und Kämpfe hindurch bei seinem Herrn geblieben. Er brauchte Ihn, er konnte nicht mehr leben ohne Ihn. Er wußte sich als armer Sünder, der täglich die Vergebungsgnade seines Herrn brauchte. Er hat es ja in seiner Abschiedsstunde, da die Seinen um ihn versammelt waren, am letzten Mittwoch noch einmal bezeugt: „Ich bin ein armer Sünder, ja, ich bin der vornehmste unter den Sündern. Es braucht viel Vergebung und ist viel Vergebung. Viel Gnade ist mir widerfahren." Es war ihm seine tägliche Sorge, sein heiliges Anliegen, daß er in der Lebensgemeinschaft mit seinem Herrn blieb. Und ebenso war es die immerwährende Freude, die der Entschlafene in sich trug, daß er in Christus Jesus sein durfte. Von diesem Herzpunkt aus ist allein all sein Wirken zu verstehen. Daraus floß die Kraft, die von dem Entschlafenen ausging. Denn wer in Christus Jesus bleibt, der bringt viel Frucht. Der Heimgegangene hat auf der Freizeit unserer badischen Pfarrbrüdergemeinschaft auf dem Thomashof Ende September das Wort geprägt: „Christen müssen Quellende sein", lebendige Quellen, in denen und aus denen die Lebenskraft Jesu Christi strömt.

Das war auch das Ziel all seiner Arbeit, daß er all denen, die zu ihm kamen, zu dieser inneren Stellung verhelfen wollte: in Christus Jesus sein. Er wußte es seinen Hörern und Lesern unermüdlich mit immer neuen Worten und anschaulichen Bildern einzuhämmern, daß Frucht in unserm Leben nur erwachsen kann aus der Lebensverbindung mit dem Herrn.

Freilich nicht einerlei Frucht! Der Entschlafene hat immer die Meinung bekämpft, als müßten alle lebendigen, in Christus eingewurzelten Christen auch gleichartig sein. Er freute sich an der Mannigfaltigkeit der Gaben, die die Gemeinde Gottes aufweist. Das gehört zur Herrlichkeit der Gemeinde Gottes schon hier auf Erden und ebenso in der Welt der Vollendung, daß sie mannigfache Gaben hat und vielartige Frucht bringt. Unser Herr ertötet und erstickt nicht unsere natürlichen Gaben, nein, Er heiligt sie und stellt sie in Seinen Dienst. Das bleibt das Wunderbare in der Gemeinde Gottes, daß alle Glieder von dem einen Herrn leben und doch in der Auswirkung Seiner Kraft Originale bleiben. Gott hat uns als Originale geschaffen, wir wollen und sollen darum nach Seinem Willen auch keine Kopien werden. Der Entschlafene war selbst ein lebendiges Zeugnis für die Mannigfaltigkeit der Gaben in der Gemeinde Jesu. Pfarrer Böhmerle wollte bewußt seine ihm von Gott gegebene Eigenart ausleben, er wollte aber eben darum auch nicht, daß wir Kopien seiner, des Entschlafenen, Art werden. Er wollte Zeuge des Herrn sein und uns auf Ihn hinweisen, weg von sich und seiner Art. Unsere uns von Gott verliehene Eigenart sollen und dürfen wir in der Gemeinschaft mit unserem Herrn und in der brüderlichen Verbindung untereinander zur Ehre Gottes ausleben. Dann gilt auch von unserem Leben: „Wer in Christus Jesus bleibt, bringt viel Frucht."

Und nun müssen wir Abschied nehmen von dem Entschlafenen an dieser Stätte, von der so manches Mal sein Mund zu uns geredet hat. Wir wollen und dürfen unser Herz nicht an Menschen hängen. Sie kommen und sie gehen. Auch Gottes Zeugen haben ihre Zeit. Der Herr allein bleibt im Wandel der Zeiten und in der Flucht unserer Tage. Und Er ruft es uns allen zu, und mit ihm bezeugt es Sein Knecht, unser lieber heimgegangener Pfarrer Böhmerle: „Wer in Mir bleibt und Ich in ihm, der bringt viel Frucht." Amen.

Nachrufe

Nach dem Segensspruch des Geistlichen hielt zunächst Hausvater Straßer vom Hardthaus als stellvertretender Vorstand des Evangelischen Vereins für innere Mission A. B. folgende Ansprache:

Nicht nur die liebe Familie des teuren Heimgegangenen, nicht nur das Bibelheim, auch der Evangelische Verein für innere Mission A. B. hat seinen Vater verloren, seinen geliebten Vorstand, seinen geistesmächtigen Führer. Wir stehen mit der Familie und mit dem Heim tiefgebeugt an seinem Grabe. Als die Kunde von seiner schweren Erkrankung das Land durcheilte, konnte man hin und wieder beim Gedenken daran, daß der Herr ihn vielleicht heimnehmen könnte, die Worte hören: „Das wäre nicht auszudenken." Was wir meinten, nicht ausdenken zu können, ist eingetreten. Der Herr über Leben und Tod hat ihn weggenommen an einem Zeitpunkt, den wir für den ungünstigsten hielten, an einem Zeitpunkt, wo er nach unserer Meinung noch wichtige Aufgaben durchzuführen gehabt hätte, an einem Zeitpunkt, wo wir seines Rates und seiner starken Führung besonders bedurft hätten.

Doch es wäre nicht im Sinne unseres lieben Vorstandes, wollten wir uns zermürben lassen durch dieses und jenes Warum. Die Losung des Todestages verbietet uns dies auf das nachdrücklichste mit den Worten: „Gott, Dein Weg ist heilig". Auch der Weg, den der Herr mit unserem lieben Heimgegangenen und damit auch mit unserem Verein ging, ist heilig. Und weil er heilig ist, wollen wir schweigen und uns demütigen unter die gewaltige Hand Gottes, damit Er uns erhöhe zu Seiner Zeit. Was wir nicht ausdenken können, wollen wir durch Seine Gnade ausglauben lernen. Wir halten fest daran, daß Leben herauswachse aus diesem Tod, daß Segen komme aus diesem unersetzlichen Verlust. Die Losung des Tages, an dem wir ihn in das Grab senken, macht uns Mut, dies zu glauben: „Aus dem Kleinsten sollen tausend und aus dem Geringsten ein mächtig Volk werden" (Jesaja 60. 22). Wie oft hat unser lieber Vorstand in seinen Reden und Andachten die Worte gebraucht: „Es läuft". Nachdem er gestorben, hört sein Wirken nicht auf. Es läuft, will's Gott, nach seinem Tod noch stärker als in seinem Leben.

Wir danken ihm hier an seinem Grabe nochmals herzlich für alle die Dienste, die er viele Jahre hindurch als Inspektor, als Vorstand, als Hausvater des Bibelheims „Bethanien" und als Redakteur des „Reich-Gottes-Boten" geleistet hat. Dieselben gebührend zu würdigen, ist hier nicht der Ort. Es bleibt dies einer anderen Gelegenheit vorbehalten.

Doch möchte ich diese Stätte nicht verlassen, ohne ihm für etwas Besonderes gedankt zu haben. Wir danken unserem teuren Vorstand, daß er immer wieder so stark betonte, uns immer wieder so ernst ermahnte, daß unsere Vereinssache Brudersache sein und bleiben und je länger, je mehr werden müsse. Für die Brudersache hat er gekämpft mit seiner ganzen Kraft. Als er zum letztenmal, schon als ein schwer leidender Mann, in unserer Sitzung erschien, galt sein erstes Wort der Brudersache. Wie hat er die Brüder so lieb gehabt, auch die schlichtesten, wenn sie nur Brüder waren. Wie ist er uns immer mehr ein Bruder geworden, besonders in der letzten Zeit! Wie ging ihm das Herz auf, wenn er unter den Brüdern war! Wie hat ihn die Bruderliebe erquickt, besonders in den Tagen seiner Krankheit, bis ins Sterben hinein, das einzigartig wie sein ganzes Leben war. Er war ein Bruder in des Wortes höchster Bedeutung. Ein Bruder wollte er sein in allererster Linie. Zum Brudervolk zu gehören, war ihm höchste Ehre.

Wir danken ihm heute auch für die Dienste, die er unserem Verein mit seiner überragenden Lehrgabe geleistet hat, mit der er uns einführte in den wunderbaren Heilsratschluß, der ihm vom Herrn in besonderer Weise offenbart ward. In diesem Rate stand er selbst mit seinem ganzen Leben und Wirken, mit seiner ganzen Person. Deshalb konnte er auch schon am Anfang seiner Krankheit, wo wir alle noch bestimmt auf Genesung hofften, ganz ruhig sagen: „Es gehe, wie es wolle, es geht mit mir nach dem Liebesrat unseres Herrn." Er könnte heute in Wahrheit mit dem Apostel Paulus sprechen in Apostelgeschichte 20, 26: „Darum bezeuge ich euch an diesem heutigen Tage, daß ich rein bin von aller Blut; denn ich habe euch nichts verhalten, daß ich nicht verkündigt hätte all den Rat Gottes." Unser lieber Vorstand durfte in der Schrift die Gemeine schauen, den Leib Christi, wie nur wenige. Sein Kleinod war die Gemeine, die Kreuzesgemeine, die Blutsgemeine, die Sohnesgemeine, und deshalb war die Wiederkunft des Herrn zu Seiner Gemeine sein teuerstes Hoffnungsgut. Nachdem er selbst ein Glied dieser Gemeine geworden durch Gottes Gnade, war es ihm höchstes Anliegen, hineinzuwachsen in das vollkommene Mannesalter Christi. Und in welch hohem Maße ist er diesem Ziele nahegekommen!

Wir danken heute, daß er hat in Gottes Hand das Werkzeug sein dürfen, vielen die Augen zu öffnen für dieses große Geheimnis von Christus und Seiner Gemeine. Nun hat ihn der Herr der Gemeine versetzt aus der unteren in die obere, nachdem er schon vor seinem Ende die Herrlichkeit hat schauen dürfen und der Herr Sein göttliches Siegel auf sein Wirken gedrückt und Sein Amen gesprochen hat zu seinem Leben. Dem aber, der überschwenglich tun kann über Bitten und Verstehen nach der Kraft, die da in uns wirkt, dem sei Ehre in der Gemeine, die da in Christus Jesus ist, zu aller Zeit, von Ewigkeit zu Ewigkeit! Amen (Epheser 3, 20, 21).

Bürgermeister Schöpfle dankte für allen Dienst, den Pfarrer Böhmerle der Gemeinde Langensteinbach in den Jahren 1898—1903 als Ortspfarrer und seit 1908 als Leiter des Bibelheims „Bethanien“ erwiesen hat.

Oberlehrer Großklaus legte einen Kranz nieder im Namen der Gemeinschaft Langensteinbach und rief dem Heimgegangenen nach: „Die Lehrer werden leuchten wie des Himmels Glanz, und die, so viele zur Gerechtigkeit weisen, wie die Sterne immer und ewiglich.“

Prokurist Baumgärtner, Vorsitzender des Pforzheimer Vereinshauses, sprach im Namen der dortigen Gemeinschaft und faßte seinen Dank zusammen in das Wort: „Das Gesetz der Wahrheit war in seinem Munde und ward kein Böses in seinen Lippen gefunden. Er wandelte vor Mir friedsam und aufrichtig und bekehrte viele von Sünden“ (Maleachi 2, 6).

Pfarrer Bastian vom Diakonissenhaus Nonnenweier schloß seinen Nachruf mit der Bitte Jesu im hohenpriesterlichen Gebet: „Vater, Ich will, daß, wo Ich bin, auch die bei Mir seien, die Du Mir gegeben hast, daß sie Meine Herrlichkeit sehen, die Du Mir gegeben hat.“

Die evangelische Diakonissenanstalt Karlsruhe war vertreten durch Pfarrer Kayser, der seine Freude darüber aussprach, daß eine Schwester seines Hauses dem Heimgegangenen am letzten Tag seines Lebens noch dienen durfte als einem Mann, der im Dienst dessen sein Leben verzehrt hat, der von sich sagte: „Ich bin nicht gekommen, daß Ich Mir dienen lasse, sondern daß Ich diene und gebe Mein Leben zur Bezahlung für viele.“

Pfarrer Schmidt vom Diakonissenhaus „Bethlehem“, Karlsruhe, schloß sich im Dank an und betonte, daß die Schwestern bei Erholungswochen oder in Bibelkursen des Heims „Bethanien“ durch den Entschlafenen viel Förderung in Glauben und Erkenntnis gewonnen hätten.

Pfarrer Mack von Palmbach legte an Stelle des durch Erkältung verhinderten Dekans Hofheinz einen Kranz nieder im Namen der Geistlichen des Kirchenbezirks Durlach.

Pfarrer Jäger von Unteröwisheim sprach als Vorsitzender und Vertreter der Pfarrbrüdergemeinschaft, der der Heimgegangene Ende September 1926 auf dem Thomashof anläßlich einer Tagung bei einer Andacht mit der ihm eigenen Gabe der Wortverkündigung gedient hat, und schloß mit dem Verheißungswort: „Der Herr, dein Gott, ist ein barmherziger Gott; Er wird dich nicht lassen noch verderben, wird auch nicht vergessen des Bundes, den Er deinen Vätern geschworen hat."

Unter den Geistlichen, die Pfarrer Böhmerle die letzte Ehre erwiesen, sahen wir auch unseren verehrten Herrn Kirchenpräsidenten D. Wurth, der dem Verwaltungsrat unseres Vereins brieflich mit folgenden herzlichen Worten seine Teilnahme ausgesprochen hat:

„Der frühzeitige und unerwartete Heimgang des Herrn Pfarrers Böhmerle, der so viele Jahre der geistliche und geistvolle Leiter Ihres Vereins gewesen ist, bewegt mich tief, und ich spreche dem Vorstand des Vereins, der in der Geschichte unserer evangelischen Landeskirche eine so große und wertvolle Bedeutung hat, meine herzliche Teilnahme an dem schmerzlichen Verlust aus. Es ist mein aufrichtiger Wunsch und meine ernste Bitte zu Gott, daß es dem Verein gelingen möge, an Stelle des Entschlafenen einen Nachfolger zu finden, der, mit gleichem Eifer in seinem Amt und mit nicht minderen Gaben des Geistes ausgerüstet, den Weg dieser großen Gemeinschaft bestimmt in der Richtung, die ihren Ursprüngen entspricht und unserer evangelischen Kirche zum Segen gereicht."

Die Gedenkstunde im Bibelheim

Nach der kirchlichen Begräbnisfeier reisten die meisten der auswärtigen Geschwister wieder ab; aber doch blieb noch eine große Anzahl zurück, um sich abends mit den Hinterbliebenen, der Hausgemeinde und den Gästen des Heims und den Langensteinbacher Geschwistern zur Trauerversammlung zusammenzufinden, die ganz den Charakter einer Gemeinschaftsfeier trug. Die Textworte, an die die Ausführungen der Brüder sich anschlossen, stehen in Römer 8, 31—39, dem

Siegeslied der Gemeine Jesu, wie der liebe Heimgegangene diesen Abschnitt gern nannte.

Bruder Stäbler, Oberpräzeptor a. D. in Rudersberg:

Wenn der Apostel beginnt: „Was sollen wir hierzu sagen?“, so will er zum Ausdruck bringen: Gibt es denn auch noch etwas Größeres und Höheres, als was in den vorausgehenden Versen von der ewigen Erwählung gesagt ist? Wie hat der selig Heimgegangene immer tiefer geforscht und gegraben nach den ewigen Gründen dieser teuren Gotteswahrheiten! Wie hat er uns hineinschauen lassen in die Geheimnisse des Rates Gottes! Wie hat er mit freudigem Munde eingestimmt in dieses Sieges- und Triumphlied des Volkes Gottes, das bis ans Ende ohne Aufhören erschallen soll in den Hütten der Gerechten!

Immer neu wird durch all die köstlichen Kurserinnerungen der Schmerz um den Heimgegangenen erweckt! Wie viele Brüder und Schwestern trauern weithin in deutschen Landen um den herben Verlust. Ein reicher Segensstrom, vom Bibelheim „Bethanien“ ausgehend, hat aufgehört zu fließen. Was waren das für schöne Tage, diese Bibelkurse! Monatelang hat man davon gezehrt. Wem es vergönnt war, ihm Auge in Auge gegenüberzusitzen, seiner geistigen Lebendigkeit sich zu erfreuen, sein bewegtes Mienenspiel zu beobachten und ihm in sein treues, wahres Auge zu blicken, der wird schon diese äußeren Eindrücke nicht mehr vergessen. Und wie ergreifend und machtvoll war sein Beten! Wie klar und überzeugend waren seine Ausführungen, das eine Mal wie Lichter die Erkenntnis erleuchtend, das andere Mal das Herz bewegend und zur Anbetung treibend. Welche Freude war es für den denkenden Hörer, welch vollendeter Genuß, einen seiner prächtigen Kernsätze zu vernehmen und zu notieren, geschliffen und sprühend wie ein Edelstein! Welche Erfrischung waren seine lebendigen, oft geradezu dramatischen Beigaben aus dem unerschöpflichen Schatz seiner Erlebnisse und Erfahrungen! Denken wir noch daran, mit welcher Treue, Sorgfalt und Gründlichkeit der Heimgegangene auf alle Fragen, Bedenken, Einwürfe einging und manchmal zwei Stunden lang aus seinem Schatz Neues und Altes hervorholte, so wird jedes, das ihn mit Verständnis gehört hat, beistimmen: Der Unermüdliche hat in den Kursen eine Seelenarbeit ohnegleichen geleistet, für die ihm noch viele Herzen übers Grab hinaus danken. Wir wollen uns durch sein treues Wirken immer neu in die Nachfolge unseres Heilandes weisen lassen, damit auch wir unseren Glaubenskampf so wie er in voller, freudiger Gewißheit vollenden dürfen. Er darf nun mit neuer Zunge einstimmen in das Siegeslied der Gemeine.

Bruder Krämer, Inspektor in Durlach:

Es ist nicht so, daß nichts uns scheiden wollte. Viel will uns scheiden von der Liebe Gottes. Alle die Größen, die der Apostel anführt, von denen er uns sagt, daß sie uns nicht scheiden können, möchten uns scheiden. Daß sie nicht können, liegt in Gott, weil Gott und Liebe eins sind; Gott ist die Liebe. Wem es gelingen sollte, uns von der Liebe Gottes zu scheiden, der müßte Gottes Gesinnung, der müßte Gott selber ändern können. Daß dies unmöglich ist, ist ein unendlicher Trost für Gottes Volk, das noch im Kampf des Glaubens steht, mitten in der argen Welt.

Wir hier sahen uns in diesen Tagen dem schauervollen Tod gegenüber, der uns unseren lieben Vorstand entrissen hat. Und doch kann uns der Tod nicht die Liebe Gottes verdüstern, geschweige uns von ihr scheiden. Wohl bleibt bestehen, was droben auf dem Friedhof gesagt worden ist, daß noch viele Fragen offen bleiben nach dem Wort: „Wie gar unbegreiflich sind Seine Gerichte und unerforschlich Seine Wege! Denn wer hat des Herrn Sinn erkannt, oder wer ist Sein Ratgeber gewesen?“ Dennoch wissen sich Gläubige auch bei dunklen Führungen geborgen in der Liebe Gottes. Dafür ist der Ton ein Beweis, der heute durch alles hindurchgeklungen ist, durch alle Zeugnisse und alle Lieder. Da war keine Stimmung der Verzagtheit, sondern der erhebenden Zuversicht und der Gewißheit der Liebe Gottes zu vernehmen. Wer nicht in dieser Liebe steht, kann kaum begreifen, wie man beim Begräbnis eines teuren und lieben Menschen singen kann: „Freudenvoll, freudenvoll walle ich fort hin zu dem Lande der Seligen dort.“ Aber der Gläubige kann es; denn auch der Tod kann ihn nicht scheiden von der Liebe Gottes.

Unser heimgegangener Pfarrer Böhmerle hat nie genug betonen können, wie für Kinder Gottes die Passivität viel wichtiger ist als die Aktivität. Der Gläubige ist auch aktiv wirksam; aber das nur insoweit, als er vorher und beständig dem Tun Gottes gegenüber passiv ist. Er soll passiv sein nicht nur im Leiden, sondern auch im Sich-lieben-Lassen. Wenn der Entschlafene jetzt zu uns hereintreten und reden könnte, würde er vielleicht sagen: Was macht ihr so viel Wesens von mir? Gebt euch dem Heiland hin, den ich euch gezeigt habe, das soll meine Freude sein. Stellet euch in Seine Liebe und bleibet in Ihm! Das wollen wir uns gesagt sein lassen. Einen heimgegangenen Lehrer ehrt man nicht nur damit, daß man seinen Namen im Herzen nie verlöschen läßt, sondern auch und noch viel mehr damit, daß man seinen Worten folgt, die aus dem Wort geschöpft waren. In die Gottesliebe wollen wir uns versenken und ganz in ihr leben. Sie wollen wir unser Element sein lassen, sie soll die Fülle sein, in der wir bleiben. In dieser Liebe bleiben auch die heimgegangenen und die zurückbleibenden Kinder Gottes vereinigt. In ihr bleiben auch wir vereinigt mit unserem lieben Pfarrer Böhmerle. Er weidet sich nun ganz in ihr in der Anschauung der Herrlichkeit des Herrn. Wir hier wallen dem Heiland entgegen noch unter Kampf und Leiden, aber gehalten von derselben Liebe, die ihn gehalten hat und hält, in der er überwunden hat und die er nun droben preist. In seinem Sinne handeln wir, wenn wir uns lieben lassen von Gottes Liebe, und zu unserem Heil handeln wir, wenn wir bleiben in der Liebe Gottes, die unüberwindlich ist und von der uns nichts scheiden kann in Ewigkeit.

Bruder Zeller, Oberreallehrer in Korntal:

In unserem Text, der wie ein Triumphlied des Gottesknechtes klingt, ist die Rede von Tod und Leben, von Getötetwerden und Überwinden. Wer will das Geheimnis von Tod und Leben, vom Ansturm der Todesmächte und dem herrlichen Sieg der göttlichen Liebesmacht ergründen?

„In dem allem überwinden wir weit um deswillen, der uns geliebt hat.“ Das spricht ein bis in die tiefsten Tiefen geläuterter Knecht Christi. Aber auch das Leben und Sterben des Mannes, um den wir trauern, wie die Kinder um den Vater trauern, ist uns ein lebendiger Beweis für die Wahrheit dieses Wortes. Mit der unerschütterlichen Glaubenskraft, die ihn im Leben trug, ist er eingegangen in das Licht der Ewigkeit.

Wenn ich in dieser ernsten und heiligen Stunde rede, so möchte ich es aussprechen, wie besonders wir Gäste aus dem Schwabenland Gottes Gnade preisen, daß Er uns in Erholungstagen so oft hierher geführt hat. Wenn wir nach Jahr und Tag wiederkehrten, spürten wir das Wachstum des teuren Gottesmannes. Immer herrlichere Schätze förderte er aus den Kammern des heiligen Buches, aber auch immer tiefer drückte ihn das Kreuz. Ich höre ihn noch die Worte sagen: „Da sitze ich in meinem Zimmer drüben, und mit Zittern und mit Herzklopfen mache ich die Briefe auf." Mancher Bruder und mancher Nichtbruder hat ihm weh getan.

Ich möchte den Entschlafenen in dieser Stunde nicht loben. Die Herrlichkeit, in die er eingegangen ist, soll ihm durch kein Menschenwort geschmälert werden. Aber innigen, treuen Dank dürfen wir uns vom Herzen sprechen für das, was er uns war, und für den reichen Segen, den wir aus diesem Saal nach Hause trugen.

Mir stehen in dieser Stunde zwei Bilder vor Augen: der Tote, wie er im Grün der Pflanzen auf der Bahre ruhte, und der Lebendige mit der ungebrochenen Geisteskraft.

Hatte mich schon die Todesnachricht im Innersten erschüttert, so löste der Anblick des Toten in mir ein tiefes Weh aus. Ich schäme mich der Tränen nicht, die mir in die Augen traten. Da lag er im schwarzen Amtskleid, die gefalteten Hände das zerlesene, griechische Testament umschlingend. Das schwere Leiden hatte sein Zerstörungswerk an dem Körper getan. Und doch mußte ich ihn immer wieder ansehen. Wie tief ruhte auf dem Antlitz der Sabbatfriede, und wie innig atmete es die erreichte Ruhe, der unendlichen Stille lauschend. Immer wieder war mir, als sollte der Mund sich öffnen, um ein Segenswort zu sprechen. Er konnte segnen. Beim Abschied fühlte ich im Herzen die stille Klage: Du hättest ihn noch mehr lieben sollen! — aber auch den Trost, daß dieser Tod uns noch mehr mit der Ewigkeit verbindet.

Tritt der Lebende uns vor Augen, so sehen wir den Mann eigener Art mit der geschlossenen Kleidung, dem großen schwarzen Hut, dem fast düsteren Gesicht, aus dem das Auge doch so hell leuchtet und der Mund so froh lachen konnte, ja derselbe Mund, der uns in den Andachten und Bibelstunden so fesselte. Es ist mir klar, warum. Er machte uns die Bibel lieb. Die Art, wie er über das Wort sprach, weckte unwillkürlich das Verlangen, selbst zu lesen, weiterzulesen. Er machte uns den Heiland groß. Er war ihm A und O, Anfang und Ende, der große Rahmen, der Zeit und Ewigkeit, Schöpfung und Menschheit umfaßt. Er zeigte uns die beiden Brennpunkte des christlichen Lebens: Kreuz und Auferstehung, die er nie trennte, und die Wiederkunft Christi. Dabei war er ein Schriftkenner, wie es wenige gibt. Wir mühen uns oft um das Verständnis von Versen und Kapiteln. Bei ihm war es mir immer, als durchschaue er die ganze Bibel von Genesis 1 bis zum letzten Kapitel der Offenbarung. Da zog er seine Linien bald mit dem Blick auf Christus, den Heiland, und das obere Jerusalem, bald nach den Haushaltungen Gottes, bald nach dem Gemeine-Gedanken. Und wie die perspektivischen Linien eines Baues im Fluchtpunkt sich einen, so faßte er alle Strahlen in dem Gedanken an die Hinausführung des Rates Gottes zusammen wie ein Seher, der in weite Fernen schaute. Da konnte er die Herrlichkeit Gottes preisen und sich freuen, daß der Psalter mit dem wunderbaren, allumfassenden Worte schließt: „Alles, was Odem hat, lobe den Herrn! Halleluja!“ Seine Gebete waren in solchen Stunden heilig.

Ich erinnere mich noch an die letzte Abendandacht, an der wir im August vorigen Jahres teilnahmen. Der Verstorbene sprach auf die Bitte einiger Gäste über Knechtesstand und Kindschaftsstand, betonend, daß man wohl vom Knechtesstand in das ausgeborene Leben gelangen könne. Er selbst erinnere sich noch gut an die Zeit, wo er in Spielberg zu predigen hatte und bei dem dortigen Lehrer zu Mittag aß. Derselbe sei nach seinem Verlag ein Sonderlicher gewesen, ein Kenner von Oetinger. An einem Sonntag habe er ihn gefragt, warum er denn gar nie über seine Predigten mit ihm spreche. Der Lehrer sagte, er dürfe ihm eine freie Äußerung nicht übelnehmen, aber seine Predigten seien durch und durch gesetzlich. Nach einigen Monaten gab er zu: „'s ist a bißle besser.“ Von sich selber aber sagte der Verstorbene: „Ich war damals orthodox bis auf die Haarspitzen. Ich war ein Lospolterer und habe meinen Mann gestellt — bis der Mann gestellt wurde und mein Ich zusammenbrach. Ich kam nun unter das Gesetz des Geistes, der lebendig macht. Wie ich den Heiland erkannt habe, bin ich ein Bruder geworden.“

Unvergeßlich bleibt mir aus dieser Stunde auch sein Ausspruch: „Wo ein Mann an Christus hanget, hängen sich andere an ihn." Das ist die wertvollste Evangelisation und soll für uns eine ernste Mahnung bleiben. Er selbst hat nie seine Gäste an seine Person gezogen. Gründer einer neuen Gemeinschaft wollte er nie werden. „Gehen Sie wieder heim in den Kreis, in den Gott Sie gestellt hat", sagte er ein andermal am Schluß eines Kurses. „Dort in Ihrer Gemeinschaft leben Sie aus, was Sie hier gehört haben. Den Böhmerle lassen Sie mir und hier, aber den Heiland nehmen Sie mit."

Das ist für uns ein Vermächtnis des Mannes, an dessen Bahre wir heute in tiefstem Leid standen. Als ihm schon zwei Tage vor seinem Tode die Welt in nichts versank, da stand im Lichte der Ewigkeit der vor ihm, dem er treu geblieben war, und dem auch wir treu bleiben wollen, unser hochgelobter Herr und Heiland Jesus Christus.

In der Hoffnung auf den kommenden herrlichen Tag aller Kinder Gottes aber beten wir:

„Ach, du Aufgang aus der Höh,
gib, daß einst an jenem Tage
unser Leib verklärt ersteh
und, entfernt von aller Plage,
Dich auf Deiner Freudenbahn
schauen kann."

Bruder Fies, Hausvater im „Doniswald" in Königsfeld:
Es steht noch ein Wort in unserem Text, das wir heute abend nicht unerwähnt lassen dürfen. Es heißt: „Wir sind geachtet wie Schlachtschafe." Ich glaube, dieses Wort gilt auch von dem Heimgegangenen. Er hat viel leiden und erdulden müssen von draußen und von drinnen. Mancher, der kleiner war als er, hat gemeint, über ihn richten und ihn verurteilen zu dürfen. Sicher gilt da das Wort: „Sie wissen nicht, was sie tun." Sicher haben manche heute abend dem Heimgegangenen etwas abzubitten. Die Wahrheit erfordert es.

Wie nahe hätte es gelegen, alle diese kleinen Menschen von draußen und von drinnen zu verachten und sich mit andern eine Gemeinde zu bilden, wozu der Heimgegangene das Zeug gehabt hätte. Aber er ist nicht aus der Schule gelaufen, hat ausgehalten und sich als Schlachtschaf hergegeben. Das konnte er nur, weil er ein Mann der Demut und der Bruderliebe war. Er hatte sie lieb, auch wenn sie nicht mit ihm gehen konnten.

Es wäre möglich, daß einige treue Anhänger des Heimgegangenen, um ihn zu ehren und sein Erbe zu bewahren und zu pflegen, nun eine eigene Gruppe bilden möchten. Damit würden sie aber ihn nicht ehren, noch handeln, wie er gehandelt hat. Er hat sich nicht separiert, sondern ist bei den Brüdern geblieben und hat sie demütig getragen und geliebt, ihnen und ihm selbst zum Segen. Wagen wir es, diesen Weg zu gehen, er ist nach einer Seite hin ein Sterbensweg, der Weg der Schlachtschafe, aber ist der Weg, auf dem wir zur Frucht werden und Frucht bringen.

Bruder Dittes, Finanzamtmann, Emmendingen:

Wenn jeder der vielen Anwesenden jetzt davon reden könnte — und wie viele drängt es sicher dazu —, was er hier im Bibelheim „Bethanien" durch den lieben Heimgegangenen an geistlichen Gütern und Gaben empfangen hat, es gäbe eine große und bedeutsame Erzählung. Auch ich durfte seit seinem Bestehen oft im Bibelheim weilen, und die hier verlebten Tage und Wochen stehen mir heute besonders lebendig vor der Seele.

Ich möchte aber zunächst nicht davon reden, was mir der liebe Heimgegangene hat geben dürfen; lassen Sie mich vielmehr davon sagen, was er mir genommen hat. Er hat mir „Glauben" genommen, nämlich Kleinglauben, Halbglauben. Wenn ich müde, mit abgearbeiteten Nerven, hier Ruhe und Erholung suchte, ist mir Müdigkeit, Unruhe und Kraftlosigkeit genommen worden. Und wie dankbar konnte man sein für ein solches Nehmen, war es doch verbunden mit einem besonderen Geben. Wie mancher hat unter der wuchtigen, überzeugenden, ja überwältigenden Wortauslegung des Heimgegangenen durch die Wirkung des Heiligen Geistes anstelle seines zusammengebrochenen Klein- und Halbglaubens einen gottinnigen Glaubensstand erlangt. Wie vielen ist hier nach der Nacht der Anfechtung und Zweifel das helle Licht von oben aufgegangen!

Der liebe Heimgegangene war besonders dafür begabt, seinen Zuhörern die Bibel als ewiges Wort Gottes lieb und groß zu machen und das Schriftverständnis zu öffnen. Damit ging Hand in Hand die Einführung in den Rat und Plan Gottes, insbesondere in Zweck und Sinn des Kreuzes. „Kreuzgeheimnis“, wie oft hat er dieses Wort ausgesprochen und ausgelegt. Ich weiß, daß viele, die mit schweren Kreuzeslasten ins Heim gekommen sind, zwar ihr Kreuz nicht plötzlich verloren haben, es aber liebgewonnen haben, weil sie im Kreuz ihren Herrn und Seine Liebe erkennen lernten. Sinn und Zweck des Kreuzes Christi gab ihrem Kreuz Sinn und Zweck, und leidenswillig mit tiefem innerem Frieden konnten sie fröhlich ihre Straße ziehen. Ein in einer Passionsandacht während des Krieges gesprochenes Wort des lieben Heimgegangenen hat mir meinen Weg weithinaus beleuchtet: „Das Maß der im Glauben an Christus getragenen Leiden bestimmt das Maß unserer Herrlichkeit.“

Wenn ich mir die auf dem ersten Blatt meines Neuen Testamentes vermerkten Stichworte aus früheren Bibelstunden des Heimgegangenen — Gottesoffenbarung, Reichgottesmacht, Gebetsmacht — vorhalte, so stehe ich dankbar bewegt aufs neue unter dem Segen jener unvergeßlichen Stunden, in die die Ewigkeit hereinragte.

Wir lassen uns heute nicht vom Schmerz und Weh überwältigen, so stark sich auch beides geltend machen will, wir schauen vielmehr dankbar auf zum Herrn über Leben und Tod, der unseren lieben, verehrten Vorstand herrlich vollendet hat, nachdem er unter uns zum reichen Segen gesetzt war. Der Herr, dem allein Ehre gebührt, vermehre den Segen.

Bruder Welk, Stadtmissionar in Mannheim-Neckarau:

Lassen Sie mich zuerst ein Wort des Dankes aussprechen. Zunächst ein persönliches. Unser lieber, nun heimgegangener Herr Pfarrer Böhmerle ist schon als junger Inspektor unseres Vereins in meinem Elternhaus in Wieblingen eingekehrt. Bei meiner Einsegnung auf St. Chrischona hielt er die Festrede. So ist er mir schon früh nahegetreten und lieb geworden und hat einen bleibenden Eindruck auf mich gemacht. In den langen Jahren meiner Tätigkeit in Durlach, da wir so oft Hand in Hand arbeiten durften, so manche Konferenz und Monatsstunde zusammen gehalten haben, und in all den vielen kürzeren und längeren Ferienaufenthalten im Heim ist mir Herr Pfarrer Böhmerle zum

Segen und ein Führer in das Verständnis des Heilsrates Gottes in Christus Jesus geworden. Dafür möchte ich heute ihm und meinem Gott herzlich Dank sagen.

Danken will ich aber auch dem lieben Heimgegangenen im Namen unserer ganzen Brüderschar. Wir Brüder freuen uns der Segnungen, die durch ihn uns zuteil geworden sind. Wir sind dankbar für alle Öffnung des Verständnisses für den Heilsplan Gottes. Schmerzlich empfinden wir den Verlust, der durch sein Heimgehen uns geworden ist. Wir wollen den Segen, den er uns übermittelte, bewahren, ja, der Herr wolle uns denselben bewahren.

Beim Lesen unseres Abschnittes blieb ich hängen an dem Vers 36, den eben auch schon Bruder Fies berührt hat. „Um Deinetwillen werden wir getötet den ganzen Tag, wir sind geachtet wie Schlachtschafe." Wenn Paulus dieses Wort auf sich anwandte, dann wußte er sich in solchem Erleben in der Gemeinschaft mit Christus, seinem Herrn und Heiland, auf den ja das Psalmwort in erster Linie hinweist. Auch unser lieber Entschlafener wußte sich auf den vielerlei Leidenswegen, die er gehen mußte, in der Gemeinschaft mit Jesus, dem Gekreuzigten. Aber er bekannte mit dem Apostel freudig: „um Deinetwillen". Damit Christi Herrlichkeit in ihnen und durch sie offenbar würde, ging ein Paulus, ging ein Pfarrer Böhmerle im Glauben seinen Weg.

„Kinder Gottes gehen leidendlich ihren Weg." Diesen Satz hat Herr Pfarrer oft ausgesprochen und hat danach gelebt. Und wir sind nun durch seinen Heimgang auch ins Leiden gestellt. Wir gehen jetzt unseren Weg tiefgebeugt, schmerzerfüllt, leidendlich. Tief einschneidend ist die Wunde, die Gott uns mit dem Heimrufen Seines Knechtes geschlagen hat. Aber wir wollen diesen Weg im Glauben gehen. „Wir überwinden weit um deswillen, der uns geliebt hat". So ist unser Bruder uns vorausgegangen. So wollen wir ihm nachfolgen. Die Herrlichkeit Gottes will sich auch in uns und unserem Werk im Leiden kundtun.

Auch die lieben Angehörigen des Herrn Pfarrers sind ins Leid versetzt. Auch ihnen gelte es: „um Deinetwillen" und „wir überwinden weit". Daß sich der Segen des Leides bei ihnen und bei uns allen auswirke in Herrlichkeit, das schenke uns der Herr.

Bruder Bender, Landwirt in Hoffenheim:

„Ist Gott für uns, wer mag wider uns sein?“ Ja, Gott ist für uns. Das hat Er bewiesen, indem Er Seinen eigenen Sohn nicht verschonte, sondern Ihn für uns alle dahingab. Das dürfen wir auch hier glauben bei dem Schmerz, der uns betroffen im Dahinscheiden unseres lieben Herrn Pfarrers. Wenn Gott für uns ist, wird Er uns nicht verlassen. Auch im Nehmen will Er geben.

Vor kurzem war der liebe Herr Pfarrer noch bei uns bei unserer Monatsstunde, wo er über das Wort redete: „Es ist mir ein Geringes, daß ich von euch gerichtet werde; auch richte ich mich selbst nicht. Der Herr ist's, der mich richtet.“ Und nun steht er schon vor seinem Herrn, und wir dürfen gewiß sein, daß auch ihm von Gott das Lob widerfahren wird. Hienieden ging es auch bei ihm durch böse Gerüchte und gute Gerüchte. Wir aber wollen dessen eingedenk sein, was wir von ihm gehört haben. Wie hat er uns doch das Ziel, das Gott für uns bestimmt hat, so herrlich dargestellt. Auch ich darf dies bezeugen. Er ist mir ein Ansporn geworden, dem Ziel mehr als bisher nachzustreben. Mein Wunsch und Bitte an alle hier Versammelten geht dahin, daß alle mit vollem Bewußtsein und völliger Hingabe dem herrlichen Ziel entgegengehen möchten, das uns in Christus Jesus verordnet ist und auf das der liebe Hingeschiedene mit voller Bestimmtheit hingewiesen hat. Wir alle wollen dahin gehen, wohin er uns vorangegangen. O daß unser keines dahinten bleibe!

Dann war der Tag zu Ende, der uns für diese Erdenzeit die schmerzvolle Trennung von dem originellen, geistesmächtigen und fruchtbaren Bruder, Vater und Führer unseres Werkes gebracht hat. Aber wie er uns immer mit unermüdlicher Wiederholung, aber in stets quellfrischer Kraft des Wortes hingewiesen hat auf Jesus Christus, den gekreuzigten, auferstandenen und wiederkommenden Heiland, so wollen wir nun in Treue aufsehen auf Jesus, den Anfänger und Vollender unseres Glaubens, den Herzog unserer Seligkeit und den seit unserer Väter Zeiten eigentlichen Leiter unseres Vereins, und wollen uns durch Seinen Geist tüchtig machen lassen zum Dienst in Seinem Reich und zur Begegnung mit Ihm in Seiner Zukunft.

Seine treusorgende Gattin hatte noch einen 34 Jahre langen Weg als Witwe zu gehen. Während dieser Zeit nahm sie sich der Veröffentlichungen ihres Mannes durch Sonderdrucke und Neuauflagen an. Am 3. Mai 1961, im hohen Alter von 91 Jahren, schlug auch für sie die Stunde des Abschieds und des Heimganges.

Der Herr ist mein Richter

1. Korinther 4, 1—5

Wir sind am Ende des Lebensbildes von Theodor Böhmerle angelangt. Wir wollen nun nicht etwa mit unserem Urteil über sein Leben und Wirken abschließen, sondern zeigen, wie er sich zuletzt noch dem Gericht Gottes gestellt hat. Der Text aus 1. Korinther 4 muß ihn am Ende seines Lebens sehr stark bewegt haben. Darüber sprach er am 5. Dezember 1926 in Hoffenheim bei der letzten Monatsstunde, die er besuchen konnte. Darüber schrieb er seine letzte Betrachtung, die im „Reich-Gottes-Boten" auf den 12. Dezember, den dritten Advent 1926, veröffentlicht wurde. Einige Sätze daraus sollen am Schluß des Lebensbildes stehen:

Die Gläubigen stellen sich in das Gericht des Herrn. Sie wandeln im Licht und lassen sich durchleuchten. Ihnen ist die Lichtesdurchdringung eine notwendige und gewollte Sache. Der Gläubige weiß, nur durch die Durchrichtungen hindurch kann er wachsen und zunehmen im geistlichen Leben. Es ist das Demütigendste, was es gibt, so unter den Augen des Allsehenden zu stehen und nach Seinen göttlichen Normen sich richten zu lassen. Es ist aber auch das Höchste, was es gibt, so ganz allein seinem Herrn verantwortlich zu sein. Das ist der freieste Mensch, welcher wahr und ernst in der Richtergegenwart des Herrn sein Leben führt.

Je tiefer jemand im Selbstgericht zerbrochen ist, um so größer und herrlicher ist ihm der Heiland, um so reicher sind ihm Jesu Wunden. Dieses innere Gericht begleitet das Kind Gottes lebenslang. Der alte Mensch wird nicht wie ein alter Lumpen weggeworfen, sondern er wird in täglichem Kampf in der Kraft der Lichtesgnaden überwunden. Da braucht's immer kräftigeren Einblick in das Selbstwesen, erneute Selbsterkenntnis, erneuertes Sündenbekenntnis, erneuertes Durchlaufen von Gerichten und erneuertes Herausgeholtwerden. Dazu stehen wir ständig vor dem Herrn, dem Durchrichter, daß wir immer geübtere Blicke bekommen für Licht und Finsternis in uns und für die notwendigen Lichteskräfte. So ist der Herr unser Richter. Die Gerichte des Herrn müssen sich je und je auch noch in Züchtigungswegen bei uns auswirken, wenn wir nicht dem einfältigen inneren Licht folgen.

Durch den Geistesgrund der Kinder Gottes zieht ein tiefer Ernst. Der Herr ist ihr Richter. Vor Ihm geben sie sich und Ihm täglich Rechenschaft. Wir haben einen täglichen und nächtlichen Verwaltungsabschluß vor dem Herrn. Bei lebendig Gläubigen muß immer alles im Blei sein. Sie können keine Überreste und Rückstände dulden. In der Klarheit will der Gläubige stehen und stellt seine Wege in die Klarheit.

Auch unter den Gläubigen werden der raschen Urteile viele gefällt. Wie haben wir oft unter solchem Geurteilt- und Verurteiltwerden zu leiden. Wie müssen wir uns beugen über unser eigenes Urteilfällen. Da ist es herrlich, den Herrn zum Richter zu haben. Vor Ihn treten wir und legen alles offen dar. In Seinem Licht wird's hell, worunter ich mich zu beugen habe. Da wird's aber auch hell, was ich wegtun und weglegen darf. So vor den Herrn gestellt, wandle ich dann hindurch durch böse Gerüchte und gute Gerüchte. Wir sagen nicht wie die Welt: Um das alles kümmere ich mich nicht. Nein, wir gehen ins Schiedsgericht vor den Herrn. Aber wenn wir's dort geschieden haben und wenn wir uns dort gebeugt haben, gehen wir auch ruhig und still unsern Weg. Wir hauen nicht um uns. Wir streiten nicht mit unseren Richtern und Bezichtigern, sondern wir stellen alles dem anheim, in dessen Licht wir es durchgegangen haben. Selige Freiheit, dieser gebeugte und doch ruhige und sichere und gewisse Gang derer, welche im Richterlicht des Herrn stehen. Ihr Gläubigen, mehr ins Gericht vor dem Herrn! Dann könnt ihr viel freier, unabhängiger, ruhiger und friedlicher laufen unter den Urteilen der Menschengerichtshöfe.

Am Tage des Herrn ergeht lauter rechtes, klares, wahres Urteil. Wem der Herr der Richter ist, der wartet auf den Tag der Offenbarung des Rechts. Diese Offenbarung geht von Stufe zu Stufe. Der Apostel Paulus nimmt den ersten Rechtsoffenbarungstag heraus, den Tag der Versammlung der Gläubigen zu ihrem Herrn. Deswegen sagt er auch: „Alsdann wird einem jeglichen von Gott das Lob widerfahren.“ Er redet von keinem Verdammungsgericht, nur von einem Lobgericht. Die Gläubigen in Christo haben ja die völlige Erlösung im Blut Christi. Bei ihnen kann es sich nur noch fragen, welche Stufe der Herrlichkeit sie erlangen. Da ist es von großer Bedeutung, ob wir ehrlich und offen hienieden vor dem Herrn, dem Richter, standen. Je einfältiger das geschah, um so größer kann die an uns offenbar werdende Herrlichkeit sein. Je durchgerichteter, um so durchgelichteter. Darum soll es uns eine wahrhaftige Lebenslosung sein: „Der Herr ist mein Richter!“

Zeugnisse und Aussprüche

— ausgewählt und geordnet vom Herausgeber —

Vom Schöpfer und Heiland

> Denn durch Ihn ist alles geschaffen, was im Himmel und auf Erden ist . . .
> Denn es ist das Wohlgefallen gewesen, daß in Ihm alle Fülle wohnen sollte und alles durch Ihn versöhnt würde zu Ihm Selbst, es sei auf Erden oder im Himmel, damit daß Er Frieden machte durch das Blut an Seinem Kreuz, durch Sich Selbst.
>
> Kolosser 1, 16 a, 19—20

Schon liegt im Kindlein vor uns der eingeborene Sohn, der Ewige, Gott von Art, der Schöpfer der Welten und ihr wahrhaftiger Retter.

Und der Schöpfer ist für die Geschöpfe gestorben. Und der Vater hat Ihn erweckt und hat Ihm einen Namen gegeben, der über alle Namen ist.

Dieser Mensch Jesus Christus hat der Sünde den Kopf zertreten, hat Gericht und Tod überwunden, ist siegreich aus Tod und Grab zur Rechten des Vaters verklärt hindurchgedrungen.

Gott macht nicht von vornherein fertig, alles ist bei Ihm aufs Wachsen angelegt.

Der Heiland ist der ewig Gottgeborene. Er ist der Eine, Einzige, dem Sich der Vater nur kann offenbaren; außer diesem ewigen Gottessohn hat nichts Leben.

Das tiefere Verständnis und die reichere Erkenntnis des Geheimnisses Gottes, das liegt alles ganz allein in Christus, in welchem „alle Schätze der Weisheit und Erkenntnis verborgen liegen".

Für die Gläubigen ist der Erhöhte die eine und wahrhaftige Geistes- und Lebenszentrale.

Vom Gottesziel dieses Aeons

> Gott hat alle Dinge unter Seine Füße getan und hat Ihn gesetzt zum Haupt der Gemeine über alles, welche da ist Sein Leib, nämlich die Fülle Des, der alles in allen erfüllt.
>
> Epheser 1, 22—23

Die Ausgeburt der Söhnegemeine ist der Inhalt des gegenwärtigen Gottzeitalters. Das ist das Evangelium, das wir predigen.

Der Plan Gottes ist eines und einheitlich, er entfaltet sich aber in heiligen Gottabschnitten. Diese Gottabschnitte sind die Aeonen. Je klarer jemand in den Gesamtrat Gottes schaut, umso klarer werden sich ihm auch die einzelnen Abschnitte auftun.

Kinder Gottes sind

Ewigkeitsgeborene,
Ewigkeitsgetragene,
Ewigkeitsgefüllte.

Ewigkeit muß Natur sein.

Auf dem ewigen Weg braucht's eine neue Geburt, eine Geistesoffenbarung. Der ewige Weg ist Jesus, die Tür, der Weg, die Wahrheit, das Leben. Er wird durch Offenbarung erkannt.

In die Sünde sind wir hineingeboren, dürfen aber für unsere Rettung nichts tun, sondern sie nur annehmen. Ohne Sünde hätten wir ja kein Sehnen, erlöst zu werden.

Die Erweckten und Erleuchteten sind heißbrennend auf Taten gerichtet. Erst in der Wiedergeburt, wo das eigene Ich völlig zerbrochen und ausgeschaltet wird, und wo ein neues Ich, das Christus-Ich, in uns zur Herrschaft kommt, fängt der Sinn fürs Passive und Leidendliche an. Da erkennt der Mensch, daß er vor allen Dingen und zuerst Gott an sich arbeiten lassen muß und vor allen Dingen selbst erst werden muß unter des Wortes und Geistes Arbeit — und das ist der Anfang des Passiv-Seins.

Niemand ist zu klein und auch nicht zu sündig, aber zu groß und zu brav. Es ist alles Geschenk *ohne* Bedingung — nur elend müssen wir kommen.

Die *Gemeinschaft* der Kinder Gottes ist auf Erden mehr in Christus vorhanden, als tatsächlich sichtbar ist und muß daher mehr geglaubt als geschaut werden.

Jetzt ist die Zeit der Gemeine, des Leibes, welcher, aus gläubigen Juden und gläubigen Nationengliedern zusammengesetzt, ein Ganzes bildet.

Von der Knechtsgestalt

Denn es ziemte Dem, um Deswillen alle Dinge sind, ... daß Er den Herzog ihrer Seligkeit durch Leiden vollkommen machte.

Hebräer 2, 10

Denn wir, die wir leben, werden immerdar in den Tod gegeben um Jesu willen, auf daß auch das Leben des Herrn Jesus offenbar werde an unserem sterblichen Fleisch.

2. Korinther 4, 11

Alle Verheißungsworte tragen je länger, je mehr Leidenscharakter; alle Typen und Vorbilder Christi, von Abel an, sind Leidensgestalten. Und Hebräer 11, welches diese Leute aufzählt, ist ein Passionskapitel.

Die Christuswege waren, sind und bleiben, solange dieser Aeon geht, mit Kreuz gezeichnet.

Die größten Erwählten Gottes sind von Natur große Ich-Menschen gewesen, darum bekommen sie so viel Schläge. An solchem Material kann der Herr Seine ganze Gnade offenbaren.

Ein Kind Gottes geht auch dem Leid nicht gewaltsam aus dem Wege, sondern geht duldend darunter hindurch, voll vertrauend auf seinen Herrn, der es wunderbar herausführen wird.

Einfach köstlich ist der Weg in Niedrigkeit; durch Anfechtungen führt er hindurch zur Freude im Herrn.

O elender Weg der Herrlichkeit; o herrlicher Weg der Elendigkeit der Söhne Gottes!

Das Kreuz ist der Mittelpunkt, die Auferstehung aber ist der Angelpunkt des ganzen Christenglaubens.

Je zerbrochener unser Ichwesen ist, destomehr haben wir Leben und Gabe von Ihm.

Gott legt manchmal schwere Lasten auf, die *im Herrn* getragen werden müssen.

Der Christ bekommt, je länger er lebt, eine leidendliche Stellung, auch zu seinem irdischen Beruf.

Bei den Heiligen gilt des Apostels Marschroute: „Ich lebe, *doch nicht ich*, sondern Christus lebt in mir.“

Jede Erwählung bringt viel Leiden, damit einst niemand sagen kann: Warum hast Du mich nicht erwählt? Andererseits sind die Erwählten geliebt von Gott, wie man seinen Augapfel liebet.

Auferbauung und Wachstum

> So seid ihr nun nicht mehr Gäste und Fremdlinge, sondern Bürger mit den Heiligen und Gottes Hausgenossen, erbaut auf den Grund der Apostel und Propheten, da Jesus Christus der Eckstein ist, auf welchem der ganze Bau ineinander gefügt wächst zu einem heiligen Tempel in dem Herrn, auf welchem auch ihr mit erbaut werdet zu einer Behausung Gottes im Geist.
>
> Epheser 2, 19—22

Jedes weitere Wachstum im Glauben geht durch tiefere Reinigung und Beugung, durch weiteres Sterben.

Wer aber irgend etwas oder irgendwen zur Seligkeit und sonderlich zur Erstlingsschaft in der Herrlichkeit für nötig hält außer Christus allein, der ist im letzten Grunde in Heidentum und Judentum hinabgefahren — ein armer Mann.

Seelische Menschen gehen mit dem Einen in die Vielerleiheit, geistliche Menschen gehen mit der Vielerleiheit in die Einheit. Der bekehrte Mensch bleibt seelisch, der Wiedergeborene ist geistlich. Das Gesetz hat Vielerleiheit, der Geist hat Einheit.

Göttlichwerden kann man nur in Christus. Darum müßt ihr *in* diesen Christus, wenn ihr wollt Originale, quellmäßige Weisheits- und Kraftbesitzer Gottes werden.

Bekehrte laufen zuerst auf Stelzen, zu schmutzig ist's ihnen anfänglich auf dem Boden. Statt sich ganz zu bekehren auf ihrem Platz, wollen sie andere bekehren.

Alles Beten, auch unser Beten, hat Stufen, je nach dem inneren und äußeren Stand.

Das Gesetzliche kann das Reich der Finsternis nicht durchbrechen.

Innere Zerfahrenheit bringt auch äußere. Das Christentum ist einfach, aber es gilt zu sterben.

Wahre Buße ist die Wegbegleiterin des Glaubens, weil das Leben in Christo unter Passion sich auswirkt.

Der anbetende Geist beugt sich tief, obwohl er erhöht ist. Anbetung ist auch ein Ausdruck tiefster Liebe.

Es ist ein Unterschied, ob der Heilige Geist Menschen *untergetan* hat oder ob er *in* einem Menschen wirksam ist. Hier ist eine neue Geburt; erstere können rechtschaffen leben und dem Heiland dankbar sein, sind aber doch mehr auf anderer Menschen Glauben angewiesen, als daß sie wachstümlich aus Christus herauswachsen.

Für die Welt steht immer das nicht in der Bibel, was sie gern hören möchte, und was da steht, gefällt ihr nicht.

Das Schwerste hat man selbst zu tragen, aber tägliche Offenheit und Aufschließen vor Ihm ist eine Notwendigkeit; auch das Verkehrteste müssen wir Ihm sagen. Der innerste Herzenswille soll in Ihm ruhen.

Die Bibel ist ein Passionsbuch, darum kann sie auch stärken und aufrichten; nur die Leidenden verstehen sie, sonderlich die, die unter der Sünde leiden.

Gläubige haben überall in irgendeiner Form Gemeinschaft, und wo Glaube geboren wird, sucht er Gemeinschaft mit den Gläubigen.

Das ist der jeweilige starke Schutz der Kinder Gottes, daß sie, wenn Satan neue Zeitläufte formiert, durch den Heiligen Geist auch neue Erkenntnisse und Kräfte bekommen, um im Neuen stehen zu können.

Jedes Gotteskind übernimmt seine Feinde frei in Christo. Deshalb wachsen manche nicht, weil sie die Feinde nicht auf sich nehmen wollen.

In der geistlichen Waffenrüstung

> Zuletzt, meine Brüder, seid stark in dem Herrn und in der Macht Seiner Stärke.
> Ziehet an den Harnisch Gottes, daß ihr bestehen könnet gegen die listigen Anläufe des Teufels.
>
> Epheser 6, 10. 11

Ewigkeitsergriffene greifen alles ewigkeitsmäßig an. Mit dem Griffe des gottgeborenen Glaubens ergreifen sie in allen Lagen die Ewigkeit und schlagen dann aus allem ewiges Leben heraus.

Die biblischen Wahrheiten fallen einem nicht mühelos in den Schoß, man muß sie mit viel Mühe und Arbeit und Kämpfen gewinnen. Um die Bibel muß man arbeiten wie ums tägliche Brot.

Göttliche Gedanken machen nicht schlapp, sondern kraftvoll und energievoll; sie kommen aus der „Stahlregion“. Göttliche Strahlen kommen aus der Höhenluft und gehen durch das dickste Wams.

Nur in der Beugung kann der Christ vorwärtskommen.

Der Heilige Geist gibt den Kindern Gottes den Schlüssel zum Worte Gottes in die Hand.

Wir glauben, daß der Heilige Geist, aus welchem die Bibel geboren ist, Geborene auch wieder in die Schrift führt.

Schrift muß durch Schrift erläutert werden, nicht durch Vernunft. So hat's der Heiland gemacht. Und Satan läßt bei allen Stellen der Schrift das weg, was ihm nicht paßt.

Jedem Gläubigen in Christo geht auch die Schrift auf.

Wunder gibt es nur für den, der auf dem Naturzustand steht, dem geistgeborenen Menschen werden diese Dinge Natur.

Der Geruch der Ewigkeit ist vielen ein beißendes Salz; sie können es nicht schmecken.

Je tiefer Jesus von einem Menschen ergriffen ist, je tiefer und klarer offenbaren sich in der ganzen Umgebung die Geister.

Gott weiß längst, was wir brauchen, aber es gehört zum gegenseitigen Liebes- und Erziehungsverhältnis, daß wir das auch im Gebet aussprechen, so wie es zwischen Eltern und Kindern ist. Wenn man es nicht sagt, so liegt darin etwas Knechtisches.

Zeiten der besonderen Innerlichkeit sind, solange wir hienieden wallen, immer nur *Durchgangszeiten,* welche uns zu neuen Aufgaben, ja Leiden, stärken und geschickt machen sollen.

Wer fleißig nach innen und oben redet, der redet nicht soviel nach außen — man soll reden und schweigen in der Zucht des Herrn.

Je mehr ein Gotteskind in Christo Jesu steht, je passioneller und passiver wird es. Der erweckte und bekehrte Mensch ist aktiv, den treibt's ins Tun.

Standesgemäßer Wandel

So ermahne nun, euch ich Gefangener in dem Herrn, daß ihr wandelt, wie sichs gebührt eurer Berufung, mit der ihr berufen seid, mit aller Demut und Sanftmut, mit Geduld, und vertraget einer den andern in der Liebe und seid fleißig, zu halten die Einigkeit im Geist durch das Band des Friedens.

Epheser 4, 1—3

Das wahre geistliche Leben kann niedrige Dienste tun. Die Ewigkeit wird nie befleckt durch Niedrigkeit. Einem wirklich gottadligen Menschen ist niemand zu wenig.

Träger der göttlichen Natur fliehen das im Kosmos liegende Verderben und haben keine Lust an ihm. Die ganze Welt, der ganze Kosmos, mit all seinem Hohen und Tiefen, mit seinem Schönen und Häßlichen — liegt im Argen. Wer Christum in sich hat, der sieht den Feind in der Welt, im Kosmos.

Der Gläubige hält still, aber der Ich-Mensch kommt jeden Tag in tausend Gegensätze; alles, was zu seinem Ich nicht paßt, bringt ihn in Aufregung.

Wir haben wohl zu vielem die Freiheit, aber es frommt nicht alles.

Alles Anziehen der irdischen Dinge macht uns groß, alles Anziehen des Göttlichen macht klein.

Alle glaubenslosen Wege enden in Schmach, alle Glaubenswege in Herrlichkeit.

Die Gläubigen gehen nicht über die Schwierigkeiten hinweg, sondern unter ihnen hindurch, sie bücken sich.

In unserer Untertänigkeit entwickelt sich die Herrlichkeit. Wir sollen nicht Leiter sein wollen, sondern „*Leider*".

Gesalzene Liebe und liebevolles Salz haben, ist die größte Kunst.

Im Glauben legen wir alle Gaben und Segnungen Gott wieder hin und wirken damit in Ihm.

Die tiefsten Gänge sind Allein-Gänge. Die Erquickungszeiten haben Genossen.

In Glaubenskreisen hat man das Gefühl der Gemeinschaft, weil man bei allen die gleiche Gesinnung voraussetzen darf.

Wir brauchen die Feindschaft der anderen, damit offenbar wird, was noch Böses in uns ist, wenn wir von ihnen gereizt werden.

Das Wort Gottes ist etwas Lebendiges, das kommt lebensmäßig aus unserem Munde, gegeben vom Herrn.

Festgemachte Erwählung

> Darum, liebe Brüder, tut desto mehr Fleiß, eure Berufung und Erwählung festzumachen; denn wo ihr solches tut, werdet ihr nicht straucheln ... 2. Petrus 1, 10

Unsere Leiden in Christus sind ein Wahrheitssiegel unserer Gotteskindschaft, sind Briefe, die uns die Gewißheit unseres Standes verbriefen. Zeugnis sind sie, daß wir auf dem rechten Wege sind.

Einfalt sieht nur Ihn, den Einen, Großen, Herrlichen.

Es tritt nicht gleich im Anfang auf, daß man stützenlos glaubt wie Abraham. Meist hat der Glaube noch Stützen. Der Herr aber nimmt den Seinen Stützen für Stützen weg und lehrt sie glauben.

Je mehr sich die Gläubigen in die Vielerleiheit verlieren, je weniger ist das Warten bei ihnen auf den Herrn lebendig.

Je mehr Aktion nach außen, desto weniger Warten auf die große Gottaktion in der Wiederkunft Christi.

Alle Wahrheiten wirken aufregend. Von Paulus hieß es: „Die den Erdkreis erregen, sind auch hierhergekommen!"

Innere Bereicherung erfahren wir in Beugung und Anbetung in Segenszeiten.

Wir können auch dem Liebsten nicht das ganze Herz öffnen.

Wir sind Laufende und Eilende. Wir gehen einer Vollendungsstunde entgegen, nach welcher uns brennend verlangt.

Gotteskinder sollten in der Vergänglichkeit stehen als Ewigkeitsmenschen.

Heilig ist alles, was zum Dienst des Herrn geweiht ist, wo das Göttliche das Weltliche überwunden hat.

Heiligsein heißt nicht sündlos sein. Gläubige *sind* Heilige und *werden* Heilige.

Freiheit ist, sich freiwillig zu Christo zu bekennen.

Alles muß uns beugen, immer tiefer in uns selbst hinein. Ein geistlicher Mensch beugt sich immer zuerst und sieht nicht auf die Umstände.

Herrlichkeitsoffenbarung

> Wenn aber Christus, euer Leben, Sich offenbaren wird, dann werdet ihr auch offenbar werden mit Ihm in der Herrlichkeit.
>
> Kolosser 3, 4

Der Leib Christi ist verborgen nach außen hin, offenbar aber bei Seinem Kommen.

Die Herrlichkeit des Herrn leuchtet um die Tiefen derer, die in Ihm sind. Das ist das Große der Kinder Gottes, daß sie zur Herrlichkeit berufen sind.

Die Kreuzeswege der Gläubigen sind herrlicher an inneren Lebensoffenbarungen des Herrn als alle Herrlichkeitswege dieser Welt.

Das Königs-Priester-Volk ist ein *heiliges Volk.* Heiligkeit ist die Zierde des Hauses Gottes ewiglich; so muß auch das Gottadel-Volk Heiligkeit zieren.

Die Erscheinung Christi zu Seinen Gottesmenschen ist die Erfüllung des innersten Geheimnisses Gottes — des Söhne-Geheimnisses.

Wer im lebendigen Glauben steht, ist schon auferstanden. Die Gläubigen tragen das Sterben Jesu an sich, aber auch Sein Leben.

Wer in Ihm ist, darf stehn in Seiner Fülle, aber in der eigenen Armut und in Seinem angezogenen Reichtum.

Die Geistesgemeine zieht in ihre Herrlichkeit auch die ganze Kreatur hinein.

Die frei gläubig Leidenden sind angebrochene Segensquellen der Welt.

Von der Stellung der Frau

> Hier ist kein Jude noch Grieche, hier ist kein Knecht noch Freier, hier ist kein Mann noch Weib; denn ihr seid allzumal einer in Christo Jesu. Galater 3, 28

Die Frau zurück ins Innere und dem Mann die Leitung im Äußeren — das ist einheitliche Bibelnorm durch die Jahrtausende — und das ist das Anzeichen, daß hier nicht Menschenwort, sondern Gotteswort vorliegt, dessen Übertretung schweres Gericht bringt.

Die moderne Nebeneinanderstellung von Mann und Frau, mit ihrer Herausstellung der Frau in die Öffentlichkeit, ist direkte Auflösung von Gotteswort und zwar von des Herrn Segenswort zu Gunsten von Frau und Mann.

Wie kann man etwas ganz gleichstellen, was nun einmal nach der ganzen Anlage völlig ungleich ist? Bei der modernen Lösung der Frauenfrage ist in unverantwortlichster Weise das alles beiseite geschoben worden.

Die falsche Lösung der Frauenfrage in unseren Tagen, auch geboren aus der Finsternis, führt uns mit Riesenschritten den endlichen Menschheitsgerichten entgegen.

Von der Schrift aus betrachtet ist die Frauenfrage ganz einfach die Frage nach dem *Platz des Mannes* und nach *dem Platz der Frau* im Schöpfungsganzen.

Die gläubige Frau weiß, daß sie nicht in die Öffentlichkeit, nicht in den äußeren Kampf gehört, sondern in die Verborgenheit, in die Innerlichkeit, in den inneren Kampf.

Die stillsten Frauen sind die stärksten Stützen der Männer, die tragendsten Frauen schaffen dem Manne die größte Tätigkeitskraft.

Vom auserwählten Gottesvolk

> Blindheit ist Israel zum Teil widerfahren, so lange, bis die Fülle der Nationen eingegangen sei und also das ganze Israel selig werde, wie geschrieben steht: „Es wird kommen aus Zion, der da erlöse und abwende das gottlose Wesen von Jakob . . .“
>
> Römer 11, 25. 26

Das Volk Israel war ein Dornbusch geworden. Aber weil Gott dieses Volk auserwählt hat, kann es nicht verbrennen.

Die Juden sind immer in die Völker hineingetan, damit diese mit ihnen bekannt werden. Bei der Gemeine ist es umgekehrt, die wird überall herausgeholt.

Die ungläubigen Juden werden immer wieder in die Nationen eingehen, sie werden reich und groß werden, sie werden das Leben genießen. Es wird vielen so wohl sein unter den Nationen, daß sie Zions ganz vergessen werden, daß sie ihre weinenden Brüder verachten werden.

Die gläubige Judengemeine, welche auf die Predigt vom Auferstandenen hin entstund, war eine heulende und weinende. Und alles Gläubige im Judenvolk ging bis heute durch Tränen.

Weil Israel den Auftrag hat, Mittler der vollbrachten Erlösung und des Königreichs zu sein, haßt es Satan besonders.

Das ist des jüdischen Volkes tiefste Beugung, daß es den Verherrlichten im Gekreuzigten hat und einst noch annimmt.

Gott hat den Segen für Israel an das Land Kanaan und seinen Besitz gebunden. Jerusalem wird die Zentrale des Tausendjährigen Reiches.

Von der Vollendung

Wenn aber alles Ihm untertan sein wird, alsdann wird auch der Sohn selbst untertan sein Dem, Der Ihm alles untergetan hat, auf daß Gott sei alles in allen.

1. Korinther 15, 28

Die lebendige Hoffnung der Gläubigen in Christo ist die: im Heilande in geistleiblicher Auferstehungsherrlichkeit zu Seinem Leibe und zu Seiner Herrschaftsherrlichkeit ewiglich berufen zu sein.

Was nützt alle Reinigung im Volke Gottes, wenn ich mich nicht reinigen lasse? Als Vollendete sollen wir einmal in Tätigkeit treten im Königreich Christi.

Offenbar werden kann das neue Jerusalem erst nach dem Vergehen der alten Erde, nach der Erscheinung des neuen Himmels und der neuen Erde.

Alles Göttliche ist einfach, verblüffend einfach, so daß wir uns einmal wundern werden.

Das Fürchterlichste ist, wenn ein Ich-Mensch sagt: „Wenn alles hingeht und zerbricht, dann bleibe ich doch ich!"
Aber es wird der herrlichste Triumph Gottes sein, wenn ein solcher Mensch sich nach furchtbaren Gerichten doch unter die Gnade Gottes stellt und zwar freiwillig. Die Ungläubigen werden nach furchtbaren Gerichten unter Tränen und mit Freuden dankbar sein, daß sie Christus noch auf der untersten Stufe anbeten dürfen und noch gerettet sind.

Die Aeonen sind *Sohnes-Aeonen,* welche wurzeln und wieder abschließen im Vater. Aus dem Vater-Liebes-Grund kommt alles, in den Vaterliebesgrund geht alles. Gott ist endlich in triumphierender Liebesgnade alles in allem. Und durch den Sohn, kraft des Geistes, geht alles. Im Sohne kreisen alle Aeonen.

So spricht der Herr:

„Ich bin das A und das O,
der Anfang und das Ende."

Offenbarung 1, 8

Ein Neujahrsgruß aus dem Unsichtbaren

Was sichtbar ist, das ist zeitlich, was aber unsichtbar ist, das ist ewig (2. Kor. 4, 18).

Wir grüßen aus dem Unsichtbaren. Die Glaubensgemeine lebt im Unsichtbaren, dort hat sie ihre Grundwurzeln. Sie lebt durch das Sichtbare hin, ist aber daheim im Unsichtbaren. Das Unsichtbare ist ihr das Feste, das Gewisse, das Wahrhaftige, das Licht und das Leben; das Sichtbare ist ihr das Wankende, das Ungewisse, das Täuschende, durchdrungen von Finsternis und Tod. Der Glaube ist das Überführtsein von dem, was man nicht sieht (Hebräer 11). Das Sichtbare, von welchem unsere Stelle redet, ist die ganze sichtbare Welt, wie sie jetzt ist und wie wir sie jetzt erleben. Dieses Sichtbare ist entsprechend dem Zeitlauf der jetzigen Tage. Was Luther mit „zeitlich" übersetzt, ist keine eigentliche Zeitbestimmung nach kurz oder lang, vielmehr ist es eine Artbestimmung. Alles Sichtbare ist von der Art der gegenwärtigen Tage, in denen wir leben. Die Art der gegenwärtigen Tage ist aber die, daß sie dem Gesetz der Sünde und des Todes unterworfen sind. Alles Sichtbare trägt drum diesen Zeitcharakter, daß es auch dem Gesetze der Sünde und des Todes unterworfen ist. Gegenüber diesem Sichtbaren gibt es aber ein Unsichtbares, welches ewig ist. Das heißt wieder nicht, daß es unendlich ist, sondern daß es Gottes ewige Art an sich trägt — nämlich Licht, Leben, Wahrheit, Frieden. Es gibt ja auch ein für uns Unsichtbares, welches nicht ewig ist, das ist die unsichtbare Welt der Finsternis. Diese gehört eigentlich nicht zum Unsichtbaren, sondern zum Sichtbaren, denn sie ist geschöpflich. Sie ist nur für uns arme, gefallene und gefangene Menschen jetzt eine Zeit lang unsichtbar. Diese jetzt unsichtbare Finsterniswelt trägt auch den Charakter der Sünde und des Todes an sich. Diese jetzt unsichtbare Welt ist nicht gemeint, wenn es heißt, wir, die Gläubigen, sehen auf das Unsichtbare. Freilich auch mit dieser unsichtbaren Welt rechnen wir, denn es sind uns die Augen über sie geöffnet, aber in ihr leben wir nicht. Vielmehr sind wir errettet von dieser Obrigkeit der Finsternis und versetzt in das Reich des geliebten Sohnes. Die Welt des geliebten Sohnes, das ist für uns die unsichtbare Welt. Aus der und in der leben wir. Sie hat Ewigkeitscharakter. In ihr ist lauter Gnade, Vergebung, Leben, Seligkeit.

So grüßen wir uns, wenn wir zum neuen Jahr aus der unsichtbaren Welt grüßen, mit all den Ewigkeitssegnungen, welche hier in der unsichtbaren Welt für Gläubige zur Verfügung stehen. Hier ist die Fülle Christi, aus der wir täglich schöpfen Gnade um Gnade. Hier gelten die ewigen Lebens- und Liebesgesetze, durch welche und in welchen wir selig und stark werden, den Kampf zu kämpfen in dieser sichtbaren Welt mit ihren derzeitigen Sünden- und Todesgesetzen.

Gläubige Menschen gehen nicht blind in die Zukunft. Der Herr und der Geist im Worte haben uns sehend gemacht. Treten wir nach Gottes Willen wieder in ein neues Jahr ein, so ist es uns bestimmt, noch weiter zu wallen im Sichtbaren. Da wissen wir nun, daß alles, was sichtbar ist, zeitlich ist, d. h. den Charakter dieser gegenwärtigen Erdentage, den Charakter der Sünde und des Todes an sich trägt.

Da haben wir als Nächstes unter dem Sichtbaren noch unsern Todesleib an uns. Auch wenn der Geist Christi in uns wohnt, ist nach Römer 8 unser Leib noch tot um der Sünde willen. Solange wir in der Hütte sind, sind wir beschwert. Die Hütte trägt den Zeitlichkeits-Charakter der Sünde und des Todes. Sie macht uns Beschwerden genug, also daß wir in ihr und unter ihr seufzen auf den Tag der Vollerlösung. Und gerade Kinder Gottes haben, weil sie unter der genauen Gnadenzucht stehen, oft viel leibliche Beschwerden; oft, wie ein Apostel Paulus, bleibenden leiblichen Druck. Da grüßen wir uns nun beim Hineingehen in ein neues Jahr, in welches wir den Leib dieser Nichtigkeit mitnehmen, aus dem Unsichtbaren. Dort ist in Christo, dem geistleiblich Verklärten, auch unser Ewigkeitsleib schon fertig. Wir wissen, daß wir einen Bau haben, von Gott gebaut, der Ewigkeitscharakter an sich trägt, der im Himmlischen ist. Und wir wollen im neuen Jahr wachsen am inwendigen Menschen im Geistesleben, daß auch der Leib eine hohe Stufe Herrlichkeit anziehen könne, wenn wir hinübergehen zu unserm Herrn. Gegrüßt, du Glaubens-Wanderschar mit mancherlei leiblichen Gebrechen, überwinde im Glauben — so werden aus den glaubensüberwundenen Gebrechlichkeiten — Herrlichkeiten. Im Ewigen wollen wir leben, dort herrscht das Gesetz der Verklärung — seine Kraft wirkt in den Gläubigen sich aus. Geduld ist aber not, denn solange wir wallen im Sichtbaren, sind wir dem Fluch der Zeitlichkeit zu unserer Demütigung mitunterworfen.

Was sichtbar ist, das ist zeitlich. Ein weiteres Stück dieser Sichtbarkeit ist unsere Familie, in der wir leben. Auch diesem Sichtbarkeitsstück ist die Zeitlichkeit, d. h. das Gesetz der Sünde und des Todes eingeprägt. In der Familie versündigen wir uns am meisten. Darum gelten wir auch im Vaterhause so wenig. Und in der Familie machen Kinder Gottes oft schweren Druck des Sündenwesens durch an Kindern und Kindeskindern. Auch die Todesbeschwerden erfüllen das Familienleben. Es ist auch in Familien von Gläubigen viel Leibes-Elend und Fleisches-Schwachheit. Was sichtbar ist, das ist zeitlich, es trägt den Diesseitscharakter. Wir grüßen uns am Neujahrsanfang aus dem Unsichtbaren. Wir stellen uns in die ewigen Gesetze des Glaubenslebens. Wir sind gewiß, was wir an „Zeitlichem" auch im Familienleben haben, das brauchen wir — und was wir brauchen, wollen wir annehmen, und was wir angenommen haben, wollen wir glaubend verarbeiten. Das „Sichtbare" des Familienlebens treibe uns ins Unsichtbare des Geisteslebens — wir sind gewiß in Christo, daß alles sich auch geistesmäßig lösen und ewigkeitsmäßig verklären wird. Das oft gar zu Zeitliche des irdischen Familienlebens macht uns um so fester im Geistesbau der Glaubensgemeine.

Zum Sichtbar-Zeitlichen gehört auch unser irdischer Beruf. Da mag einer sein, was er will, der irdische Beruf hat viel vom Zeitlichkeitswesen. Die sogenannten „geistlichen" Berufe haben oft nach ihrer äußeren Erscheinungsform noch das meiste Schwere. Doch — ein jeder Stand hat seinen Frieden, ein jeder Stand hat seine Last, singt schon ein weltlicher Dichter. Ein Geistesmensch aber urteilt so: „Der irdische Beruf ist für den Geistesmenschen eine Passion." Ja, im irdischen Beruf zahlen wir der Zeitlichkeit hohen Tribut. Je nachdem er gestaltet ist, tragen hier Gläubige ein wahrhaftiges Kreuz. Was sichtbar ist, das ist zeitlich — halte dir das klar, das ist dem Wesen dieser Welt unterworfen. Ich grüße dich aus der unsichtbaren ewigen Welt. Laß dir den irdischen Beruf und seine Sorgen nicht über den Kopf, noch weniger ins Herz wachsen. Zieh getreu in Jesu Kraft Tag für Tag deinen Karren und freue dich, daß du als ein Mensch des Unsichtbaren noch einen anderen Beruf hast — den des königlichen Priesters. Ihn übe — und in seinem Licht tu den Irdischen. Getragen und gestärkt vom Geiste Gottes laß keine bittere Wurzel in dir wachsen, auch nicht überm irdischen Berufe. Über ein Kleines, dann deckt sich bei uns Berufung und Beruf. Im Dienste des Ewigen, des Lebens und des Liebesrates Gottes dürfen wir an einem Posten stehen.

Was sichtbar ist, das ist zeitlich. Überall stehen wir im Sichtbaren. Auch Staatsleben, Kirchenleben und Gemeinschaftsleben, in welchen wir stehen, haben ihre sichtbare Seite. Und diese sichtbare Seite ist zeitlich — sie trägt den Sünden- und Todes-Charakter. Wie treibt Millionen das Sichtbar-Zeitliche des Staatslebens um. Es nimmt ihren ganzen Menschen in Beschlag, verdiesseitigt ihn mit den zeitlichen Kräften des Kampfes, des Streites, des Neides; manchmal des Zorns, des Grolles, des Hasses. Gebilde werden in den Tod gestoßen; andere aufgerichtet und zerfallen auch wieder. Was sichtbar ist, das ist zeitlich. Und je klarer etwas Sichtbarkeits-Art an sich trägt — um so mehr auch Zeitlichkeits-Art. Da werden wir viel und vielerlei erleben an Sünde und Tod. Wundern wir uns nicht und entsetzen wir uns nicht — was sichtbar ist das ist zeitlich. Alle Staatengebilde und Volksformationen gehen großen Gerichten und Umstürzen entgegen, und der Weg dazu ist der Hochstieg. Es gibt nur einen Bau, der besteht und bestehen wird, das ist der Leibesbau Christi. Darum ist ihm unser Leben und unsere Liebe gewidmet, soweit es der Herr uns führungsmäßig hinlegt.

Aber auch dieser Leibesbau hat in Kirchen und Gemeinschaften ein Sichtbares. Und dieses Sichtbare in Kirche und Gemeinschaft macht uns viele Sorgen durch den ihm aufgeprägten Zeiten-Charakter. Je mehr eine Sache dem Unsichtbaren direkt dienen soll und will, um so peinlicher ist der herfürtretende Zeitlichkeitsstempel der Sünde und des Todes. Auch Kirchen und Gemeinschaften sterben. Wir grüßen aber alle Gläubigen vom Unsichtbaren. Es wächst unter Kirche und Gemeinschaften dennoch ein Ewigkeitsbau. Wenn der Herr kommt, wird er offenbar werden. Je mehr wir selbst im Unsichtbaren und darum im Ewigen, im Leben und Frieden Gottes in Christo stehen, um so mehr werden wir Geduld und Glauben haben, vieles zu tragen;

aber auch Kraft und Leben, vieles zu verklären und manchem Sichtbaren Ewigkeitscharakter einzuflößen.

Das ist nun die Hauptaufgabe aller Glaubens-Unsichtbarkeits-Menschen, wo sie stehen und gehen, in ihrem verklärten Herrn Ewigkeits-Klarheiten auszuwirken in den sichtbaren Zeitgefäßen. Dazu müssen wir täglich neue Ewigkeit anziehen, und werden so selbst Ewigkeits-Gefülltere. Dann wächst auch die Hoffnung auf den Sieg des Unsichtbaren und Ewigen. Es wird noch alles Sichtbare durchdrungen werden vom Unsichtbaren und alles Zeitliche vom Ewigen. Das Erste und Vollendete wird der Leib Christi sein, am und im verklärten Haupte. Darum die Häupter empor und in Jesu Namen hinein ins neue Jahr des Sichtbaren. Keine Täuschung! — es ist zeitlich, es trägt Sünden- und Todes-Charakter. Du wirst ihn auch im neuen Jahre erfahren. Aber nur immer fester und bestimmter in Christo, im Unsichtbaren, angezogen das Ewige — dann geht es im Ewigen zum Ewigen durchs Zeitliche. In der Welt habt ihr Angst — sie ist zeitlich — aber seid getrost, ich habe die Welt überwunden. Wir haben den Unsichtbar-Ewigen, in Ihm seid gegrüßt: In Christo.

Aus: „Die Gemeine", Nr. 1/1926

Unser Bruder Abel

Hebr. 11,4: Durch den Glauben hat Abel Gott ein größer Opfer getan denn Kain; durch welchen er Zeugnis überkommen hat, daß er gerecht sei, als Gott zeugte über seinen Gaben; und um desselben willen gestorben — redet er noch.

Abel gehört zur Gemeine. Abel ist auf seiner Stufe und in seinem Ort ein Gottgeborener. Abel trägt in seinem ganzen Leben und Wesen Gemeinezüge. Abel ist gewiß im Laufe der Offenbarungsjahrhunderte von Stufe zu Stufe vorgerückt. Er ist in die wahrhaftige Geistesgeburt nach dem Tode und der Auferstehung Jesu eingetreten. Die Schrift zeugt, daß er ein Lebendiger sei; denn er redet noch, wiewohl er gestorben ist. Abel stammt aus jenem Zeitalter der Freiheit, da nichts als Glauben war. Kein Gebot, kein Gesetz, keine äußeren Ordnungen; Glaube und Glaubensfrüchte, und bei den andern Unglaube und Unglaubensfrüchte. Abel war, so wie es damals möglich war, schon in seinem Erdenleben in Christo, wie er es jetzt gewiß ist. Der Herr, der ewige Sohn, ist ganz mit ihm solidarisch und tritt für ihn ein im Leben und im Sterben. Abel ist unser Bruder. So geht er uns ganz nah an. So wollen wir ihm heute nahe treten und die Gotteskindschaftsführung an ihm ablernen, uns zur Bauung in brüderlicher Erquickung.

Dein Hebel

Als Eva Abel gebar, nannte sie ihn H e b e l. Hebel heißt H a u c h; Hebel heißt: nichtig, eitel, schnellvergänglich, dahinwelkend. Es muß also auf Abel ein Hauch der Vergänglichkeit gelegen haben. Als der Erstling Kain geboren wurde, muß er eine gar herrliche Kreatur gewesen sein; denn Eva brach in die Worte aus: „Ich habe den Mann gewonnen mit dem Herrn!“ Sie meinte offenbar, der verheißene Weibessamen sei mit Kain Mensch geworden. Abels Geburt war das Gegenteil. Mag er ihr vielleicht schon bei der Geburt viel Schmerzen gemacht haben, daß sie den Fluch der Eitelkeit sonderlich spürte, so war der Geborene selbst offenbar schwach und elendiglich nach dem Leibe.

Ein Todeshauch lag über diesem Sohne. Er war, schon äußerlich, ein Gegenstück zu Kain. Das ganze Leben Abels, wie es die Schrift in kurzen Strichen zeichnet, läßt auf etwas Feines und Zartes schließen. Vor allem auf das Passive und Passionelle, das über ihn gebreitet ist. Wir müssen sicher glauben, daß Eva noch viele Söhne und Töchter geboren hat. Wir gehen wohl auch nicht fehl, wenn wir jener fruchtbaren Anfangszeit auch Zwillings- und Drillings-Geburten des öfteren zuschreiben. Noch zu unserer Großväter Zeiten waren, wenigstens auf dem Lande, die Mehrgeburten sehr zahlreich. Die Menschen haben sich nach dem Fall rasch und sehr vermehrt. Die Heilige Schrift nennt uns nur die für den Heilsrat wichtigen Gestalten. So muß Hebel gar nicht der unmittelbar nächste nach Kain gewesen sein. Es mag sogar sein, daß eine gewisse Erschöpfung Evas die Mitursache der Schwächlichkeit Abels war. Das ist gewiß, der über die Menschheit ausgesprochene Todesfluch trat an ihm sonderlich hervor. Er erschien Eva wie ein Hauch. Sie hat ihn prophetisch so geheißen. Jede rechte, wahre Mutter ist auch in gewissem Sinn ihren Kindern gegenüber eine Prophetin. Da wir der Sünde und Irrung unterworfen sind, kann sich eine Mutter auch täuschen. Eva hat sich in Kain getäuscht, und, nach dem wahrhaftigen Wesen angesehen, hat sie sich auch in Abel getäuscht. Nach dem äußeren Gange aber hatte sie recht. Er war ein Hauch. So war er unter den Seinen, auch unter seinen Geschwistern — der Hebel. Wie oft mag es da geheißen haben: Es ist eben unser Hebel. Äußerlich konnte er nicht prunken und protzen. Er war im Äußeren in eine gewisse Aschenbrödel-Stellung gedrängt. Der Druck des lastenden Erdenfluchs zog sich auf ihn in besonderer Weise zusammen. Der Tod hatte eine äußere Ausprägung an ihm erfahren. So war sein Leben von Anfang an in die Passion gestellt. Das ist ein Gotteskindschaftszug. Viele Gotteskinder haben eine schwere Jugend: haben's leiblich-äußerlich oft hart; sind unter den Jugendgenossen schon herausgestellt und besonders getan. Vor allem liegt auf allen Kindern Gottes der Fluch der Eitelkeit und des Todes in lastender Weise. Gotteskinder tragen Sünde und Tod am tiefsten. Sie wissen sich als die vornehmsten unter den Sündern in der Tat und Wahrheit; sie wissen sich als Todverfallene und Verdammte; ihnen ist die Eitelkeit alles Irdischen je länger, je mehr offenbar. Gläubige leiden und tragen unter dem gesamten

Erdenfluche, ein jeglicher in seiner Art, wie darinnen unser Herr uns vorangegangen ist. Ohne solche sonderliche Todeserfahrung kann ja kein gründliches Gnadenleben gedeihen. — Für diese Welt versprach der Hebel nicht viel. Das ist Gotteskindschaftsart, sie sind keine Helden des Diesseits. Ihre Kraft, Stärke und Bedeutung liegt auf einem anderen, höheren Gebiete.

Hebel, der Ausgesonderte

Durch seinen Hebel-Charakter war Abel gewissermaßen gezeichnet. Er mag sich manchmal von den andern zurückgezogen haben. Er war offenbar ein tief Schweigsamer und Stiller. In seiner ganzen, biblischen Lebensbeschreibung steht kein Wort von ihm — obwohl Raum dazu da wäre. Nur sein Blut schreit nach seinem Tode. Während seines Lebens auf Erden redet er nicht — aber durch seinen Glauben, sagt der Hebräerbrief, redet er noch, wiewohl er gestorben ist. In der „Hebel"-Art unseres Abel lag seine Aussonderung begründet. Dadurch wurde er nach innen gewiesen und dadurch zu dem Herrn. Wie manchmal mag er, der Geringe, sich in der Stille zum Herrn geflüchtet haben. Und in dieser Herren-Stille ist ihm auch ein intimeres Verständnis für die Verheißungsworte erwachsen, welche jenem ersten Geschlechte schon anvertraut waren. Unter der Last des Eitelkeits-Fluches erglänzten ihm die Verheißungen in ihrer Wahrheit und Größe. Wir sehen das später bei seinen Opfern. So haben wir in ihm den Ausgesonderten, den Innerlichen. Das Gotteskindschaftswesen ist Aussonderungswesen von außen nach innen. Millionenfach sind die Wege, durch welche der Herr Seine Heiligen sonderlich führt. Leibliche Schwachheit und Elendigkeit ist ein häufiges Mittel. Gläubig sein heißt immer tiefer ausgesondert werden und sich aussondern lassen. Keine natürliche Eigenbrötler-Aussonderung ist hier gemeint, sondern die durch den Geist unter Schmerzen fürs Fleisch sich vollziehende Hineinstellung in die Ewigkeit. Ein Kind Gottes wird, wie ein Abel, ausgesondert im Familienrahmen, im Berufsrahmen, im Freundschaftsrahmen, in allen irdischen Lebensbeziehungen von Stufe zu Stufe. Diese Aussonderung Abels tritt uns auch entgegen in seinem Ledig-Sein.

Abel, der Ledige

Unter allen in der Urgeschichte der Menschheit genannten Namen ist Abel der einzige Ledige. Er hat weder Weib noch Kinder. Mag sein, daß er schon frühe starb, etwa noch im Jünglingsalter! Kann aber auch sein, daß er schon gesetzter war. Jedenfalls ist sein Alleinsein und Alleinbleiben ein wichtiger Zug an ihm. Abel kann man sich nicht verheiratet denken. Über dem ganzen Leben liegt etwas Jungfräuliches — auch ein Hauch — ein zarter, unberührter. Im letzten und tiefsten Grunde haben alle Kinder Gottes, sie seien ledig oder verheiratet, etwas Jungfräuliches. Gotteskinder sind Reine und Gereinigte und stehen in der Reinigung. Sie tragen ein weißes Gewand und hüten es vor Flecken. Darum liegt für Gotteskinder im Ledig-Sein und Ledig-Bleiben etwas ihrem Wesen sehr Entsprechendes. Unter den Kindern Gottes sind viele Ledige. Nicht daß der Ledigenstand an ihm selber einen Vorzug habe vor dem des Verheirateten. Das sei ferne. Auch muß hier alles führungsmäßig gehen. Aber etliche sind verschnitten von Mutterleibe an — sie sind genaturet fürs Alleinbleiben. Solche würden in der Ehe lauter Wehe haben. Zu diesen gehört gewiß Abel. Etliche sind verschnitten von Menschen — das gehört zum sündigen Weltwesen. Etliche sind verschnitten um des Herrn willen — das gehört ins Geisteswesen. Paulus redet im 1. Korintherbrief im 7. Kapitel hiervon klar und deutlich. Er hebt auch hervor, daß die Schwere der letzten Zeit, welche sonderlich Kinder Gottes zu fühlen haben, manche veranlassen könnte, allein zu bleiben. Hier sind gewiß nicht die allgemein menschlichen Schwierigkeiten gemeint — das wäre ja glaubenslos, denen auszuweichen; da sind die Schwierigkeiten gemeint, welche aus der Glaubensstellung im praktischen Leben kommen, welche ja in unsern Tagen auch immer größer werden. Da meint Paulus, sollte man, wenn man Gnade dazu habe, andere nicht mitbelasten. Wir müssen dies Wort vom Ledig-Sein und Ledig-Bleiben in Christo auch verkündigen, nicht um diesen und jenen da hinein zu treiben, das wäre Torheit, aber um denen, die dazu berufen sind, Klarheit zu geben. Abel war ein berufener Lediger. Diesem seinem ganzen inneren und äußeren Stande entsprach nun auch seine Berufswahl:

Das war ein Beruf, der ihm Zeit ließ und Raum gab zum gläubigen Sinnen und Denken. Der Schäfer-Beruf ließ ihn viel allein. Das brauchen Kinder Gottes. Gläubige können nicht immer unter Menschen sein, auch nicht immer unter gläubigen Menschen. Gläubige müssen vor allen Dingen um ihren Herrn sein. Der württembergische Schulmeister Kolb sagt einmal: Der Umgang mit geistlichen Menschen macht geistlich; der Umgang mit Gott macht göttlich. Der verachtete Hebel wird gerne den andern aus dem Wege gegangen sein. Und der Herr achtete auf ihn. Das spätere Eintreten des Herrn für ihn gegenüber Kain setzt einen Gemeinschafts-Verkehr des Abel mit dem Herrn voraus. Dazu mag's im Hirtenleben manche Gelegenheit gegeben haben. Es ist bemerkenswert, daß der ledige Einheitsmensch Abel — wobei wir unter „Einheitsmensch" den auf das Eine gerichteten Mann verstehen — bei den Tieren seinen Herrn-Umgang pflegte und hineinwuchs ins göttliche Leben. Adam, der ursprüngliche Volleinheitsmensch, ist bei den Tieren aus der inneren Einheit gewichen. Und der große Eine, der Herr, war auch in der Wüste bei den Tieren und kämpfte dort Seinen Überwindungskampf Satan gegenüber. So ward Abel ein Schäfer. Kain war ein Ackermann, das war der Weg zur Ich-Kultur. Das war tiefere Bindung an die Erde. Abel war freier. So binden sich Kinder Gottes beruflich nie zu tief hinein. Heutzutage sind die Berufe jeglicher Art ja viel gefährlicher als zu Abels Zeiten. Heute sind die Berufe alle hineingezogen in die gesamte antichristliche Kultur. Der Beruf ist für das Kind Gottes oft eine andere, fremde Welt, in welcher es kämpfend und zagend steht. Selig, wer seinen Beruf wählen kann und ihn in Christo wählen kann. Das ist wenigen beschieden. Aber im Berufe und unterm Berufe wachsen, das können und dürfen wir gerade, wenn wir in demselben leiden. Die Berufung im Berufe fest machen, ist eine heilige, große Geistesaufgabe. Wir bitten, daß der Herr den Seinen auch die rechten Berufe und in den Berufen die rechte Freiheit in Ihm schenke. Abel ist jedenfalls führungsmäßig hineingewachsen. Seinem inneren Berufe nach war und blieb Abel Priester. Das sehen wir an seinem kindlich gläubigen Opfer.

Abel war innerlich tief versenkt ins göttliche Wort, soviel davon in jenen Tagen den Menschen gegeben war. Er als der Hebel, auf welchem der Erdenfluch schwer lag, er hatte ein tiefes Verständnis für den Passionscharakter und Sterbecharakter der Erlösung. Gott, der Herr, hatte in Seinem Worte vom Fersenstich und Kopfzertreten den Leidens- und Sterbenscharakter der Erlösung schon mithineingewickelt. Gott, der Herr, hatte beim Röcke-Machen aus Fellen schon das Opfer, das blutige Opfer den Menschen gegeben — im Vorbild Seines eigenen. Dieses blutige Opfer war Abel tief eingedrückt. Kann sein, daß es ihn in den Schäferberuf hineindrückte. Er sah in seinem inwendigen Menschen in den Fluch, und er wartete in dem Weibessamen, der kommen sollte, auf einen Fluchträger. Wie später ein Abraham in seinem zum Altar geführten Isaak auch einen Glaubensblick in Tod und Auferstehung des Erlösers tat, wie das Hebräer 11 andeutet, so auch Abel. Er brachte ein blutiges Opfer und bekannte sich damit zum geoffenbarten Herrnweg. Kain opferte auch. Sein Opfer war aber mehr eine selbstdargebrachte Gabe. Er brachte dem Herrn etwas. Und er brachte Früchte. Für das blutige Opfer fehlte ihm das innere Verständnis. Kain tat etwas aus sich im Opfer — Abel brachte im Opfer sich und wartete des Herrn, des in die Ferse Gestochenen. Bei Abel war das Opfer aus zerbrochenem Geist, bei Kain aus aufgerichtetem Selbstgeist. Der Ich-Mensch braucht kein blutiges Opfer — er hat kein Verständnis dafür. Er sieht den Tod nicht — und sieht darum nicht, wic die Erlösung durch den Tod des Erlösers geht. Es ist etwas Großes, Kreuzes- und Todes-Verständnis in Christo zu haben. Mag sein, daß Abel in seinem Opfer auch sich selbst auf den Altar legte. Mag sein, daß er dachte, in einem noch unzulänglichen Verständnis des göttlichen Wortes, er möchte selbst der Weibessame sein. Wir müssen ja ganz gewiß annehmen, daß das Weibessamen-Geheimnis die ersten Menschen tief beschäftigte und bewegte. Sie werden doch das Paradieses-Wort nimmer losgeworden sein. Mag sein, daß Abel mit seinen geopferten Tieren sagen wollte: Herr, wenn ich der verheißene Weibessame sein sollte, so will ich mich auch zum blutigen Opfer hinlegen, Du kannst mich ja auferwecken. So war's doch auch bei Abraham. Er dachte sicher, Isaak möchte der verheißene Same sein. Und er war willig, ihn auf den

Opferaltar zu legen, weil er dachte, Gott kann ihn auch von den Toten auferwecken (Hebräer 11, 18 u. 19). Abels Opfer war ein völliges Glaubensopfer. So legen auch wir uns beim Genusse des heiligen Abendmahl hin vor den Herrn. „Wir verkündigen des Herrn Tod, bis daß Er kommt.“ Wir nehmen das für uns gebrachte Todesopfer; wir sind versöhnt und gereinigt in Seinem Blut. Wir sind aber auch entschlossen, den Leidens- und Sterbens-Weg in Ihm zu gehen — wir wollen Seinen Tod verkündigen. Und wir warten auf Sein kommen. Wir haben natürlich alles klarer und heller als ein Abel — und doch sind wir wesensmäßig mit ihm eins. Wir pflegen Priestertum als die Sterbenden und Lebenden in Ihm, dem Herrn. Abels Opfer war Glaubensopfer.

Abel, der Glaubensmann

Abel brachte nichts Selbstisches vor den Herrn. Er lag vor dem Herrn. Abel war der Hebel. Abel war ein Hauch — der Herr aber war der Retter. Abel glaubte. Hebräer 11,4 sagt es uns. Durch den Glauben hat Abel Gott ein größeres Opfer getan denn Kain. Kain war aus dem Bösen, steht 1. Johannes 3, 11 geschrieben. Das heißt: Er war aus dem Ich-Wesen. Der Böse ist der „Ich“, in sich selbst aufgerichtet. Dadurch wurden auch Kains Werke böse. Sein Opfer war ein Ich-Opfer. Er opferte Gott und brachte Gott etwas. Abels Opfer war das eines zerbrochenen Ichs, das Gnade suchte bei Gott. Daher auch ein blutiges Opfer. Abel war glaubensmäßig hingeworfen — und so wartete er der Verheißung. Er hielt sich glaubensmäßig fest an Gottes Wort und Gottes Institutionen, auch an Seinen Opferinstitutionen. Kain achtete das nicht so genau. Darum rechnete nun Gott das zerbrochene Herz Abels und seinen kindlichen Glauben ihm zur Gerechtigkeit. Abels Verhältnis zum Herrn war nehmend und harrend. So ist er ein Vorläufer der Glaubensgerechten. Er steht von Herzen in der Glaubens-Gemeine-Linie. Nicht durch Werke, sondern durch Glauben. Selbstgerechtigkeit und Gottgerechtigkeit stehen in Kain und Abel einander gegenüber. Und wie nach Galater 4 stets der Selbstgerechte unter dem Gesetze verfolgte den aus der Verheißung, so war es auch bei Kain und Abel. Darum bekam nun Abels Opfer die Legitimation des Herrn, Kains Opfer dagegen nicht.

Abel, der Gottbezeugte

Nach der ganzen Schriftgleiche können wir nicht anders annehmen, als daß der Herr Abels Opfer mit Feuer vom Himmel entzündete, Kains nicht. So war Abel der Angenommene, der Gottgeliebte. Er empfing dasselbe, was jetzt die Kinder Gottes in der Gabe des Heiligen Geistes empfangen. Mit Feuer getauft sind die Gläubigen. Kinder Gottes tragen das Feuerzeugnis in sich — Gottes Geist gibt Zeugnis ihrem Geist, daß sie Gottes Kinder sind. Dadurch sind sie auch nach außen vor den Gläubigen und vor der Welt legitimiert. So stund auch Abel da. Die Feuerantwort Gottes auf sein Opfer war die damalige Stufe. Des Heiligen Geistes Jesu Christi Innenzeugnis ist die jetzige Stufe. Abel ist gewiß inzwischen in die Geistesstufe eingerückt und wächst mit uns. — Mit Gottes an ihn bezeugter Liebe trat er aber auch in Gegensatz zur Welt, welche damals führend in Kain vertreten war. Der bezeugte Abel wurde den einen ein Geruch des Lebens zum Leben, den andern ein Geruch des Todes zum Tode.

Abel, der Scheide-Mann

An Abel schieden sich die Geister. Wir dürfen annehmen, daß nicht die ganze Menschheitsfamilie auf Kains Seite stand. Es waren gewiß auch welche da, welche mit Abel und durch Abel auf des Herrn Seite stunden. An Abel vollzog sich die Scheidung, so jung er noch war. Wo der Herr wohnt, ist Salzcharakter und Lichtscharakter. Die wirken scheidend. Ein jedes lebendige Kind Gottes hat einen Scheidungs-Umkreis. Die einen stoßen sich an ihm, die andern sind zu ihm hingezogen. Jedes Kind Gottes ist eine lebendige, persönliche Evangelisation. Je klarer ein Gottesmensch in der inneren Lichtsscheidung steht, um so klarer wirkt er auch nach außen. Die Scheidung aber bringt nach der Seite der Finsternis hin und von derselben her: Kreuz.

Abel, der Gehaßte

Offenbarungsmenschen treiben zur Offenbarung. An Abels wachsendem Glauben kommt Kains finsterer Unglaubensgrund zur Offenbarung. Kain fängt an, Abel zu hassen. Abels Kreuz wird offenbarer und schwerer. Der Herr tritt für ihn ein bei Kain, aber um so finsterer wird Kain. Am Kreuzeswesen steht das Ich-Wesen auf. Der Herr redet mit Kain, der aber bleibt trotzig und redet mit Abel. Er wird ihn gescholten haben, daß er besser sein wollte als er, der Kain. Kain hielt sich jedenfalls für viel besser als Abel. Das sündige Ich-Wesen kann gegenüber dem Gnaden- und Glaubens-Wesen nicht ruhig sein. Es wird aufgeregt, weil es gestraft wird am Licht. Und diese Aufregung geht über in Zorn und Haß. Je wachsender gläubiges Innenleben ist, um so tiefer und nachhaltiger wird der Widerspruch. Und ist es erst die gottferne Welt, so wird es je länger, je mehr die fromme Welt, die in Haß und Widerspruch gerät. Wo Eigenwesen gestraft wird, tritt Eigenwesen in Gegensatz. Ein rechter Gemeine-Mann — der gehaßte Abel. Während nun Kain mit Abel redet, schweigt Abel.

Abel, der Schweiger

Ein Kind Gottes ist kein Disputator und noch weniger Streithahn. Entweder hat ein Kind Gottes ein kurzes, klares Zeugnis, oder wo dafür nicht Raum ist, Schweigen. Gläubige schweigen viel. Das ist ein Heilandszug. Sie schweigen nicht aus Zorn und Haß, sie schweigen in Leiden und Geduld. Zum Tragen gehört Stillesein. Geistesleute werden immer stillere Leute. Die Stillen im Lande heißen sie auch um dieser ihrer inneren Stellung willen. Es hat ja Disputieren in Geistessachen keinen Wert. Sie werden nicht durch Geist, sondern durch den Heiligen Geist im gebeugten Herzen erkannt. Disputieren bläht. Im Disputieren ist der Weltmensch stets über — das ist sein Boden. Im Schweigen und Zeugen ist der Gläubige über — das ist sein Boden. Und wie sollen wir uns rechtfertigen dem Unglauben gegenüber? Das ist nicht möglich. Heiliges Schweigen ist tiefes Gericht. Und heiliges Schweigen treibt die Ich-Menschen vollends zur Offenbarung. Kain entrüstet sich und schlägt Abel tot.

Abel, der Märtyrer

Abel durfte den leiblichen Tod um seines Herrn willen sterben. Sterben ist aller Gotteskinder Weg — leibliches Sterben vieler. Das im Glauben vergossene Blut ist gerechtes und heiliges Blut. Der erste Tod unter den Menschen ist heiliger Tod, ist Glaubens-Märtyrer-Tod. Um den ersten Leichnam eines Menschen strahlt Verklärungsglanz. Abel ist christusähnlich. Viele Züge seines Lebens tragen Christuscharakter, sein Sterben im Vollsinn. Der Herr selber reiht ihn ein in die große Glaubens-Märtyrer-Linie und läßt das wertvolle, heilige Blut mit Abel beginnen. Glaubens-Leben ist in vielen Stücken Märtyrer-Leben, auch wo es nicht gerade zum leiblichen Tode führt. Wir denken uns, daß Abel vielleicht dem Tode durch die Bruderhand hätte ausweichen können, aber er ist ihm nach innerer Führung nicht ausgewichen. Abels Tod war unter des Herrn Leitung ein freier. Das gibt dem Märtyrer-Tod und allem Märtyrer-Wesen erst Wert und Kraft. Abel hat jedenfalls schon lange gemerkt, wo es hinausgehen würde, und hat das gewiß auch auf Grund der ersten Verheißung als einen rechten Weg angesehen. Abels Tod war der krönende Abschluß seiner ganzen Lebensführung. So mußte der „Hebel", der Hauch, sein Leben aushauchen. Das war ein Schlag für Satan — da war einer, der in dem Herrn auch dem Tode Trotz bot. Und ob er auch dem Tode den Zoll zahlen mußte und ob er auch am seligen Platze im Totenreiche noch warten mußte bis nach der Auferstehung Jesu — er lebt doch!

Abel, der Erstandene

So dürfen wir wohl schreiben, wenn es auch lange bis zur wahrhaftigen Auferstehung in Christo ging. Der Herr trat sofort für den erschlagenen Abel ein. Damit hat Er ihn eigentlich für sich requiriert, obwohl Er ihn erst nach Seinem eigenen Tode herausreißen konnte. Im Glauben lebte er und in demselben, sagt der Hebräerbrief, redet er noch, wiewohl er gestorben ist Abel hat wenig geredet im Leben. Die Bibel hat kein einziges Wort von ihm aufgezeichnet. Aber das zeigt sie und sagt sie, daß er redet als Gestorbener. Das Blut Abels, das die Erde getrunken hatte, bewegte den Herrn tief. Es zeigte Ihm im Vorbild Sein eigenes Blut, welches die Erde einst trinken sollte. Das Blut Abels war wie ein Herausruf des Sohnes zum Kommen und Sterben. Darum sehen wir nach Abels Tod den Sohn Gottes tief bewegt. Abels Blut kann nicht erlösen — aber Abels Blut schreit nach Erlösung. Es ist wie ein Alarmruf an das Sohnesherz zum Kommen und zum Sterben.

Und es ist wie ein Alarmruf zum Gericht. An der Heiligen Leiden und Blut schafft sich die Welt ihr Gericht. Daran muß sie zum Zerbruch kommen. Kain ist doch auch schon etwas daran zerbrochen, wenn auch lange, lange noch nicht ganz. Aber Abel steht auf in Herrlichkeit als Glied am Leib — dann wird er erst richterlich stehen und zerschlagend für seinen Kain.

Er redet noch — er redet auch zu uns allen, er redet auch zu den Gläubigen. Er ist unser Bruder im Leben und im Tod. Er gehört zur Wolke von Zeugen, welche unserem Kampfe zuschaut. Wir schauen ihn an und er schaut uns an — und so redet er. Möchte er jedem von uns etwas sagen. Er redet noch!

Aus: „Die Gemeine“, Nr. 8/1926

Letzte Jahresschau (1926)

Der Sinn unserer Zeit scheint uns der zu sein, daß sich das große, gewaltige Endkulturreich herausbildet, welches wir das antichristliche Reich heißen. Wir heißen es das antichristliche Reich, weil es sich unter den sogenannten christlichen Kulturreichen aufbauen wird, welche alle großen, göttlichen Offenbarungsgedanken und Christus-Ideen nehmen, sie aufs Fleisch pflanzen und so durchzuführen suchen. Ohne einen persönlichen, ewigen, menschgewordenen, gestorbenen und auferstandenen Heiland, ohne Buße und Glauben werden sie die göttlichen Offenbarungs-Gedanken durchzuführen und einzurichten suchen. Wir sehen's und hören's ja — ein Friedensreich, ein Gerechtigkeitsreich, ein Einheitsreich, ein soziales Wirtschaftsreich, wo jedem zukommt, was ihm gebührt — kurz, ein Heilsreich wollen sie aufrichten. Die gewaltigsten Anstrengungen werden gemacht. Da steht vor allem der Völkerbund groß und breit und macht sich zum Träger dieser Gedanken. Man hofft einen großen Schritt vorgetan zu haben, seitdem Deutschland eingetreten ist. Da stehen die gewaltigen nationalen und internationalen Verbände, sonderlich die werktätigen Arbeiter, welche mit Eifer das gleiche Ziel verfolgen. Sozialismus und Kommunismus, der erstere immer mehr sich füllend mit christlichen Ideen, die ihm zusagen, sind Schrittmacher dieses Reiches. Die ungeheuren Wirtschaftsverbände zwängen es vollends zusammen, gleichwie die gewaltigen neuen Erfindungen. Und die Kirche, sonderlich die katholische Kirche, lebt sich immer mehr in diese Gedanken hinein und wird ihre Trägerin, damit die neuen Gebilde wieder sie tragen. Auch die evangelische Kirche in ihren mächtigen, weltweiten Einheitsbestrebungen, in ihren immer mehr sozial, ja z. Zt. sozialistisch gerichteten Wegen, bewegt sich zu diesem Ziel. Sie wird Schritt für Schritt katholisch. Ja, wir dürfen noch weiter gehen, viele freie, internationale, evangelische Verbände haben auch diesen Geist und werden sich ihm angliedern, wenn die Stunden sich gefunden. So treibt alles vom Materiellen über das Geistige hin, einschließlich des Natürlich-religiös-christlichen, zum gemeinsamen Ziele des großen, letzten Weltmacht-Kulturreiches.

Dies antichristliche Weltmachtkulturreich wird die alten Kulturvölker umfassen, welche, wie Zehen (Daniel), aus dem alten Römischen Reiche herausgewachsen sind. Wir sehen diese Zehen sich jetzt ausbilden und in eine Einheit streben. Die Ausbildung der Zehen ist das, was den raschen Lauf der Heraufführung des großen Staatenbundes noch etwas aufhält. Es kostet etwas, bis jede Zehe an ihrem Platze ist. Ganz im Werden ist noch die russische Zehe; machtvoll strebt zur Vollausbildung die italienische Zehe unter Mussolini; die deutsche Zehe hat noch viele Wunden und es fehlen ihr noch Glieder; die französische Zehe überhebt sich noch gewaltig, sie muß zuerst an ihren Ort. Die englischen Zehen Amerika und England werden wohl auch noch Erschütterungen erleben, bis sie eingliederungsfähig sind. Die südamerikanische Zehe ist mächtig an ihrer Herausbildung. Manches in der Zehenbildung liegt noch nicht klar, so der Balkan, Griechenland und anderes. Aber man sieht deutlich — es wird. Demgegenüber wachen die farbigen Völker auf. Afrika, China, Indien, Japan allen voran, besinnen sich auf sich selbst. Diese Völkermassen, der weitaus größte Teil der Menschheit, werden dem antichristlichen Reiche gegenüberstehen.

Was für ein Verhältnis sie eine Zeitlang einnehmen werden, ist jetzt noch nicht klar. Im Königreiche unseres Herrn Jesu Christi werden sie jedenfalls eine Hauptrolle spielen und der Gegenstand der Evangelisation sein. Sie bilden ja den sitzengebliebenen Teil des Japhet und den Ham-Kanaan. Sie sind in diesen zweitausend Jahren nicht einbebezogen worden in das christliche Volkskirchentum und damit auch nicht in das antichristliche Kulturwesen. Ihre Zeit kommt erst, auch in Christo, aber auf einer andern Stufe als der Gemeine-Stufe. Was annimmt unter ihnen in der Zeit des Königreiches, rückt in die selige Untertanen-Stufe. Am Ende des Tausendjährigen Reiches werden Gog und Magog ihre Scharen aus diesen Massen ziehen und ihren letzten Ansturm auf Jerusalem machen. — Für das große, antichristliche Kulturreich treten sie zunächst noch etwas zurück. Ihr Aufwachen und Sich-Zusammenschließen wird aber die Zusammenrückung und Zusammenwirkung der Kulturmächte sehr fördern. Bei den Naturbewegungen läuft ja alles zwangsläufig — nur die Gemeine Gottes läuft frei. — So sehen wir auch in den Rassenbewegungen der gelben und schwarzen Völker ein Druckmittel zur Heranführung des End-Welt-Macht-Kulturreiches.

Die wichtigste Rolle spielt in diesem antichristlichen Reiche das jüdische Volk. Das jüdische Volk, von der Bibel das Weib genannt, wird zur großen Hure. Es wirft Gesetz und Propheten weg, wenn es auch die religiösen Gedanken der Bibel herauszieht — der Antichrist wird gewißlich religiös sein. Aber von der Real-Prophetie seiner alten Propheten, vom wahrhaftigen Messiaskönig, gar davon, daß es der gekreuzigte und verklärte Jesus sei — davon rückt es ganz und völlig ab. Das Volk des Christus wird zum Führer im Antichristentum. Und eben darum müssen die zum antichristlichen Reiche sich zusammenschließenden Nationen das Christentum zur Volksreligion haben, daß sie alle den Christus kennen, aber — ausgenommen die Gemeine — Ihn liegen lassen. „Christlich", aber nicht Christus, das ist Antichristentum. Hier wirkt das Judentum führend. Und da stehen wir nun vor der großen Haupttatsache, daß in unseren Tagen durch Weltkrieg und Weltrevolution das jüdische Volk frei geworden ist, daß es plötzlich und energisch sich selbst als Volk erfaßt hat und daß es sich bereits, wenn auch noch etwas zurückhaltend, in die Führung der Nationen hereinentwickelt. Das jüdische Volk hat auch im letzten Jahre eine gewaltige Steigerung seines Volksselbstbewußtseins erlebt und zur Beherrschung der Nationen einen riesigen, weiteren Schritt gemacht. Auch hat es in der Anwerbung palästinensischen Bodens und in der Ausbauung des Landes Fortschritte gemacht. Diese Dinge geschehen alle im Ich-Sinne. Darum eben sind sie Vorbereitungen des antichristlichen Reiches. Es sind lauter Wegbahnungen, das jüdische Volk im Ich-Sinne an die Spitze der Völker zu setzen. Bis zum Königreich Christi muß das jüdisch-antichristliche Volk noch durch furchtbare Zerbrüche. Diese werden geschehen bei der Wiederkunft des Herrn Jesu Christi und unter dem Hasse der Nationen, welcher am Schlusse des antichristlichen Reiches gegen die Juden ausbrechen wird. Einstweilen sehen wir sie auf dem Marsche zum antichristlichen Reiche. Die Hure setzt sich nach der Schrift auf das Tier. Die Hure ist das abgefallene jüdische Volk, so heißt es überall im prophetischen Wort. Und diese Hure hat die Zügel des Tieres in der Hand — wird aber darnach von ihm zerrissen.

Der persönliche Zusammenfasser des ganzen antichristlichen Geistes ist ein Jude. Überall sitzen jetzt schon Juden in leitenden Stellungen unter den Nationen. Der demokratische Geist ist der Schrittmacher dieser Entwicklung. Je mehr die Massen das Wort haben, um so mehr ist Wetter für das Ich-Juden-Volk. Das sagen wir alles nicht als Antisemiten, dann müßten alle Propheten auch Antisemiten gewesen sein, sondern als Gläubige des prophetischen Wortes. Das demokratische Wesen ist Wegbahner für Tyrannen — darum auch für den Antichristen. Dieses demokratische Wesen hat sich auch im letzten Jahre sehr verfestigt in der Welt. Die nationalen, dagegen vielfach ankämpfenden Geister haben nirgends mehr eine Vormacht, jedenfalls nirgends mehr auf die Dauer.

Das antichristliche Reich soll ein Friedensreich sein. Darum haben wir auch überall das Anwachsen der Friedensbewegungen. Natürlich sind das Friedensbewegungen, welche eigener, menschlicher Machtvollkommenheit entspringen — und darum in Wahrheit nicht Friede — aber die Ich-Friedensbewegungen sind da und erstarken. Abrüstung ist ein laut erklingendes Wort. Die Welt starrt zwar noch in Waffen, und da und dort klirrt es je und je bedenklich, aber die Sache der Abrüstung gewinn doch an Boden. So läuft's von allen Seiten zum Eigen-Friedens-Kulturreich.

Es wird ein glänzendes Reich werden. Der Mensch wird seine letzten und höchsten Eigenkräfte entfalten, in völligster Beherrschung der Naturkräfte. Fabelhafte Erfindungen bahnen hier den Weg. Es wird beim Menschen heißen: „Ich kann". Wir sehen in unseren Tagen, wie auch diese Weltbeherrschung voraneilt. Eine überraschende Erfindung schlägt die andere, und aus jeder neuen wachsen größere. Der Antichrist wird nach jeder Seite hin eine Fülle von Macht in den Händen haben.

Und er wird sie auch ausüben können. Immer mehr zieht sich alles zusammen. Wirtschaft und Handel vereinigen und konzentrieren sich immer mehr. Die wirtschaftlichen und handelsmäßigen Fürsten dieser Welt werden immer weniger, und alles, was ist, ist einorganisiert und kann nicht mehr selbstständig stehen. Die antichristliche Menschheit ist die bestorganisierte, die je gewesen ist, — damit die unfreieste, die nach ihrer Masse versklavteste. Das ist alles eisernes Muß, das geht alles vom elektrischen Druckknopf aus. Scharf wird durch die antichristliche Zeit der Schnitt von „oben und unten" gehen.

Darum trägt dies End-Kultur-Reich auch seinen Tod schon in sich. Die Liebe unter solchen Verhältnissen wird sehr erkalten. Kaltes Recht wird höchstes Unrecht sein. Der Revolutionskeim wird in diesem Gebilde der Revolution verderbend wachsen. Der Bolschewismus oder vielleicht eine tiefergreifende Ausgeburt der Finsternis wird, wenn seine Stunde gekommen ist, grundstürzend wirken.

Es wird nicht von langer Dauer sein. Eine Zeit und zwei Zeiten und eine halbe Zeit. Solch eine grausige Ausgeburt des Eigenwesens kann sich nicht halten. Die seidenen Flitter der Außenherrlichkeit werden bald zerschleißen. Das antichristliche Kulturreich, das Gegenbild des Sintflut-Reiches, ist die Letzt-Anwachsung der Sünde, d. i. des Ich-Wesens. Es ist der Vorläufer des Ich-Zerbruchs und des Heilands-Königreiches. Darum haben wir auch, in Verbindung mit all den schon genannten Erscheinungen, die stete Bewegung der Erde. Die Erde bebt ununterbrochen. Eine erneuerte Erdformation bahnt sich an. Im Königreich Christi leben wir unter anderen klimatischen Verhältnissen. Bei seiner Höchstoffenbarung auf Erden darf Satan auch die Kräfte der Erde in furchtbaren Todesoffenbarungen noch brauchen. Aber das ist der Übergang zu neuen Lebensoffenbarungen. Bei der Bindung Satans nach seinem Hochstieg wird Christus mit Seinen Heiligen auch die Naturkräfte in die Hand nehmen und sie mit Licht und Leben füllen. So laufen auch auf dem Nationen-Boden die Linien zur Vollendung. Im antichristlichen Herrlichkeits-Reiche werden, wie zum Hohne für den übergroß gewordenen Selbstmenschen, viele Naturkatastrophen sein, welche überleiten zum neuen Aeon Christi.

Mitten durch all diese Zeichen des End-Menschheits-Reiches hindurch geht die Gemeine. Die Glaubens- und Geistes-Gemeine der Kinder erfaßt sich auch tiefer selbst in Christo. Die Kinder Gottes werden bewußter und klarer in ihrer Stellung in der Welt. Sie werden herausgerückter und freigestellter. So fern ihnen revolutionärer Geist liegt, so mächtig stellt sie die Erwählungsgnade frei. Die Erkenntnis von der Gemeine, von ihrem Stande und von ihren Aufgaben, wächst und vertieft sich. Die Gemeine reift. Sie steht freier da wie je einmal. Kein Wunder. Wenn das antichristliche Reich naht, schlägt die Stunde ihrer Befreiung. Die antichristliche Zeit mit ihren satanischen Ausbrüchen macht sie nicht mit. Der Herr bewahrt sie aus der Stunde der

Versuchung heraus, wie es im Sendschreiben an Philadelphia heißt. Beim Sturze des Antichristen und seinen Zeichenträgern, bei der Heraufführung der Umkehr und Buße des jüdischen Volkes, müssen die vollendeten Heiligen schon mitwirken.

So leben wir in einer großen Zeit. Unsere Heilsvollendung ist näher, denn da wir gläubig wurden. Wir sehen augenblicklich die große Wende der Zeiten und der Ewigkeiten vor der Tür. Möchten die Gläubigen das erfassen und es in ihrer Selbsterbauung wirksam werden lassen. Kindlein, bleibt bei Ihm und Kindlein, liebt euch untereinander. Siehe, Er steht vor der Tür.

Aus: „Die Gemeine", Nr. 12/1926

Ein Wort über Entwicklungsgang, Gabe und Aufgabe Pfarrer Theodor Böhmerles

Von Pfarrer Adolf Pfleiderer † (Nachfolger v. Th. Böhmerle)

Pfarrer A. Pfleiderer, der Nachfolger von Th. Böhmerle in Langensteinbach, hat noch zu seinen Lebzeiten dem Herausgeber die Aufnahme des folgenden Beitrags in diese Schrift erlaubt.

Der Philosoph Christoph Sigwart sagte von den Predigten Tobias Becks in Tübingen: Jede war eine Revolution. Wo die Wahrheit urquellmäßig, urlichtsartig, prophetisch aufbricht, wird sie dem traditionell Versteinerten gegenüber so empfunden. Sie nötigt zum Umdenken, hat aber bei sich die unmittelbare Gewißheit: So ist es. Was gab dem schlichten, meist unpathetischen Zeugnis Pfarrer Böhmerles die durchschlagende Einleuchtungs- und Einzeugungskraft? Er war nicht kühl zergliedernder Theoretiker der Wahrheit, sondern mit Herz und Verstand konzentrierter Liebhaber der Wahrheit und hatte nicht bloß vereinzelte Bruchstücke der Wahrheit, abgerissene Zweige der Wahrheit zu bieten, sondern durfte durch Gnade in dem innersten Mittelpunkt der Wahrheit und in dem ganzen Umfang der Wahrheit sein Element haben und darein einführen. Man spürte es: das ist nicht bloß nach Schrift und Geist, sondern wie Paulus 1. Kor. 12, 8 sagt, durch den Geist geredet. So war es wohl nicht von Anfang an bei ihm gewesen, aber in dem letzten Jahrsiebent seines Lebens geworden. Schon in der Wesensanlage war das Bedürfnis und in seiner Führung die Möglichkeit, überall den Dingen bis auf den Grund, die Wurzel und den Keim nachzugehen und nachzuforschen, und in seiner Naturgabe schon lag etwas großzügig Originelles, erquickend Unmißverständliches, fast Künstlerisches, sich auszusprechen.

Manchen mag das Original Böhmerle natürlich-seelisch angezogen, und bei vielen wird es auch in geistlichen Dingen mitgewirkt haben; aber Bleibendes, Unverbrennliches, Ewiges wurde bei denen, in denen der Geist der Ewigkeit erweckt war oder sich erwecken ließ, gewirkt durch das, was ihm unmittelbar als Gnadengabe von Gott aus geschenkt war. Der ganze Mann war eine Gnadengabe Gottes an seine Zeit, nicht für die Allgemeinheit, aber für vorverordnete Kinder der Weisheit, da und dort zerstreut. Er hat ohne Zweifel auch nicht alles rein unmittelbar aus der Heiligen Gottheit empfangen, sondern auch von und an andern lebendigen Zeugen der Wahrheit gelernt, wennschon alles durch sein eigenes Sieb gehen und durch die unmittelbare Korrektur des Heiligen Geistes laufen mußte.

Der Ruhm der Gnade wird nicht verkürzt, wenn man auch Mittelbares, dessen sich der Herr bediente, nennt und schätzt. In einer Zeit der Hochkonjunktur des theologischen Liberalismus hatte er durch vorlaufende Gnade und Führung der Himmlischen Weisheit den großen Vorzug, nach einigen den formalen Verstand schärfenden Heidelberger Semestern unter den bestimmenden Einfluß des geistesmächtigen Greifswalder Hermann Cremer zu kommen, der auf Katheder und Kanzel ein mutvoller, demütiger Christuszeuge war und es erleben durfte, daß unter ihm, was einzigartig in ganz Deutschland dastand, die ganze theologische Fakultät mit lauter positiv gläubigen Männern besetzt blieb. Was Theodor Böhmerle mit bejahendem inneren Echo hier in sich aufnahm an reformatorischen Grundwahrheiten über Buße und Glauben, über den gefallenen natürlichen Menschen und über Jesus Christus, den Gottmenschensohn und Sündentilger, das blieb ihm zeitlebens als grundlegender Anfang wichtig und gegenwärtig. In seiner zwischen Heidelberg und Greifswald liegenden Tübinger Zeit war er offen für den einzechten Robert Kübel, einen Schüler Luthers und Tobias Becks, der den „tiefen Graben zwischen moderner Theologie und altem Glauben" klar herausstellte und auch für die Praxis die biblische Linie aufzeigend vor „modern-christlichem Wesen" seine warnende Stimme erhob. Da wurde in ihm erstmals der Prüfungsgeist auch gegenüber sogenannten „christlichen Werken" geweckt und der Blick tief geschärft für die Unterscheidung von seelischem, scheinendem, gutmeinendem Eifer und stillem, gläubig hörendem Gottgehorsam.

Als er ins Amt kam, saß er gerne wahrhaft erweckten, gereiften Laien zu Füßen, so in Grenzach der Jungfer Schlup, die ihm eine Mutter war, oder dem Schreinermeister Richter, in Durlach dem Vater Steinmetz, in dessen Sattlerwerkstatt viel inneres und äußeres Erleben durchgesprochen und durchgebetet wurde, in Auerbach dem geistvollen, urwüchsigen Bruder Augenstein. So lernte er auf seinem Vikarsposten und in den ersten Pfarramtsjahren in Langensteinbach den Pietismus, die engere, strengere, innerliche, geistliche, gottgelassene, mit Gott wirkende, priesterlich-brüderliche Richtung des evangelischen Christentums kennen, nicht amtsmäßig, aufsichtshalber, kritisch, zum Betreuen, sondern als persönliche Hilfe und Förderung zu tieferer, wurzelmäßiger Erfahrung des Geheimnisses der Gottseligkeit und des Glaubens und zur Aussprache zwischen „Zweien und Dreien", wie eines Fricker, dieses mathematisch und naturwissenschaftlich hochgelehrten Dettinger Pfarrers „Weisheit im Staube" eigentlich durch die Lebensgemeinschaft und den vertrauten Umgang mit das Wort auslebenden, geisterleuchteten und göttlich erfahrenen Bauernbrüdern entstand.

Der Ortsgeistliche von Langensteinbach (1898—1903) hatte auch Spielberg zu bedienen. Der dortige Lehrer Schüßler war ein Liebhaber von Christoph Friedrich Oetingers Schriften und biblischem Realismus. Einstmals erbat sich von diesem der Pfarrer ein offenes Urteil über seine Predigtweise. Nur gedrängt rückte er schließlich heraus: „Herr Pfarrer, es ist alles noch Gesetz." Das schlug ein und veranlaßte Revision. Predigte er nicht Christum allein, den auferstandenen Gekreuzigten, lauterstes Evangelium? Ja, der Inhalt war Frohbotschaft, ob auch noch nicht die ganze. Aber die Art und Weise der Verkündigung war teils noch auch von Eigenheit gehandhabt, teils an die Eigenheit gerichtet. Wo der Redende nicht selbst als Gotterbarm sich erkennt, wo die Hörenden wohl als schuldige Übertreter, aber nicht als blinde Gefangene des Sündengesetzes gesehen werden, wo das vollendete Verdienst und Kurmittel von Golgatha nicht mit dem heute laufenden hohepriesterlichen Heilandswirken lockend, reizend, ziehend sich anbietet, da wird aus dem Evangelium wiederum Gesetz gemacht. Die Gnade wirkt zwar nicht zauberhaft, sondern spielend, werbend, überführend; doch ist sie in Vereinigung mit Gewissen, Willen und Liebe des Menschen allmächtig. In diesem Lernen, daß und wie „Gesetz und Evangelium erzeugen wahres Christentum", stand Theodor Böhmerle, als 1903 die Brüder vom Verwaltungsrat des A. B.-Vereins ihn zum Inspektor des Vereins beriefen. Nachdem er im Einvernehmen mit seiner Gattin für die als führungsmäßig und gottgewollt erkannte Annahme dieses Rufs sich entschieden hatte, war sein ganzes Leben und Wirken fortan der Gemeinschafts- und Brudersache geweiht.

Bei seinen Reisen zu den Gemeinschaften landauf und landab fiel es ihm nicht schwer, rasch den Rapport mit den Geschwistern herzustellen bei seiner frischen, anfassenden, drastischen und plastischen Art zu reden. Dennoch hatte er vielfach den Eindruck, es genügt und befriedigt nicht, die Leute, die so müde von der Arbeit daherkommen, eine kurze Stunde ums Wort versammelt zu haben. Man sollte eingehender miteinander sprechen können und frei und los vom täglichen Umtrieb für die Wahrheit Zeit haben und offen sein. Der Weltgeist, auch der fromme Weltgeist, sitzt zu tief. Sünder, „die recht arm und klein", Furcht vor sich selbst, Ehrerbietung vor der Gnade haben, sich verderbensvoll, den Heiland erbarmungsvoll sehen, das Lebenslicht lieben, sich hassen, sind so selten und können doch allein der Gerechtigkeit Gottes teilhaftig werden. Man sollte die Gemeinschaftsglieder irgendwo von Zeit zu Zeit ausgespannt unters Wort bringen können, nicht etwa zu einer Schnellbleiche in Bekehrung und Gotteserkenntnis, nicht zu seelischer Bearbeitung mit astralischen Mitteln, nicht zum Anzünden eines schnell verglimmenden Strohfeuers, aber zu gründlicher Selbstprüfung im Spiegel des Wortes und Kreuzgeheimnisses, zu anfangsmäßiger Einführung in ein nüchternes, betendes, denkendes Schrift-Lesen und Bewegen und zum Hineinhören auf das, was der Geist den Gemeinen legitimiert an göttlichen Grundbegriffen und Grundeindrücken.

So wuchs aus den Inspektionsbesuchen die Idee des Bibelheims heraus wie ein göttlicher Auftrag. Als der Gedanke in seinem Geist Gestalt gewonnen hatte, trat er damit hervor und fand in den Kreisen des Vereins überall freudige Zustimmung. Die Mittel flossen nur so zu. In jeder Beziehung ebnete der Herr die Wege. Als im Mai 1909 Bethanien eingeweiht werden konnte, lautete die Tageslosung Hes. 44, 4: „Und ich sah, und siehe: Des Herrn Haus ward voll der Herrlichkeit des Herrn; und ich fiel auf mein Angesicht". Nun war die Stätte gegeben, wo der Herr ihn haben und gebrauchen wollte. Sorgte die Hausgemeinde für das leibliche Wohl der Gäste, so der Hausvater für die geistliche Speise. Wenn Oetinger von seinen Epistelpredigten sagt: Es sind gründliche Schriftnotionen, die ausgekocht und in vieler Erfahrung bewährt worden sind, so gilt auch von Böhmerles Stunden: es waren Mahlzeiten, denen viel Kniearbeit, Durchfeuerung und Fleiß vorausging, wodurch der Herr Rechte bekam, kostbare, edle, tinkturkräftige Wahrheit aus

Seinem Mund und Wort herauszugeben, die er genoß und an denen er die Gäste mitgenießen ließ. Als Herausgeber des „Reich-Gottes-Boten“ seit 1908 durfte er auch sonst vielen Hungernden hin und her Speise darreichen, wie sie es in ihren inneren und äußeren Verhältnissen bedurften. Sein unablässiges Graben im Acker der Heiligen Schrift unter Bitten und Anklopfen ließ ihn viele verborgene Schätze finden. Der Glaube, daß alle Schrift der Bibel nicht bloß Gottes Wort enthalte, sondern Gottes Wort sei, war ihm nicht ein von den Vätern ererbtes Dogma, sondern täglich angewendetes Forschungsprinzip und immer wieder erlebtes Forschungsergebnis. Konnte er in den Winterkursen ganze Briefe oder den einen und anderen der kleinen Propheten in einer Woche durchnehmen, so ging er im Sommer dem einzelnen Verse nach.

Es war ihm daran gelegen, nicht daß man einen Langensteinbacher Strauß heimbringe, sondern Honig sauge aus den Blüten, und daß die eigenen Augen wacker würden, sein Kreuz im Licht der Weisheit auf sich zu nehmen und zu tragen. Dabei wurde ihm je länger, je wichtiger, daß Wort und Umstände zusammengehören, daß durch beides der Herr rede, durch jenes reize, überführe und ziehe, durch diese schiebe und nachhelfe. Kriegst du in deiner Stunde nicht, was du zu brauchen meinst, so bleib doch und stirb. Daher die Ausdrücke führungsmäßig und leidendlich so gang und gäb bei ihm waren.

Einen tiefen Einschnitt in seiner Erkenntnis und Betätigung machte der Ausgang des Ersten Weltkriegs mit der Revolution und den Wahlen. Er sah das Dahingegebensein der Völker, das Kopfherausstrecken des Antichrists und falschen Propheten, die veränderte Situation des Judenvolks. Bei dem seither stark national eingestellten Manne brachte das Jahr 1919 unter vielen Wehen, Glaubenskämpfen und Geistesseufzern eine eingreifende Neuorientierung und zum Teil scharfe Schwenkung hervor. Die Gemeine Jesu ist eine herausgerufene. Das sagt schon ihr Name Ekklesia. Wir gehören also heraus aus dem politischen Umtrieb und nicht hinein, soweit wir herausgerufen und herauserwählt sind in Christo Jesu. Es geht der Mitternachtsstunde zu. Dem Satan wird, damit er sich einmal nicht beklagen könne, für ein kleines Einfluß und Macht gegeben wie noch nie. Es läuft auf eine Äonenwende hin.

Vor der Tür steht das antichristliche Reich. Es wird kurz genug dauern.

Nahe gekommen ist das Tausendjährige Königreich. Die Inschrift des Kreuzes: „Jesus von Nazareth, König der Juden“ wird demnächst sich verwirklichen. Dann wird das Heil zu den Völkermassen kommen über die Juden; wie diese jetzt zweitausend Jahre ein Fluch der Welt waren, so werden sie ein Segen werden für die Welt. Man lasse Israel nicht bloß die Fluchkapitel, man lasse ihnen auch die Verheißungen und Bündnisse. Die Balfournote, die hebräische Universität in Jerusalem sind mächtige Zeichen: der Feigenbaum wird saftig. Die Auswahlgemeine soll wissen, für sie handelt es sich allein um die innere Ausreifung, Ausstattung, Ausgestaltung aus dem Ewigen für das Ewige. Nach außen hin dreht es sich um das Auswahlvolk, die Juden. Der Plan Gottes ins Ganze läuft erst weiter, wenn dieses Volk seinen wiederkommenden Messias wird angenommen haben. Das Königreich Gottes wird nicht durch Menschenhände und Menschenwirksamkeit gebaut, sondern durchs Kommen und Wirken des Heilandes. Die Gemeine ist nicht Wirkerin, der Herr ist Der Wirker; die Gemeine ist nicht Martha, sondern Maria, hörend, nicht jagend; als von Gott allein bewirkt ist sie nur mitwirkend mit Ihm und in Ihm. Die Stillen im Lande treiben zu viel um, es ist vielfach ein christlicher Hochbetrieb. Aber mit Festfeiern bereitet man sich nicht auf Katastrophen vor. — Mit solchen Gedankengängen, veranlaßt durch Beobachtung der sich steigernden Weltwehen und herausgewachsen aus einem geistgewirkten, reinabsichtigen, steten Schriftumgang und Gottumgang, wurde er mehr und mehr hingedrängt teils zu dem innersten und innigsten Kreis des Liebesrats, der Gemeine, teils zu den letzten Stunden, Mitteln und Zielen des göttlichen Reichsplans.

Die Wahrheitsauffassung, zu der er so, auch unter Berührung mit Kolb und Michael Hahn, vom Geist Gottes geführt wurde, bereitete ihm außerordentlich viele Anfechtungen, Leiden und zwar nicht persönliche, aber sachliche Kämpfe. Um seine Urteile niemand aufzudrängen, legte er die seit 1908 innegehabte Vorstandschaft des Vereins Ende 1920 nieder, bis anfangs 1926 alles wieder nach der geistlichen Linie und Leitung dieses göttlich bevollmächtigten prophetischen Mannes rief. Einer Stimme aus dem Verwaltungsrat, der großen Leserschaft des RGB. die einfachere Kost der Anfangsstücke vorzulegen, über die positive Schultradition hinausgehende und viele zum Widerspruch reizende Erkenntnisse aber für einen vertrauteren Kreis in einem besonderen Monatsheft niederzulegen, folgte er, nicht als könnte er so und könnte auch so, sondern sein Wahrheitszeugnis blieb dasselbe, war aber dort eingewickelter, hier ausgewickelter. Als er zwei Jahre darauf den siebten Januar 1927 erst sechsundfünfzigjährig heimging, hatte man den Eindruck, seine Lebensaufgabe sei erfüllt.

Th. B. stand allezeit dankbar und freudig auf dem Boden der Reformation. Ihr Formalprinzip: die Schrift allein stellt Glaubensartikel, war ihm in tiefster Ehrfurcht bejahte Selbstverständlichkeit. Ihr Materialprinzip: durch Glauben allein, nicht durch Tun, und: Gebt unserem Gott allein die Ehre! — konnte kaum jemand stärker betonen und geltend machen. Und wie oft konnte er sagen von Luthers Bibelübersetzung: sie ist eben gottgeboren, auch wenn sie gerade einmal nach dem Buchstaben fehlt. Der Schüler Cremers war auch Schüler Luthers. Aber Luthers Auftrag, betreffend den Tag von Golgatha und den Jüngsten Tag, war für die Allgemeinheit, er konnte und mußte das vollkommene Heil in dem alleinigen Verdienst Christi und den leichtesten und geradesten, selbstgeführten Weg des Heils in dem gläubigen Ergreifen der ausschließlichen Gnade Christi so allgemeinverständlich bezeugen, daß es bald überall hieß. So können wir's verstehen, glauben und nehmen. Zwei Jahrhunderte später sahen Johann Albrecht Bengel, Magnus Friedrich Roos, Phil. Matth. Hahn über der Rechtfertigung des Sünders vor Gott, diese in sich fassend und ergänzend, als Zentralbegriff der Schrift den Begriff des Reichs Gottes und unterschieden dabei die Haushaltung der Patriarchen, des Gesetzes, der Gemeine Jesu, des Königreichs im engeren Sinn der tausend Jahre, des Gerichts, der neuen Erde, des neuen Jerusalems.

Ein Oetinger, der es als seine Lebensaufgabe ansah, vor Meinungen, Einbildungen und falschen Tröstungen zu warnen, der so nüchtern immer wieder sich und andere in den Zustand nach dem Tod versetzen wollte, und der neben den großen Wegen Gottes fürs Ganze und den erst in die Zermürbung führenden und buß- und erbarmungsfähig machenden Gerichtsewigkeiten die ungeheure Vorzugsgnade der hier in der Durchrichtung stehenden kleinen Herde preist — wie kann er sich königlich freuen darüber, daß noch alle Seine Werke Ihn loben werden.

Auf die Seite und in die Linie solcher akkurater, weitblickender Schriftforscher, die doch keine Buchstäbler, sondern hochedle Geistesmenschen waren, gehört unstreitig der zwar sehr frei selbständig und sozusagen reichsunmittelbar ihnen gegenüber im Element des Worts sich bewegende Th. B. Kein Geschäftsinteresse, sondern Gottes Wort oben, Gottes Wort unten, Gottes Wort rechts, Gottes Wort links, Gottes Wort vorne, Gottes Wort hinten, das war Grundsatz und Prägung im Bibelheim. Er wollte die Gäste nicht füllen mit intellektuellem Lehrstoff, sondern wecken für den Adel ihrer Bestimmung, für den verlorenen und in Jesu Christo wieder angebotenen Gottadel und für das Geheimnis des Kreuzes und des Lammes für uns und in uns. Sein Zeugnis hatte Zeugungskraft, wo zubereiteter Herzensacker war.

Es mochte sein, daß auch vorwitzige Leute kamen, denen der Anfang der Weisheit fehlte, die Gottesfurcht, die die eigene Ichheit haßt, und solche, die die gehörte Wahrheit schnell wieder verkauften, um selbst leer auszugehen. Aber viele Kreuzgezeichnete empfingen süßestes Evangelium, bekamen eine neue Bibel. Denn der Heilige Geist gibt, nach dem Herrnwort von dem zum Himmelreich gelehrten Schriftlehrer, neben dem Alten auch Neues heraus aus Seinen Wahrheitsschätzen, immer wieder etwas Neues, etwas Rares, etwas Treues. Ist Er doch keine eingefrorene Größe, sondern Er bewegt Sich schöpferisch, schließt auf, macht lebendig, öffnet Pforten von Äonen, verklärt in allem Christum entsprechend dem, was Seine Vertreterin auf Erden, die verkörperte lebendige Gemeine Gottes braucht, zu ihrer Zeit und an ihrem Ort, zumal an einer Zeitenwende, um durch die besonders hohen Versuchungen, religiösen und irreligiösen Massensuggestionen, Irrgeister der dem messianischen Königreich vorausgehenden widerchristlichen und ersatzchristlichen Strömungen und Verfolgungen hindurchzukommen, ohne zu verunglücken. Da hatte Th. B. eine Sonderaufgabe, vielleicht mehr noch unbewußt als bewußt, die gläubigen Kreise mitten in ihren weltlichen und kirchlichen Engen und Druckverhältnissen auf helle, klare, feste Zielpunkte der göttlichen Neuschöpfung hinzuweisen und für druntenbleibendes Warten und Erwarten in dieser Blickrichtung zu erwecken: Die Parusie Christi *zu* den Seinen zum Anziehen Seines Leibes und eine halbe Jahrwoche darauf Seine Erscheinung und Offenbarung *mit* den Seinen zur Aufrichtung des Königreichs einerseits, die Herwiederbringung des ganzen Alls unter und in das Eine Haupt, Christus, andererseits. Wenn es im Apostolischen Glaubensbekenntnis heißt: Aufgefahren gen Himmel, von dannen Er kommen wird, zu richten die Lebendigen und die Toten, so war das für Th. B. allerrealste Wahrheit. Es ist auch mehr als begreiflich, daß von dem Augenblick an, wo unter Konstantin die Massen in die Kirche hereinströmten, das eschatologische Zeugnis im allgemeinen auf diesen Punkt der Wiederkunft Christi zum Gericht sich beschränkte. Ein so grundnüchterner und philosophisch scharf geschliffener Geist, wie D. Samuel Preiswerk, Pfarrer zu St. Alban in Basel, konnte aber um die Wende des Jahrhunderts gelegentlich äußern: In meinem Neuen Testament finde ich die Parusie Jesu auf die Erde fast auf jeder Seite. Herodes fürchtete sich vor dem König der Juden. Die Christenheit aus den Heiden wird auch sehr zurücktreten müssen, wenn der Israelrest in die seit bald zweitausend Jahren formal geschehene Proklamation Jesu als König der Juden in bußfertigem Glauben faktisch eingeht und seinen Missionsberuf an den großen Scharen nicht bloß der sogenannten heidnischen, sondern auch der sogenannten christlichen Weltvölker antreten wird (Jes. 2, 1—5; Sach. 8, 13. 23; Röm. 10, 17—26). Warum glauben Gläubige das nicht? Die Schrift kann doch nicht gebrochen werden. Freilich muß alles wahre Erkennen ein Erkanntwerden sein.

Im gleichen Brief ferner, in dem Paulus schreibt, er habe nichts wissen wollen als Christus, den Gekreuzigten, bezeugt er, daß die Auferstehung Christi sich auswirken werde bis dahin, daß Gott alles sei in allen! Ja, eine furchtbare Täuschung ist die Wiederbringungslehre freilich dort, wo die äonischen Gerichte, die Gehenna, der andere Tod, der Feuersee verschwiegen oder geleugnet werden. Die langen und schweren Gerichtsewigkeiten sind das Mittel in der Hand Gottes, die Seelen endlich gnadenreif zu machen. Keine Wahrheit kann und darf auf Kosten einer andern überbetont, keine durch eine andere unterdrückt werden. Die Eigenschaften der göttlichen Heiligkeit und Gerechtigkeit müssen ebenso voll sich offenbaren, wie die Beschreibungen Gottes als Weisheit, Liebe und Barmherzigkeit. Wer einfältig, weil zur Einfalt wiedergeboren, seine Bibel liest, findet diesen schließlichen Vollsieg Gottes bald überall in ihr. Schrift muß mit Schrift zusammenstimmen und durch Schrift erklärt werden. Warum soll, daß alle noch zur Erkenntnis der Wahrheit kommen, ein bloßes Vielleicht, nicht Lehre und Zeugnis sein? Was nur übernommen ist als Überzug, ist dem Mißbrauch ausgesetzt; was aus dem Zämach geboren, gewachsen ist, ist Frucht, die sich bewährt.

Und wer kann heute noch diesem Zeugnis den Makel anhängen, es wolle Den alleinweisen Gott beraten? Satan freut sich, wenn man ihn gewinnen und einen endgültigen Teilsieg mit reicher Beute davonbringen läßt. Aber der Totalbankrott aller und jeder geschöpflichen Selbstherrlichkeit ohne gottesunwürdigen Zwang, vielmehr als selbstbereitete Kur, wird noch allgemein freiwillig angemeldet werden, von der letzten gefallenen Kreatur wie von der ersten, auf daß Gott Recht behalte und Sein Plan von A bis O verwirklicht werde, nichts davon sabotiert bleibe oder scheine. Er kann es auswarten. — Solche göttlichen Grundbegriffe in Furcht und Zittern und doch mit Freude und alles heraussagendem Freimut zu bezeugen als ganze Frohbotschaft, gehörte bei seiner außerordentlichen sprachlichen und sprachschöpferischen Darstellungsgabe zu Pfarrer Böhmerles individueller Lebensaufgabe für die Gemeinschafts- und Gemeineglieder.

Unter den Auslegungsstücken Pfarrer Böhmerles gehören, neben dem Hohenpriesterlichen Gemeinegebet, wohl die Gleichnisse unseres Herrn zu dem Klassischsten, was er geschrieben. Das Klarste und Abgewogenste, was man bis dahin über dieselben etwa lesen konnte, mag in der Homiletik des Basler Antistes Immanuel Stockmeyer sich finden. Alles Wort Gottes hat ja Meerestiefe. Der Heilige Geist kann jeweils daraus geben, was, wem, wie und wann Er will, nach Stufe, Bedürfnis, Aufgeschlossenheit und Aufgabe des Einzelnen im Kleinen, wie der Zeit im Großen. Zumal die persönliche, geistlich-mystische Deutung und Anwendung hat, von weiter innen aus gesehen, mannigfaltige Möglichkeiten: Die Wahrheit ist dennoch bei aller gegliederten Unterschiedenheit ein eindeutig organisches System. Indem Th. B. dem buchstäblichen, geschichtlichen Ursinn der Gleichnisse nachgeht, findet er, daß mit der Gleichniszeit im Leben Jesu bereits eine Gerichtszeit begonnen hatte, und stellt fest, daß nach dem, was dasteht, die Gleichnisse tatsächlich nicht ein Veranschaulichungs-, sondern ein Verhüllungsmittel sein wollen. Was gelehrte Autoritäten als Mißverstand der Evangelisten ansehen, ist ihm höchst eigenes Zeugnis des Schöpfers der Schrift, des Heiligen Geistes (Matth. 13, 11—15).

Das griechische Wort Basileia hat dreierlei Bedeutungen: Königreich, Königtum und Königsdynastie. Für die Gemeine geht es um die Königs*dynastie*, Israels Hoffnung ist das König*reich* im Sinne der Propheten. Pfarrer Böhmerle legt seiner Erklärung der Gleichnisse den Königreichsgedanken zugrunde im Sinne der durch Herabkunft Jesu vom Himmel zustandekommenden irdischen Christokratie unter Führung des durch Buße ins Rettungsheil seines Messias und damit in seinen Heilsträgerberuf eingetretenen Judenvolkes. Dies ist zweifellos eine Phase im Gesamtweisheitsrat des Heiligen Gottes. Das Heil kam von den Juden in die Welt im Heiland, und es kommt von den Juden zu den Nationen im Tausendjährigen Reich. Diese gewöhnlich völlig übersehene und doch ursprünglich und ratschlußmäßig wesentliche Beziehung auf Israels, des jüdischen Weibs, der jüdischen Witwe, der jüdischen Knechte künftige Umkehr, Heilserlangung und Heilsausbreitungsbestimmung ist das Besondere, was B. in den Gleichnissen apokalyptisch eingehüllt sieht, und es ist erstaunlich, wie bei dieser Deutung mitten in der Verhüllung jetzt, nahe einer Äonenwende, Worte und Tatsachen, Gleichnisworte und sonstiges prophetisches Wort der Schrift gegenseitig in frappierender Weise sich beleuchten und enthüllen.

Man nehme die sieben Gleichnisse Matth. 13: 1. Vierfaches Ackerfeld: Israel als Nation, wesentlich zum Königreich gehörig, ist, abgesehen von etlichen Erstlingen, vorerst für dessen Offenbarung unbereitet. Die Mehrzahl ist verschlossen, hart, von Fleisch und Blut beherrscht, die Heilsauswirkungen des Königreichs begehrend, den inneren Weg ablehnend.

2. Unkraut unter dem Weizen: Während die Gemeine die Herausgerufene heißt, ist das jüdische Volk diese zwei Jahrtausende hindurch hinausgesät auf den Acker der Völkerwelt. Gerechte, die einmal leuchten werden im Königreich, Söhne des Königreichs, wachsen in seiner Mitte aus Gesetz und Propheten; aber wo es sich der Welt assimiliert und von Gesetz und Propheten löst, wird es zum Träger von Ärgernisphilosophien, hurerischen Gesetzlosigkeitssystemen und mannigfachem Unkraut und schafft Antichristen, Söhne des Argen, über die erst das Gericht ergehen muß, bis das Königreich anbrechen kann.

3. Senfkorn: Durch das Schauen Dessen, in Den sie gestochen haben, wird Israel, schon immer die kleinste und verachtetste unter den Nationen, erst recht in sich selbst und vor sich selbst klein und gebeugt, nun aber in seinem Messias ein Segen für die Welt werden: Die Völker werden kommen und unter seinen Zweigen wohnen.

4. Sauerteig: In die Dreiheit der göttlichen Ziele der Gerechtigkeit, des Friedens, der Wohlfahrt mischt das jüdische Volk in seiner Gerichtszeit das Selbstherrlichkeitswesen hinein und sucht und lehrt, in der Eigenheit ohne Buße und Messias das zu schaffen, was Werk Gottes ist.

5. Schatz im Acker: Palästina, das einzige Land, auf das die Augen Gottes mit besonderem Wohlgefallen blicken (5. Mose 11, 12) und auf dem größte göttliche Verheißungen ruhen, ist der Acker, den das heimatlose jüdische Volk jetzt um jeden Preis als Heimat gewinnen will, und dort wird es auch Den Schatz aller Schätze sich ihm enthüllen sehen.

6. Perle: Der Jude, ahnend seinen Primat im künftigen Königreich und im Werben für göttliche Angebote, will glänzen als Weltkaufmann und Weltkulturträger mit Perlen auf allen Gebieten. Wird er aber Die Eine Perle gefunden haben, so wird er sich total dafür einsetzen.

7. Netz im Meer: Jetzt wirft er für den Heiland das Netz aus ins Völkermeer.

So werden auch die drei Gleichnisse Luk. 15 vom verlorenen Schaf, Groschen, Sohn ins Licht des göttlichen Rats gestellt, wonach Buße und Heil der Nationen von der Buße und dem Heil Israels abhängt, die Umkehr des einen Verlorenen der Umkehr der neunundneunzig und neun vorhergehen muß.

Die Gemeine ist nicht Fortsetzung Israels; die Auswahl Israels findet ihre Fortsetzung im Königreich. Pf. B. betritt auch hier in Luk. 15, wo uns die persönlich erbauliche und mystisch theosophische Deutung am nächsten liegt und am vertrautesten ist, denselben Weg der Zielrichtung aufs Königreich. Der Zweck sind die neunundneunzig Schafe, die neun Groschen, der zu Hause gebliebene Sohn. Es zielt aufs Ganze. Aber das Mittel ist die Rettung des einen verlorenen Schafs, des einen verlorenen Groschens, des gesetzlos gewordenen Sohnes. Aus den hundert Schafen der Gesamtmenschheit sind nach dem Gericht über den babylonischen Turmbau alle übrigen inzwischen dahingegeben worden sozusagen in die Wüste, der eine, Sem und hernach Abraham, wurde gesucht in Mesopotamien, der Abrahamsstamm in Ägypten, von Dem Hirten gefunden, auf der Schulter übers Meer getragen, in den Kindern und Enkeln über den Jordan gebracht und nach Kanaan hineingeführt. Dies die Schafepoche in der Geschichte Israels, ins erste der drei Gleichnisse gehüllt. Am Sinai bekamen sie das Gesetz; das gab dem Volk die charakteristische Prägung.

Die ganze Gottesdienstordnung hielt Israel unablässig das Gesetz vor Augen und sorgte dafür, daß seinem Bewußtsein die Gesetzesschranke heilig, die Gesetzeszucht lauter, die Gesetzesprägung scharf in ihrer urgründlichen Göttlichkeit verbleibe im Unterschied von den Eigengesetzen und Eigenreligionen, in denen die Heidennationen selbst eine sehr gemischte, selbstherrliche Prägung sich gaben und anderen aufdrückten. Aber das gottgeprägte Offenbarungsvolk schielte immer wieder nach den weltgeprägten Kulturvölkern, von denen es dafür verachtet und in den Staub getreten wurde. In seiner Verlorenheit suchten es Propheten wie Hesekiel, Daniel, Haggai mit dem göttlichen Verheißungslicht und Gesetzesbesen. Mit der Heimkehr eines gläubigen Restes aus der babylonischen Gefangenschaft ins Heilige Land war der jüdische Groschen gefunden, Gott und den Engeln zur Freude. Dies das zweite Gefundenwerden Israels.

Nach der Groschenepoche kommt im dritten Gleichnis die Menschentumsepoche. Während der ältere Sohn im Gesetzeshaushalt bleibt, aber dabei selbstgerecht und hart wird, geht die jüngere Richtung des Judentums von Gesetz und Prophetie weg hinaus ins Allgemeinmenschliche, ins Humanitätsideal, verpraßt die Ausstattung mit Offenbarungsgütern, hält mit anderen Geistern zu, gilt aber nirgends viel in langen Jahrhunderten, macht entsetzliche Leiden durch, will dennoch führend sein und ist es auch tatsächlich in Sozialismus, Kommunismus, Antichristentum, wird in antisemitischen Haßausbrüchen gewaltig dezimiert, bis sie in sich geht, umdenkt und heimfindet, ihr Messias diesen Gottfernsten entgegenkommt, ihnen das erste Kleid anlegen läßt und sie einsetzt in ihre große Völkererstlingsaufgabe.

Man hat gegen solche israelbezogene Auslegungsart eingewandt, die Bibel werde dadurch verjudet, das Wichtigste, die persönliche Anwendung, auf die Seite geschoben, einer willkürlichen Allegorie Tür und Tor geöffnet. Außer den beiden Lukasschriften ist die ganze Heilige Schrift von Juden geschrieben. Dürfen wir, weil augenblicklich die Juden aus ihrer Vorrangstellung im Empfangen und Vermitteln göttlicher Offenbarungen ausgeschaltet sind, leugnen, daß sie wieder eingesetzt werden in ihren Rang als Auswahl-, Segens- und Missionsvolk von dem Gott,

Dessen Gaben und Berufung unbereubar sind? Die jetzt während der Fluchzeit und Verwerfung Israels eingeschobene Gemeine hat ihre außerordentlichen Gnadenvorzüge an geistlichem Segen in himmlischen Gütern. Manches in dem prophetischen Wort Heiliger Schrift Alten Testaments geht auf sie und gilt für sie. Aber daß messiasgläubige Juden in dem demnächst anbrechenden Tausendjährigen Reich auf Erden führend sein werden, ist in Propheten und Psalmen hundertfach bezeugt und nicht bloß von Paulus (Röm. 11, 24—26), sondern von dem Herrn Jesus selbst direkt bestätigt (Matth. 5, 17; 24, 24). Was sehen wir scheel, wenn für die, denen es gegeben ist, zu sehen und zu hören, der Heiland auch manchen Gedenkgruß in prophetischem Gleichniswort speziell an die Adresse Israels hat? Vielmehr wo sich etwas von dem großen, objektiven Plan Gottes uns aufschließt, ist es gemüterweiternd und versetzt in Anbetung, wie in Pfr. Böhmerles Gebeten im Bibelheim die Anbetung vielfach alles überwog.

Freilich muß die subjektiv persönliche Durchleuchtung, die Erkenntnis des eigenen Juden, das Essen vom Wort für innere Umnaturung erstes Anliegen sein. Beides geht aber wohl zusammen. Hat doch auch Bengel die Doppelregel: wende dich ganz dem Texte zu, wende die ganze Sache auf dich an. Was aber die Allegorie betrifft, so hat nicht bloß Paulus sich derselben bedient (Gal. 4, 21—31), sondern auch Christus (Matth. 13, 18—23, 37—43); ja, ohne sie wäre ein ganzes Buch der Bibel, das Hohelied, gegenstandslos. In Wahrheit, es kostet nicht wenig, bis wir aus der geistlichen Spielerei, Schauspielerei, Luft- und Spiegelfechterei herauskommen. Hier aber ist's etwas anderes. Vor dem Mißbrauch allegorischer Schriftauslegung jedoch werden wir in dem Maß bewahrt werden, als wir in der Furcht Gottes stehen, mit lautergesinnten Seelen Gemeinschaft haben und über die Zucht des Geistes nicht hineinzugehen bekümmert sind.

Die positiv gläubige Schultheorie, vor etwa 60 Jahren eine Rarität, am ehesten als Heiliges Feuer und Charisma in Missionsanstalten gepflegt, durch den Zusammenbruch des Fortschrittsgedankens in und nach dem Ersten Weltkrieg und durch Erweckungen unter dem theologischen Nachwuchs aus den Schriften der Reformatoren und Väter wieder neu entdeckt und kathederfähig geworden, leidet doch, ohne regelmäßigen Zusammenhang mit dem allgemeinen Wahrheitsgefühl und der gegründeten Jesusgemeine, ohne die tieferen Weisheitsgrundlagen der Schrift und ohne die prophetische Orientierung an den biblischen Endzeitscharakterisierungen und Herrlichkeitszielbestimmungen, an einer gewissen Starrheit und Enge, Mangel des Durchblicks, der in jedem Wort Gottes alles Wort Gottes findet, und dem Fehlen offenbarungsmäßig lebendiger, überragender Einheitsbegriffe und Einheitserfahrungen.

Böhmerle hat man vorgeworfen, seine Theologie enthalte zu viel theosophische Elemente. Ja, vor Pseudotheosophie wolle Gott uns in Gnaden bewahren! Aber was lesen wir in 1. Kor. 2? „Weisheit aber reden wir inmitten der Zielstrebigen, freilich Weisheit nicht dieses Äons, oder der führenden Männer dieses Äons, die außer Wirksamkeit gesetzt werden; sondern wir reden Theosophie (Gottesweisheit) im Mysterium, die verborgen gewesen war, die Gott vorverordnete vor den Äonen zu unserer Herrlichkeit, was alles Gott bereit zu stellen anfing den Ihn Liebenden. Uns nämlich fing Gott an solches zu enthüllen durch Den Geist; denn der Geist hat einen Forschungstrieb für alles, auch für die Tiefen Gottes. Ein psychischer Mensch aber faßt die Dinge Des Geistes Gottes nicht; denn Torheit sind sie ihm, und er kann nicht erkennend in sie eindringen, weil sie geistmäßig beurteilt werden wollen. Der geistliche Mensch aber beurteilt zwar alles, wird aber selbst von niemand richtig verstanden. Denn wer erkannte den Grundsinn des Herrn, daß er Ihn helfen leiten wird? Wir aber haben den Grundsinn Des Gesalbten."

Zwar Die Weisheit ist aufs erste keusch, gibt Sich nicht preis, verrät Sich nicht, streitet auch nicht. Und auch, wer alle Seine Rechte vor Augen zu haben bestrebt wäre, würde doch immer noch und immer wieder erfahren müssen, daß im Vergleich zu der Fülle, womit Er uns und alles erfüllen will, unser Erkennen einseitig, unzulänglich und mit Finsternis umgeben ist. Ich gefallener Mensch bin in mir selbst so blind und taub, daß ich oft nicht einmal sehe, was im Buchstaben steht, und vielfach noch weniger höre, was durch den Buchstaben, durch die Zeilen und zwischen den Zeilen Der Geist den Gemeinen sagen will. Aber wo Geist aus Dem Geist durchs Wort der Wahrheit geboren ist, da öffnen sich solcher Neugeburt manche Gänge und Zusammenhänge der Schrift, die vielleicht nur an einer einzigen Stelle ausführlich vorkommen, aber von da aus blitzartig weite Strecken beleuchten, oder die zwar nicht für jeden Leser zwangsläufig und unzweifelbar aus dem

Textbuchstaben sich ergeben, in denen aber durch eigenartige Andeutungen dem forschenden und anklopfenden Geist der Heiland Sich vorstellt und die Gewißheit mit Sich führt, daß Geist Wahrheit ist.

Wenn es z. B. 1. Petr. 1, 19—21 heißt: „Ihr wurdet losgekauft und gelöst mit hochwertigem Blut als eines fehllosen und fleckenlosen Lammes, nämlich Des Gesalbten, Der zwar ein für allemal zuvor erkannt war vor Grundlegung (Sturz) der Welt, geschichtlich geoffenbart aber wurde erst auf dem Boden der Letztzeit euretwegen, die ihr durch Ihn gläubig in Gott hinein seid", so ist damit an einer Stelle, wo man es nicht vermutet, ein Ur-, Haupt- und Grundlicht in das Wesen und den Plan Gottes hinein geschenkt, wonach die Passion Jesu schon vor dem Fall Satans und Sturz der Welt, ja vor allen Schöpfungen fest beschlossene und eidlich übernommene Rats- und Sohnesangelegenheit in Gott gewesen, ja von vornherein eigentlich und wesentlich Gottpassion war und ist, wie solches in dem Gemeinejahrgang 1925 Heft 3 in anbetungsweckender Weise beleuchtet ist.

Was für Vater- und Muttererbarmungen regen sich in Gott, da Er Ihm ebenbürtige Geschöpfe als Teilhaber Seiner Seligkeit und Herrlichkeit haben und sie mit freiem Willen ausgestattet sehen wollte, ihren dadurch möglichen Fall aber und dessen ganzen Jammer voraussah und dauernd fühlt und, ohne ein Geschöpf zu vernichten oder in gottesunwürdiger Weise zu zwingen, Sich selbst in Seinem Sohne zu tiefsten Erniedrigungs- und Opferakten und einem unsagbar langen Opfer- und Geduldsgang liebend dahingab, um Sein Beseligungs- und Verherrlichungsvorhaben an Seiner Kreatur dennoch zu erreichen bei Einhaltung aller Gerechtigkeit gegen Sich und alle Wesen. Oder wenn wir Jes. 45, 18 von Elohim lesen: Nicht als Leere und Wüstheit schuf Er die Erde, so ist damit zweifellos auf 1. Mose 1, 2 zurückgegriffen und zwischen dem 1. und 3. Vers eine Katastrophe statuiert, die nicht im Schöpfer ihre unmittelbare Ursache hat, sondern in einem Geschöpf, dem Lichtsträger Jes. 14, 12; 2. Petr. 1, 19, der aus Der Wahrheit heraus-, in selbstherrliche Aktivität Jud. 6 hineingefallen, nun von weiterem Licht abgeschnitten, seine voreiligen und ihm selbst mißfälligen Machwerke im Zorn Gott vor die Füße wirft Hes. 28, 11—19. Das sind nicht metaphysische Menschenfündlein, sondern Geistesaufschlüsse durchs Wort in der Schule der Wiedergeburt. Sonderbar wäre, wenn einer, um nie mehr einen Fehler zu machen unter den ABC-Schützen, seine ganze Schulzeit bei diesen bliebe, oder ein anderer von einem Konversationslexikon durchaus nur einen einzigen Band gebrauchen wollte. Freilich darf uns wohl stetig die Sorge begleiten, daß wir nicht besondere Einsichten ohne persönliche Einbezogenheit haben, wie jener, der für eine Lebensversicherung reiste und warb, als er früh und plötzlich von seiner Familie wegstarb, selbst nicht drin war. Vollends das Licht in die eigene Hand und Verwaltung nehmen für selbstische Zwecke, heißt: es wesentlich verlieren im Sichselbstvergotten. Die Cherubim haben die Hände unter den Flügeln. Mit Licht aber beschenkt werden dürfen im Demutssinn und Demutstal, ist ein Ersinkenkönnen und Sichfreuen über dem Wort, wie einer, der eine große Beute kriegt.

Wie unverständig ging man oft über 1. Mose 2 hinweg, dachte, es handle sich um einen zweiten, detaillierten Bericht über die Erschaffung des Adams. Diese Meinung ist schon durch die Tatsache als irrig erwiesen, daß es Kapitel 1, 31 heißt: Und es sah Elohim alles, was Er gemacht hatte, und siehe, er war sehr gut (zweckentsprechend), 2, 18 aber: Und es sprach Jehova Elohim: Nicht gut (mehr) ist das Sein des Adams für sich allein; machen werde Ich ihm eine Hilfe, ein seiner würdiges Gegenüber. Außerdem steht 2, 5 im hebräischen Text: Und Adam war nicht dazu da, zu bedienen den Erdboden — war er doch zum König und Priester geschaffen und bestimmt für die übrige Kreatur; 2, 15 aber heißt es: Und es nahm Jehova Elohim den Adam und setzte ihn nieder im Garten Eden, ihn zu bedienen und zu behüten. Somit ist das zweite Kapitel tatsächlich eine Fortsetzung des ersten, aber bereits ein Rückgang, ein Sinken, von dem gut ins nicht mehr gut, von dem Herrschen ins Bedienen, von der Männlichkeit und Weiblichkeit in Einem (1, 27), worin Gott in Adam die Menschen erschaffen hatte, in die Trennung der Tinkturen. Ja, man darf darüber nachdenken, wieso aus dem edlen, herrlichen, paradiesischen Gottesgebilde, der Gottesähnlichkeit (1, 26. 27), ein Erdenkloß (2, 7) mit dem Odem des Lebens und eine lebendige Seele vgl. 1, 21, eine Tierähnlichkeit geworden ist: indem offenbar Die Weisheit Sich vornehm zurückzog, wie der erste Adam sich mehr den Reizen der Natur als Ihr zuneigte, schon bevor dieser Änosch durchs Hören auf die Schlange unter die Obrigkeit Satans fiel. Wo Vergebung der Sünde ist, da ist auch Leben und Seligkeit. Aber den Gottadel zu wissen, den ich in Adam verloren habe, kann ein Antrieb sein, mich nach dem Ganzen auszustrecken, das mir in dem fleischgewordenen Wort, dem Ein- und Erstgeborenen Sohne Gottes, Dem zweiten Adam, als Dem Geiste, der lebendig macht, gnadenrechtmäßig und wesentlich wieder angeboten und wieder erlangungsmöglich geworden ist. In der „Frauenfrage im Lichte der Bibel" sind solche Grundwahrheiten in großer Klarheit aus allerlei Anfechtung heraus entwickelt.

Eine besondere Gabe und Aufgabe Pfarrer Böhmerles für die Etlichen 1. Kor. 9, 22 war die prophetisch apostolisch klare Kennzeichnung des Wesens und Wegs der Gemeine in diesem unserem Äon. Er warf gleichsam wie mit einer Laterne ein Licht auf die kommende Entwicklung, man war gewarnt. Das dankten und danken ihm viele besonders. Es war, scheint es, ganz genau die rechte Zeit dafür, drum gab es auch Gott zu jener Stunde. Manche Frommen wurden schon durch den Ausdruck Äon peinlich berührt; für manche hatte das Wort Gemeine etwas zum Voraus Belastendes oder Herausforderndes, wiewohl die approbierteste Autorität, Luther selbst, nie anders als „Gemeine" schrieb. In unserer Bibel ist Äon bald mit Ewigkeit, bald mit Welt übersetzt; wenn mit Ewigkeit, dann nicht im Sinn von Unendlichkeit, sondern einer zwar verborgenen, aber gemessenen Zeitperiode; wenn mit Welt, dann im Sinn eines Weltalters oder Weltabschnitts.

Unmißverständlicher, vielsagender und lichtverbreitender wäre an mancher Stelle Äon oder Gottzeitalter: 1. Tim. 1, 17: Dem Könige der Äonen sei Ehre; Hebr. 1, 2: Geredet im Sohne, durch Den Er auch schon die Äonen (die Gliederung der Reichgottesgeschichte) gemacht hatte; Hebr. 9, 26: Er ist jetzt an einem Knotenpunkt der Gottzeitalter zur Weghebung der Sünde durch Sein Opfer offenbar geworden; 1. Kor. 10, 11: Bei uns, auf welche die Zielpunkte der bisherigen Äonen eingetroffen sind; Matth. 12, 33: Dem wird es nicht erlassen werden weder in diesem laufenden Äon noch im nächst kommenden. Theodor Böhmerle lebte und webte ganz im prophetischen Wort, im Gesamtratsplan Gottes und dessen Stufungen, in den unverkennbaren, ob auch feinen Nuancen der einzelnen Vorbereitungs-, Gründungs-, Entwicklungs-, Wachstums-, Reifeepochen der göttlichen Offenbarung vom ersten Samenkörnlein bis zur vollendeten Fruchternte. Er sah auf beiden Seiten des Lichts und der Finsternis in den Anfängen und Prinzipien schon die Endabsicht und das Endziel.

Bei seinem Spezialauftrag für die Brudersache und an dem Bibelheim war ihm klare Unterscheidung der Gotthaushalte und Gottzeiten geistliches Lebensbedürfnis und heiliges Anliegen. Ohne Zweifel kann man in Gegenüberstellung und Abgrenzung von Gemeineschriften und Königreichsschriften einmal zu weit und gelegentlich auch fehlgehen. Der Grundsatz selbst, zu unterscheiden zwischen königreichsmäßiger und gemeinemäßiger Art des Urteilens und Handelns, von Einzelnen von jeher instinktiv glaubensmäßig empfunden, selten aber zuvor mit Bewußtsein aus der Schrift erwiesen und geltend gemacht, war in der Zeit geistlicher Vielwirksamkeit, des Suchens nach den Massen, des Anwendens seelischer und sinnenfälliger Mittel, ihm persönlich von der Himmlischen Weisheit aufgeschlossen und zum Zeugnis anbefohlen, also für ihn undiskutabel, notwendig und am Platze. Handelte es sich gelegentlich um Stellungnahme zu Massenheilungen, so konnte er, ohne falsche Härte und ohne parteiisch weichliche Rücksichtnahme, in völliger Ruhe seiner kindlichen Gläubigkeit sagen: Seht hinein ins Gemeine-Evangelium des Johannes — nach Luther das zarte Hauptevangelium — wie wenig Heilungen da vorkommen; das Massenmäßige der drei ersten Evangelien wird im Königreich wieder erscheinen.

In der Beschränkung der herkömmlichen Lehre von den letzten Dingen auf das Jüngste Gericht, also dem Absehen von dem Kommen Jesu zur Aufrichtung des Tausendjährigen Königreichs und von der normalerweise durch äonische Gerichte hindurchführenden Herwiederbringung des ganzen All durch den hochgelobten Weltversöhner erkannte Theodor Böhmerle einen höchst bedauernswerten Verzicht auf die Offenbarung Gottes und Christi in den großen Linien Seines Plans und an und in den Gesamtheiten (Röm. 11, 32; 1. Kor. 15, 28). Nichtunterscheidung der Äonen führt einerseits zur Vorwegnahme des Königreichs wie in der römischen Kirche, dort wie bei uns zu der Meinung, Israels Verwerfung sei ein Dauerzustand, ihm gelten wohl die Flüche, aber nicht mehr die Verheißungen Gottes, andererseits zur Überschätzung der menschlichen Aktivität *für* Christus, bei Unterschätzung des Wirkens *mit* Ihm als Quietismus und Egoismus, in völliger Umdrehung der Einstellung Jesu Luk. 10, 41. 42: Martha, Martha!

Schon Professor Kübel schrieb 1888: Weiß man nichts mehr davon, daß die Geburt eines neuen Menschen so gut wie die des alten ein Prozeß ist, der ausgetragen sein will; kann man nicht mehr warten und der Arbeit des Geistes und Wortes Gottes alles zutrauen? Was nennt sich in der Gegenwart nicht alles Zeugen und Zeugnis-Ablegen! Nach Bibel und Natur kann nur zeugen, wer ein reifer, generationsfähiger Mann ist, und nur der kann Zeugnis ablegen, der das Betreffende gesehen und gehört hat (Bedenken über modern christliches Wesen von einem Sorgenvollen). Über den damaligen Rufer war man zur Tagesordnung übergegangen. Die sogenannten Reich-Gottes-Werke und -Veranstaltungen standen im Glanz ihrer ausgedehnten Erfolge und in der allgemeinen Anerkennung ihrer selbstverständlichen Gottgefälligkeit und Erstrangigkeit. Inzwischen war man der Endzeit näher gerückt.

Jetzt wurde für die Gläubigen der Endzeit Licht in die Zeitalter eine Sondergabe des Herrn, wie es in der ersten Zeit die Wunder waren. Das Zeugnis Böhmerles schlug bei vielen ein und weckte Gegensatz und Zustimmung. Wie wichtig waren ihm namentlich die beiden Zeitalter der Gemeine und des Königreichs. Er mußte immer wieder darauf hinweisen: in der jetzt ihrem Abschluß entgegengehenden Gemeinezeit ist der Glaube nicht jedermanns Ding (2. Thess. 3, 2); einer kleinen Herde ist durch göttlichen Wohlgefallensbeschluß die Aufnahme in die Königsdynastie verheißen, während in der Königreichszeit die Erde voll sein wird der Erkenntnis des Herrn und der Herrlichkeit des Herrn, den Wassern gleich, die das Meer bedecken (Jes. 10, 9; Hab. 2, 14). Denn die Gemeinezeit ist Herrschaftszeit Satans.

Die Welt als Ganzes liegt im Argen (1. Joh. 5, 19). Da ist führend von der Luft aus die Geistesmacht, die jetzt innewirkt in den Söhnen des Unglaubens und Ungehorsams, die Weltmacht der Finsternis und das Geisterheer der Bosheit (Eph. 2, 2; 6, 12). Daher kann es sich jetzt nicht handeln um Ausrottung der Weltärgernisse und um Schaffung christusbestimmter Völker und Verhältnisse. Hingegen in der Königreichszeit wird es heißen (Offenb. 19, 6): Halleluja, jetzt trat die Königsherrschaft an der Herr, unser Gott, der Allfesthalter. Das ist Herrschaftszeit Christi und Seines Gesetzes und Evangeliums, zugleich Bindungs- und Haftzeit Satans, bis dieser gegen Ende der tausend Jahre für kurze Zeit noch einmal freigelassen, mit neuersonnenen Mitteln die innerlich unzufrieden Gebliebenen sammeln und zum offenen Aufruhr reizen und gleichzeitig die unter den leichten Bedingungen des Königreichs glaubig Gewordenen und glaubig Gebliebenen nach göttlichen Rechten scharf erproben und sichten darf.

In der Gemeinezeit ist die Luft voll von Selbstherrlichkeitsgeistern, die Ungerechtigkeit nimmt da überhand, es geht im Kreuzpunkt um Zeugung, Bildung und Pflege geistlicher Erstlinge, um Auswahl, Durchrichtung, Gründung Seines Leibes, um Ausgeburt Seiner Kinder in Geistnatur und Geistleiblichkeit, durch geistlichen Segen in himmlischen Gütern (2. Petr. 1, 4; Röm, 8, 29. 30; Eph. 1, 3). Er hat uns die hochwertigen und größten Verheißungspfänder ein für allemal von Sich aus geschenkt, damit ihr durch dieselben göttlicher Natur teilhaftig werdet. Welche Er zuvor erkannte, die stellte Er auch zuvor besonders als dem Bilde Seines Sohnes gleichgestaltet werden sollend, auf daß Er Erstgeborener sei inmitten vieler Brüder; welche Er aber zuvor besonders stellte, die berief Er auch; und welche Er berief, die sprach und machte Er auch gerecht; welche Er aber gerecht sprach und machte, die fing Er auch an, zu verherrlichen. Der Vater unseres Herrn Jesu Christi fing an, uns zu segnen mit allem geistlichen Segen in dem Element der überhimmlischen Wesenheiten in Christo. In der Königreichszeit wird die Luft erfüllt sein von Lob Gottes und Des Lammes; unten tritt das zu seinem Messias umgekehrte jüdische Volk in seine ursprüngliche Segensträgerstellung, Weltmissionsaufgabe und in seinen Primat unter den Nationen der Erde ein. Da wird leiblicher und geistlicher Segen sich in völliger Harmonie entsprechen, alle Kreatur aufatmen, sabbatliches Ruhen und fruchtbarstes Wirken beisammen sein, sofortige Bestrafung des Bösen und volle Belohnung alles Guten sich offenbaren.

In der Gemeine gilt: *In Dir,* Jesu, laß mich bleiben, stets in Deinem *Machen* stehn (Joh. 15, 4; Kol. 1, 27); Christus in euch, die Hoffnung der Herrlichkeit. Im Königreich wird es heißen: Ich will Meinen Geist ausgießen *über* alles Fleisch. *Bei Dir,* Jesu, will ich bleiben, stets in Deinem *Dienste* stehen. Wie der Herr einem Abraham, David, den Propheten, einem Daniel und Johannes aus den Geheimnissen Seines Kabinetts manches anvertraute, so ist unserer Zeit Licht namentlich in den Unterschied des demnächst endenden und des demnächst anbrechenden Äons oder Zeitalters auch durch ein Werkzeug wie Pfarrer Böhmerle übergeben worden. Aber es sind sozusagen Familiengeheimnisse der Kinder

Gottes, zum Durchkommen in den bevorstehenden schweren Zeiten anvertraut. Wir aber hängen uns nicht an die werkzeuglichen Mittel, sondern klammern uns, dankbar für sie, in ihrem eigenen Sinn an Ihn, Der da ist das A und das O, unser hochgelobtes Oberhaupt und Haupt.

Süßen, den 21. November 1948.

Zeittafel

Kalenderjahr	Ereignis	Lebensalter
1870	25. Juni: geboren 10. Juli: Taufe	
1876	Volksschule in Eßlingen	6
1878	Lateinschule in Vaihingen	8
1880	Gymnasium in Pforzheim	10
1885	Konfirmation	15
1887	11. Juli: Abitur 22. Oktober: Student der Theologie in Heidelberg	17
1889	Studium in Tübingen	19
1890	Sommer: in Knielingen bei Pfarrer Reinmuth 7. Oktober: Vorexamen Wintersemester in Greifswald	20
1891	27. Oktober: Theol. Hauptexamen 8. November: Ordination in Pforzheim 24. November: Vikar in Grenzach	21
1893	Vikar in Mannheim Militärdienst in Mannheim	23
1894	1. Oktober: Vikar in Konstanz	24
1895	Januar: Vikar in Nußbaum März: Vikar in Niefern Juli: Vikar in Durlach	25
1896	3. September: Verheiratung mit Emma geb. Sidler	26
1898	15. Dezember: Pfarrverwalter in Langensteinbach	28
1899	18. Juni: Pfarrer von Langensteinbach	29
1903	10. November: Inspektor des Evang. Vereins November: Wohnsitz in Durlach	33
1907	22. Juni: Heimgang von Oberkirchenrat Reinmuth 5. Mai: Aufruf für das Erholungsheim	37

Kalenderjahr	Ereignis	Lebensalter
1908	Januar: Redakteur des Reich-Gottes-Boten Mai: Vorstand des Evang. Vereins f. innere Mission Umzug nach Langensteinbach Juni: Beginn der Bauarbeiten des Bibelheims	38
1909	13. Juni: Einweihung des Bibelheims	39
1913	Heimgang von Lehrer Schüßler, Spielberg	43
1914	August: Th. Böhmerle meldet sich zum Landsturm	44
1916	März: Mithilfe in der Pfarrei Langensteinbach	46
1917	28. April: Heimgang der Mutter 26. November: Sohn Theodor gefallen	47
1918	November: Ende des Weltkriegs	48
1919	10. Juni: Heimgang des Vaters	49
1920	März: Erneut Mithilfe in der Pfarrei Langensteinbach 6. Oktober: Th. Böhmerle legt die Vorstandschaft nieder, bleibt Redakteur des RGB	50
1924	September: Ankündigung des Monatsblattes „Die Gemeine“ Dezember: die erste Nummer erscheint	54
1926	19. Mai: wieder erster Vorstand 8. Dezember: Th. Böhmerle leitet zum letztenmal die Verwaltungsratssitzung	56
1927	5. Januar: Todeserwartung 7. Januar: Heimgang 10. Januar: Beerdigung	57
1961	3. Mai: Heimgang von Frau Pfarrer Emma Böhmerle geb. Sidler im Alter von 91 Jahren	

Bibliographie

— geordnet nach der Zeit der Veröffentlichung —

Erschienen im Selbstverlag des Verfassers und Bibelheim „Bethanien“ in Langensteinbach

Friedensgedanken im Kriegsrock (etwa 1905, vergriffen)
Erinnerungen an die Rekrutenzeit

Gottesgedanken aus Gottesgarten (etwa 1913, vergriffen)
Ein Blumenstrauß in Liedern mit Illustrationen

Das Glückseligkeitsreich
Eine Auslegung der Bergpredigt (Matth. 5—7), 16 S. (etwa 1920, vergriffen)

Der Werdegang des Königreichs Christi
nach Psalm 2, 16 S. (etwa 1922, vergriffen

Die Frauenfrage im Lichte der Bibel, 48 S. (etwa 1921, vergriffen)

Zeit- und Ewigkeitsfragen im Lichte der Bibel (etwa 1921, vergriffen)
Inhalt: Der Antisemitismus und die Bibel, Kainsfragen —
Gedanken über 1. Mose 4 —,
Der Werdegang des Königreichs Christi — Psalm 2 —,
Von den Haushaltungen Gottes — Hebr. 3, 1—6 —,
Von der Sünde wider den Heiligen Geist

Die Gemeine — Monatsblatt für biblische Vertiefung — (1925—1926)

Der da war und der da ist und der da kommt, 658 S. (1930)
(vergriffen, s. nachstehend)

Erschienen im Verlag der Philadelphia-Buchhandlung, August Fuhr, Reutlingen

Der da war und der da ist und der da kommt, 4. Aufl. 692 S. DM 19,80
Biblische Betrachungen

Die Frauenfrage im Lichte der Bibel, 8. Auflage, 60 S., DM 2,80

Zeit- und Ewigkeitsfragen im Lichte der Bibel
Teil 1, Blicke in das prophetische Wort, 128 S. DM 3,80
Teil 2, Vom Geheimnis des Leidens, 128 S. DM 3,80

Sonderdruck aus der Zeitschrift „Die Gemeine“:

Die Gemeine und ihre Glieder, 360 S. Ln. DM 9,80

Der zweite Thessalonicherbrief (vergriffen)

Das Gemeine-Gebet (Joh. 17) (vergriffen

Gleichnisse Jesu (vergriffen)

In unserem Verlag erschienen:

W. Beck: *Pfarrer Theodor Böhmerle und das Bibelheim Bethanien Langensteinbach,* mit Beiträgen von Hausvater A. Strasser und Pfarrer A. Pfleiderer (1949, vergriffen)

G. Urban: *Theodor Böhmerle — Jesus der Anfänger und der Vollender* — Zeugnisse und Aussprüche (1964, vergriffen)

Der Evangelische Verein für innere Mission Augsburgischen Bekenntnisses

Der Evangelische Verein für innere Mission Augsburgischen Bekenntnisses ist ein eingetragener Verein mit dem Sitz in Karlsruhe, Amalienstraße 77. Er wurde am 24. Januar 1849 in Durlach gegründet durch Zusammenschluß der damals schon bestehenden landeskirchlichen Gemeinschaften in Baden. Zu den Vätern dieses „Gemeinschaftsverbandes" gehörten u. a. Seminardirektor Professor Stern in Karlsruhe, Pfarrer Henhöfer in Spöck, Pfarrer Rein in Nonnenweier, Kunstmüller Dörrfuß in Ettlingen, Maurermeister Billing in Karlsruhe, Bürgermeister Zwecker in Linkenheim und Bürgermeister Zilly in Söllingen.

In der Satzung steht: „Der Verein hat den Zweck, evangelisch-christliches Leben zu wecken, zu pflegen und zu fördern. Er steht auf evangelisch-kirchlichem Boden. Seine Mitglieder und die Gesinnungsfreunde des Gemeinschaftsverbandes halten fest an den Offenbarungszeugnissen der ganzen Heiligen Schrift, wie sie zur Zeit der Reformation im Augsburgischen Glaubensbekenntnis und in der Folgezeit in den Zeugnissen begnadeter Gotteszeugen dargestellt worden sind."

Warum haben sich die Väter des Vereins auf das Augsburgische Glaubensbekenntnis von 1530 gestellt? Pfarrer Rein in Nonnenweier antwortet darauf: „Die wahrhaftige Gottheit Christi ist der alleinige Punkt, um den es sich handelt." Die Gottheit Jesu Christi war damals und ist auch heute sehr umstritten. Deshalb halten wir uns zum Augsburgischen Bekenntnis und seinem dritten Artikel: „Jesus Christus, wahrer Gott und Mensch, wahrhaftig am dritten Tage von den Toten auferstanden." Die Bindung an das Augsburgische Bekenntnis trug dem Verein in manchen Landesteilen die Bezeichnung „A.B.-Verein" ein.

Das Werk des Herrn im Evangelischen Verein für innere Mission A. B., das 1849 senfkornartig klein begann, durfte in 125 Jahren unter Gottes Leitung wachsen, besonders kräftig in den Jahren 1903—1926, in denen Theodor Böhmerle mit den ihm vom Herrn geschenkten Gaben und Kräften darin wirkte. Wie in der Anfangszeit, so wirken auch heute an den einzelnen Orten begnadete Männer, nach dem biblischen Sprachgebrauch „Brüder" genannt, mit den zum Dienst freigestellten Predigerbrüdern zusammen, um die über 400 Gemeinschaften vom Main bis zum Bodensee zu betreuen. Die von Pfarrer Böhmerle eingeführten Bibelkurse für die männliche Jugend werden heute als Bibelfreizeiten abgehalten. Die Bibelfreizeiten für die weibliche Jugend halten die Missionsschwestern.

Der Evangelische Verein für innere Mission A. B. war von Anfang an Brudersache und will es bleiben. Er ist ein Glaubenswerk und erwartet die zur Erfüllung seiner Aufgabe notwendigen Mittel vom Herrn. Er steht führungsmäßig innerhalb der Evangelischen Landeskirche, ist aber der Kirche und ihren Organen gegenüber völlig selbständig und von ihr unabhängig.

Das von Theodor Böhmerle im Jahre 1909 gegründete Bibelheim „Bethanien" in Langensteinbach ist auch heute nach über 60 Jahren ein Bibelheim für wahrheitssuchende Menschen. Das Hauptanliegen dieses Hauses ist die Einführung in die Heilige Schrift. Diesem Zweck dienen die jeweils zehntägigen Bibelkurse. Täglich finden zwei Bibelstunden statt. In jedem Bibelkurs wird an einem Sonntag eine Abendmahlsfeier gehalten. Jeweils in der zweiten Januarhälfte findet ein „Brüderkurs" statt. Meist ist jeden Monat eine Brüderkonferenz im Bibelheim, zu der auch Brüder aus der weiteren Umgebung kommen.

Nach dem Heimgang von Theodor Böhmerle übernahm im Jahre 1927 Pfarrer Adolf Pfleiderer den Dienst im Bibelheim. Nachdem er im Herbst 1935 in den Ruhestand trat, wurde Pfarrer Wilhelm Beck von Meßstetten im Februar 1936 Hausvater des Bibelheims. Von 1941 bis 1972 war Pfarrer Beck, wie seinerzeit Pfarrer Böhmerle, gleichzeitig auch Vorstand des Gemeinschaftsverbandes.

Der „Reich-Gottes-Bote" erscheint jetzt im 125. Jahrgang. Das Blatt wird vierzehntägig herausgegeben von Pfarrer Wilhelm Beck, Langensteinbach. Der Leserkreis erstreckt sich weit über die Landesgrenzen und den Bereich des badischen Gemeinschaftsverbandes hinaus. Durch die bewußt auf Erbauung, geistliche Vertiefung und Heiligung der Gläubigen ausgerichtete Zielsetzung möchte das Blatt einen Dienst zur Auferbauung und Zubereitung des Leibes Jesu Christi, die biblische Ekklesia, tun. Immer wieder werden auch Zeugnisse von Theodor Böhmerle abgedruckt.

Auch der „Engelskalender", den er jahrelang herausgab, erscheint in seiner inneren Ausrichtung unverändert Jahr für Jahr. Der Herausgeber dieses Lebensbildes, Dekan im Ruhestand Georg Urban in Bretten, war u. a. 1963—1968 Schriftleiter des „Engelskalenders". Schon als Vikar und als junger Pfarrer saß er zu den Füßen von Th. Böhmerle und hielt sich zu den Brüdern. Besonders viel empfing er durch Hausvater Straßer im Hardthaus. Seit über fünf Jahrzehnten hat er in unseren Gemeinschaften mitgedient, zuletzt an verantwortungsvoller Stelle als Stellvertreter des Vorstands bis kurz vor Vollendung seines 80. Lebensjahres.

Werner Hauser, Missionsinspektor   Erich Kircher, Geschäftsführer

In der Reihe „Biblische Betrachtungen“ sind in unserem Verlag erschienen:

Von Pfarrer W. Beck:
Stehen wir in der letzten Zeit?
40 Seiten (vergriffen)

Das Wort vom Kreuz (vergriffen)

Geist, Seele und Leib
Das biblische Menschenbild, 40 Seiten

Die Ordnung des Heilswegs
Wegleitung zum Ziel der göttlichen Berufung nach dem Zeugnis der Bibel, 40 Seiten (vergriffen)

Vom Segen eines Gebetslebens
40 Seiten

Von Pfarrer Theodor Böhmerle:
Zielklarer Glaubenslauf
Betrachtungen zu den Paulusbriefen, 236 Seiten

Von Pfarrer A. Pfleiderer:
Christus in uns
32 Betrachtungen aus dem Johannesevangelium, 168 Seiten, broschiert

Elia — Elisa
12 Betrachtungen (vergriffen)

Von Hausvater A. Straßer:
Glaubensmenschen — von Abel bis Mose —
mit A. Straßers Lebensbild von Dekan Urban, 208 Seiten, broschiert

Aus der Reihe „Badische Väter“:

1. Teil: *Seminardirektor W. Stern, Kunstmüller W. Dörrfuß, Pfarrer K. Zimmermann* von G. Urban (1949, vergriffen)
2. Teil: *Aloys Henhöfer* von G. Urban (1962, vergriffen)

Georg Adam Dietz, ein Zeuge Jesu Christi von G. Urban (vergriffen)

zur Zeit lieferbar:

3. Teil: *Ludwig Bertsch von Weil* von W. Hauser
64 S., broschiert